北京师范大学 中国社会管理研究院
中国社会治理智库丛书（2019）
Social Governance Think Tank

外国贫弱群体政策研究

RESEARCH ON POLICIES TOWARDS
POOR AND VULNERABLE GROUPS
IN URBAN AREAS OF FOREIGN COUNTRY

张汝立 等 著

社会科学文献出版社
SOCIAL SCIENCES ACADEMIC PRESS (CHINA)

前　言

贫弱群体是世界各国在社会发展中普遍面临的社会问题，为此，各国政府在不同发展阶段均实施了切实有效的应对政策，致力于解决贫弱群体问题所带来的负面影响。因而，以全球化视野来探究各国应对贫弱群体问题的政策经验，不仅能够总结提炼出解决贫弱群体问题的可行路径，还可以为中国现阶段治理社会转型中的贫弱群体问题提供可借鉴方案。事实上，贫弱群体所需要的帮助和支持可以由家庭和社区提供，但是由于日趋复杂的社会风险，仅依靠这些机构所提供的福利已经很难应对，国家与社会需要探索出更多方式来应对贫弱群体问题。综观世界，各国政府相继为贫弱群体提供了比较完善的基础保障与发展支持，并以此构建综合性的政策体系，已经成为提升贫弱群体福利的战略性举措。其中，传统的福利政策着重于维持人的生存而只是给予经济援助，而积极的福利政策在实施手段上则重在以人的发展为导向。① 在应对贫弱群体问题上，众多发达国家在制定与实施各项政策上具有代表性，他们根据自身国情与社情及其变化采取措施，实现了贫弱群体政策的历史转型并取得了良好的治理成效。其全方位构建的贫弱群体政策体系，为形成现代社会保障制度与实现社会公平正义奠定了坚实基础。

社会治理实际上就是“治理社会”，是一种形成公共理想的社会与经

---

① 〔英〕安东尼·吉登斯：《第三条道路：社会民主主义的复兴》，郑戈译，北京大学出版社，2000，第113～114页。

济发展效果的治理模式，其通过一系列的价值、政策和制度来推进一个国家的经济进步与社会发展。社会治理的核心要义是维护社会的公正、公平与正义，相应实践中既要有正式制度与政策的设计，又要有各类主体与要素的参与，且每个公民均拥有机会参加到社会建设当中，平等地享受社会改革带来的社会红利[①]。事实上，发达国家在治理贫弱群体问题中并不是一帆风顺的，在治理模式的艰难构建中也曾出现过各类瓶颈，主要表现为贫弱群体覆盖面扩大、福利依赖性增强等方面。然而，这些问题的核心并不是持续高福利能够解决的，而是要更多依靠贫弱群体自身的文化提升与再造能力重建，对于许多发达国家而言着实是一项艰巨且长期的社会工程。由于发达国家在经济、政治、社会与文化等方面的发展水平参差不齐，其所制定与执行的贫弱群体政策在理念、内容、方法、结构等方面同样存在差异。例如，英国贫弱群体政策构成以“社会投资”为核心的政策体系，将贫弱群体的“社会福利”成功转变为“工作福利”，取得了政府财政减负、公众满意度提高、社会力量壮大等积极效果；法国贫弱群体政策注重长期投资与增强贫弱群体的自我发展能力，但同时却遭受到行业保护的限制，其对法国福利改革产生很大阻力且造成一定的社会动荡。实际上，效率与公平一直以来都是政府同时兼顾但相互矛盾的价值追求，其中社会公平体现出两条基本原则：一是平等原则，即每个人都应该在社会中享有平等的权利；二是差别原则，即有利于境遇最差的人们的最大利益[②]。从公平视角来看，发达国家贫弱群体政策在很多方面确实带有普遍性的共识，例如运用多元的政策手段来治理贫弱群体问题，坚持对每个贫弱群体予以生活保障与发展机会的支持，强调通过加入社会力量、创新服务模式来提升贫弱群体在社会中的存在感与幸福感。

阿玛蒂亚·森在贫困研究中指出：将传统的经济发展观扩展到人与社会的权利自由观，让人们享有更多权利，拥有更多机会，才能够真正解决

---

① 张汝立等：《中国城市贫弱群体政策研究》，社会科学文献出版社，2018，第1~2页。

② 〔美〕约翰·罗尔斯：《正义论》，何怀宏等译，中国社会科学出版社，2009，第56~61页。

贫困问题。[①] 发达国家在发展贫弱群体权利中取得了一定成效，然而它们所面对的贫弱群体问题并不会自然消亡，其主要在于发达国家贫弱群体的来源属性：一方面，由于自身与家庭条件变动所产生，贫弱状态是任何公民在生命周期中均可能发生的，主要包括老弱者、丧失父母的儿童、残障人等；另一方面，由于政策调整或突发事件影响而衍生的意外性后果，贫弱群体是在某个时期所形成的特殊社会群体，主要包括相对贫困者、失业不利者、少数族裔等。因此，发达国家在不同发展阶段均可能形成贫弱群体，各种来源的贫弱群体如若交织在一起，就将对国家治理与社会发展造成极大的阻碍。比较而言，中国贫弱群体问题更多是在相应时代背景下长期积累而成的，实质上是特定时期由于各项政策制定而产生的意外性后果，其贫弱群体构成相对于发达国家也更加清晰。

基于此，本书选取了在治理贫弱群体问题上具有代表性的几个发达国家，主要包括英国、美国、德国、法国与北欧诸国。这些国家都曾经或正在发生着失业、贫困、老龄化等贫弱群体问题，它们通过积极制定贫弱群体政策并强化政策转型以实现有效治理。在确定研究对象后，本书详细梳理了这些国家从经济社会转型到走向现代化过程中贫弱群体政策的实践内容、转型特征以及治理经验。当然，制定并实施贫弱群体政策作为每个国家的社会发展中必须承担的历史责任，它也可能伴随着复杂多变的社会风险而生成新的社会问题，因而贫弱群体政策也应当经得起时代变迁的考验，发达国家这些相对成熟的政策经验为中国治理贫弱群体问题带来了前所未有的借鉴意义。本书围绕着“外国贫弱群体政策”这个主题分五章展开。

第一章，英国贫弱群体的保护与支持政策。英国关注贫弱群体并制定贫弱群体政策具有深远的历史根源。其以 1601 年《伊丽莎白济贫法》为起点，陆续地制定系统化的贫弱群体政策并成为现代社会保障制度的发源地。本章以政策结构为立足点，发现英国贫弱群体政策既保障贫弱群体的

---

① 〔印〕阿玛蒂亚·森：《以自由看待发展》，任赜等译，中国人民大学出版社，2002，第 215～218 页。

基本生活，又促进和支持他们的再发展能力，构建了比较科学和完备的政策体系，为世界各国开展贫弱群体问题治理提供了参考样板。中国治理相应问题可以借鉴英国经验，但需要充分结合本土实际，强化从保护到支持的政策转型，力争社会各种力量参与其中。

第二章，美国贫弱群体的保护与支持政策。美国应对贫弱群体问题推行了一系列较为完善的社会福利政策，是美国扶持贫弱群体的重要手段之一。本章在对美国贫弱群体内涵和外延界定的基础上，区分并分别梳理了美国贫弱群体的保护政策及支持政策。最终，本章从政策理念、政策方法、政策内容、政策相关主体等方面入手，探讨针对美国贫弱群体的政策从保护到支持的转型，并分析出美国贫弱群体政策的经验对中国的启示。

第三章，德国贫弱群体的保护与支持政策。德国在俾斯麦时期就开始制定针对高危行业的贫弱群体政策，从 20 世纪中期逐渐建立起覆盖全体国民的福利制度。在政策发展历程中，德国依靠完善的社会保障制度，辅以针对贫弱群体的专门法和特殊政策，实现了对贫弱群体问题的有效治理。本章以政策功能为基础，梳理德国贫弱群体政策的发展过程和主要特点，探索出德国社会改革实践中的贫弱群体政策重心转移的特征，其有益的理念、经验和做法值得中国学习和借鉴。

第四章，法国贫弱群体的保护与支持政策。法国高保障标准的社会福利制度一直备受关注，其贫弱群体政策具有明显的保守型福利特点，表现为很高的保护水平和人性化的理念。本章探讨法国贫弱群体政策发展变化的特点，发现法国政府针对传统的保障对象着重增强其自我发展能力，其改革趋势体现出了政策重心由保护向支持的转变，虽然促进了人的全面进步并逐渐构建起发展型福利制度，但同时法国福利制度改革也受到了历史因素很大制约。这种改革过程既为中国提供了经验和借鉴，也告诫我们需要警惕和谨慎对待改革的教训与挫折。

第五章，北欧国家贫弱群体的保护与支持政策。北欧国家应对贫弱群体问题的社会发展模式占有极端重要的地位，该模式是以社会民主党的价值观念为基础建立起来的。本章探讨北欧国家针对贫弱群体保护与支持政策的典型特征，并挖掘其与西方其他国家存在的主要不同，其中主要分析政府主导、工作福利、政策超前性等特征。与此同时，本章系统地总结了北欧国家所形成的享誉全球的“北欧模式”，北欧国家所构建的综合模式以及发展改革过程中所积累的有益经验，为中国如何构建现代化的福利体系，并积极为贫弱群体制定全面性政策均提供了有效参考。

总体而言，发达国家的贫弱群体政策大多经历了百年发展历史，并且通过积极的政策转型取得了良好的治理效果。本书的核心观点是，发达国家的贫弱群体问题是社会发展阶段与政策制定调整双向过程中出现的结构性问题，通过保护到支持的政策转型，发达国家改变贫弱群体的基本需求与发展状况，从而达到贫弱群体问题的阶段性治理。贫弱群体政策转型是社会转型的显著特征，同时也是各个国家走向社会现代化的必经之路，发达国家的转型历程为中国现阶段治理贫弱群体问题提供了宝贵经验。当然，中国贫弱群体政策在资源配置、结构转型等方面的调整中，却也意外地导致了一些特殊社会问题，比如说政治表达和治理参与途径狭窄、利益代表与社会支持严重不足等，其深刻反映出中国现阶段所制定的贫弱群体政策仍旧存在缺失与缝隙，因而当前亟须结合自身实际情况以发展出更多本土的政策法宝，通过扩大社会力量参与治理以促成政策转型。

本书通过以上梳理试图立足高远认识贫弱群体问题，并在当前剧烈变迁的世界体系中寻找各国治理贫弱群体问题的共同经验。最后，笔者衷心地希望本书能够为发达国家治理贫弱群体问题积累典型案例，同时能够为中国解决贫弱群体问题与实现社会现代化提供有益参考。伴随着政治文明的进步，世界各国皆在应对贫弱群体问题上全力探索，这不仅关乎一个国家发展中社会改革的成败，更加关系各国民众对政府的信任程度。因此，在应对纷繁复杂的贫弱群体问题上，只有坚持转型视角并立足民众利益，持续加强对贫弱群体的社会服务，善于运用综合性政策体系，才能够全面提升社会治理能力，切实解决贫弱群体的生存与发展问题，最终实现国家持久发展与社会全面进步。

目录

第一章

英国贫弱群体的保护与支持政策

英国是较早关注社会贫弱群体并建立社会福利制度的国家之一，其以1601年《伊丽莎白济贫法》为起点开始制定贫弱群体政策，成为现代社会保障制度的发源地，并在历经几个世纪的政策发展后，于1948年宣布建成世界上第一个福利国家。本章探讨的英国贫弱群体是由制度调整或政策转变所导致的，涉及贫困、失业、疾病与残障、工伤受害者等六大群体，英国对其保护政策通常是给予现金、物质上的帮助，支持政策则借助培训、鼓励等手段来提供就业、教育等社会服务，二者最终构成以“社会投资”为核心的政策体系，取得了政府财政减负、公众满意度提高、社会力量壮大等积极效果。在系统梳理后，本章以政策结构为立足点，从政策理念、政策方法、政策内容、政策取向上分析英国贫弱群体政策的转型特征，并以此分析英国贫弱群体政策的核心内涵与发展历程，探讨其对中国现阶段解决贫弱群体问题的相关启示。当前中国正处在福利政策发展的瓶颈期，本章提出中国应对贫弱群体问题应当借鉴英国贫弱群体政策从吸纳到治理的逻辑转型，中国贫弱群体政策则需充分结合本土实际，通过在理念设计、方法统筹等方面进行调整，强化从保护到支持的政策转型方向，从而力争使全社会力量参与贫弱群体问题治理以实现全民共享改革红利。

一　研究的问题

一个社会如何对待其在快速发展过程中处于边缘地位的贫弱群体可以显示出该社会的价值取向与历史沿革，贫弱群体所需的帮助与支持可以由家庭与社区提供，但由于社会发展的日趋复杂化，贫弱群体面临的风险越来越大，仅靠家庭与社区的帮助已经很难适应，国家与社会需要制定和探索更多的政策与途径来解决贫弱群体的生存风险。[①] 在当今世界，随着经济水平的不断提升，多数国家建立了针对贫弱群体保护的社会保障制度，尤其是在许多欧美发达国家，完善的社会保障体系与专业的特殊保障政策，使贫弱群体能够在享受基本物质生活的基础上，还能够得到充分的社会支持与人生发展。哥斯塔·埃斯平－安德森在1990年将福利国家划分为三类，分别是遵循补缺原则的自由主义型福利国家、以个人贡献为主的法团主义型福利国家、遵循普遍原则的社会民主型福利国家。他认为英国属于遵循补缺原则的自由主义型福利国家。[②] 事实上，英国是较早关注贫弱群体并建立社会福利制度的国家之一，从《伊丽莎白济贫法》颁布到现在已有四百多年历史，其漫长的政策实践历程为世界各国的贫弱群体政策积累了宝贵经验。因此，本章主要探讨的内容就是英国针对贫弱群体的保护与支持政策，以及英国贫弱群体政策的转型与发展特征，同时借助转型经验分析其对当代中国贫弱群体政策的若干启示。

（一）英国贫弱群体的含义

贫弱群体，又称贫弱社群或贫弱族群，是一类特殊社会人群，他们通常因为在社会活动中地位低下，其权益总是受到他人侵害，所以也被称为“易受侵害群体”，其构成主体主要包括易受侵害的老年人、妇女与儿童，

---

① 〔英〕霍华德·格伦内斯特：《英国社会政策论文集》，苗正民译，商务印书馆，2009，第3页。

② 〔丹麦〕哥斯塔·埃斯平－安德森：《福利资本主义的三个世界》，苗正民等译，商务印书馆，2010，第7页。

贫困人口、失业工人、农民与农民工、残障人等。[①] 从群体构成可见，贫弱群体是一个相对的历史概念，它一般是指在政治、经济、文化、环境等方面处于相对不利地位的人群，在社会发展的不同历史阶段，贫弱群体包括的具体对象也不尽相同。

英国很早就关注贫弱群体并进行政策保护，尤其在1601年颁布的《伊丽莎白济贫法》是现代社会保障制度的萌芽，使得英国率先在世界上以立法形式建立社会保障制度。从英文文献检索来看，在相关研究中较少直接对贫弱群体进行定义，再加上英国高福利的社会背景，人们很难从现实中找到绝对贫弱群体，而绝大多数研究是在讨论社会问题时对贫弱群体进行定位与分类，比如失业人群、贫困人口等。因此，贫弱群体的概念阐述在英国相对较少，但群体的类别比较清晰，而大多数贫弱人群是“通过财产或收入调查被发现的低于社会平均水平的被救助人群”[②] 或是在社会竞争中处于不利地位的边缘人群，比如低收入者、工伤受害者、丧失亲人者、移民与少数族裔等，他们在英国社会研究中均可被认为是贫弱群体。

（二）英国贫弱群体保护与支持政策的定义及区别

根据英国的社会调查与界定贫弱群体的科学方法，本章对贫弱群体的各类政策归纳为补偿性政策和发展性政策。补偿性政策以社会平均生活水平为基准，主要借助资金或食物等手段，直接向那些处于标准线以下的贫弱群体提供现金、物质或其他形式的帮助，按照内容上的理解，可以定义为贫弱群体的保护政策。发展性政策以社会可持续发展为目标，主要借助培训或鼓励等手段，向贫弱群体中存在的潜在劳动力提供就业指导、教育培训或者表达渠道等帮助，按照内容上的理解，可以定义为贫弱群体的支持政策。

英国社会救助起源于中世纪时期基督教的慈善施舍和同业行会的互助

① 周运清、曾亚林：《弱势群体权益保护与福利政策比较研究》，《河南省政法管理干部学院学报》2002年第5期，第48～52页。

② 郑春荣：《英国社会保障制度》，上海人民出版社，2012，第2～3页。

互济，而后随着英国两部《济贫法》[①] 的颁布才逐渐形成制度化、规范化的社会救助体系。从20世纪初开始，英国失业与贫困人口急剧增加，政府先后制定保护政策与法规以控制局面，如1908年的《养老金法》和《儿童法》、1909年的《劳工介绍法》、1911年的《伤残保险法》等，保护方向逐渐由教会为主的贫民施舍转变为由政府主导的社会保障；“二战”结束后，英国以《贝弗里奇报告》为基础，先后颁布了一系列社会保障法案，如1944年的《国民保险法》、1945年的《家庭补助法》、1946年的《社会保险法》及1948年的《国民救济法》等，以确保对“二战”后英国社会存在的贫弱群体进行全方位政策保护。[②] 英国成为当时拥有最先进社会保障体制的国家，并且于1948年宣布成立了世界上第一个“福利国家”。

然而，20世纪70年代的世界性石油危机凸显了英国社会保障体系的弊端，在庞大的公共开支与社会贫困化面前，英国开始浮现越来越明显的困顿。整个20世纪70年代，在英国五大社会支出项目中，只有社会保障支出一直保持在3%以上的年增长率，而社会服务、教育、健康与住房支出的年增长率都有明显下降，甚至出现负增长[③]，高额的福利保障带来沉重的财政负担，英国经济出现严重的衰退。与此同时，全面福利政策也滋生了一些社会问题，社会上低收入者的贫困现象不但没有减少，反而还有加剧的趋势，出现了一些躺在“福利摇篮”里坐享收益的贫困与失业人群。为此，20世纪90年代以来，英国以布莱尔为代表的“第三条道路”主导者提出了一系列福利改革的新思路，主要是针对现有的贫弱群体保护政策进行改革，从传统的“救济福利社会”转向“积极福利社会”，在观念上调整为“不承担责任就没有权利”，在政策上建立起“社会投资型国家”，通过改革为贫弱群体创造更多的就业机会，鼓励贫弱群体工作自立，

---

① 旧《济贫法》是指1601年英国王室伊丽莎白通过的 *the Poor Law*；新《济贫法》即《济贫法（修正案）》，是指1834年英国议会通过的 *The Poor Law Amendment Act*。

② 刘波：《当代英国社会保障制度的系统分析与理论思考》，华东师范大学博士学位论文，2005，第29～31页。

③ 丁建定：《论撒切尔政府的社会保障制度改革》，《欧洲》2001年第3期，第76～82页。

减少对社会的福利依赖，为穷人提供了必要的技能培训，更加重视对非物质生活质量的提高。[①] 由此可见，英国为应对贫弱群体问题在方针、态度、方法等多个方面发生了明显改变，英国贫弱群体政策也顺理成章地从补偿贫弱群体不足的保护政策逐渐转向发展贫弱群体能力的支持政策。

二　英国贫弱群体的保护政策

根据上文贫弱群体的定义，英国近现代的贫弱群体是指那些在社会问题中凸显出来，相对于强势群体存在的对立人群，是那些在社会发展过程中经济、政治、环境等因素的变革所导致的处在不利地位的人群。因此，在讨论英国贫弱群体保护政策时，必须充分结合英国的社会发展史与具体现实状况，才能够客观地对贫弱群体进行类别定位。本章在综述英国社会现状与以往政策研究基础上，将英国贫弱群体归总为六大类：贫困群体、失业群体、疾病与残障群体、工伤受害者、遭遇家庭变故者、少数族裔与移民。

（一）贫困群体保护政策

贫困是一种社会现象，更是一种阻碍社会良好运行的社会问题。前工业时代，英国与很多欧洲国家一样，普遍存在着社会结构变迁导致的贫困问题，大量的贫民、流浪者、失业者对英国的社会稳定造成了巨大的冲击，对此英国政府制定了《济贫法》等一系列救济贫民的政策法律，对改善当时贫困局面与促进贫困人口脱贫有着重要作用。后工业时代，在激烈的市场竞争中，个人和家庭由于各种原因处于竞争失利地位而陷入贫困当中，这类贫困人群大多是无业、残障等原因导致的低收入者，对此英国政府又制定了一系列补助政策来减缓他们的生活压力。从英国社会发展史可以看出，无论是过去还是现在，英国的贫困问题一直都存在，如何更好地

---

① 刘波、周敏凯：《战后英国社会保障思想的变迁》，《当代世界社会主义问题》2005 年第 1 期，第 52 ~ 58 页。

保护贫困群体，如何使他们能够有效地脱贫并恢复正常人的生活，这是英国政府一直以来面临的最大挑战。从最初的《济贫法》到现在的政府补助，再加上全面的最低标准制度，英国对贫困群体的保护政策经历了多次变迁，但其保护理念却一直没有太大变化，即最大限度地保证贫困者的基本生活，在一定程度上使其脱贫并减少再次返贫的风险。本部分对英国数百年的济贫历史进行梳理后，将贫困群体保护政策划分为三个方面：《济贫法》下的贫困救济、贫困人群收入补助、最低保障与最低工资。

1. 《济贫法》下的贫困救济

英国是一个具有悠久济贫制度史的国家，1601 年旧《济贫法》的颁布标志着英国济贫制度的正式确立，1834 年的新《济贫法》又明确了政府的首要责任。在社会保险制度出现之前，《济贫法》制度一直是英国政府解决贫困等社会问题的主要措施，对后期的济贫政策有着十分重要的启蒙影响与指导作用。[①]《济贫法》制度下的贫困救济是一种综合性救济，即不管什么原因导致的贫困，政府都要根据制度要求对贫困者进行救济。根据英国社会保障史记载，《济贫法》下的贫困救济主要有两种方式：院内救济与院外救济。[②]

院内救济是最主要的救济形式，也是新《济贫法》的核心原则，主要是通过济贫院接纳贫困者进行救济，为被接纳者提供保证基本生活的需求品，如简单的食品与衣服、统一的医疗与住宿等，其资金主要来自地方税收与社会自筹。院内救济为大量贫困者提供了赖以生存的住所，对缓解贫困人口生存压力以及改善英国社会环境具有重要的现实意义。然而，在救济机制上，只有经过严格的财产调查来证明其真实贫困的人才能够进入济贫院得到救济，这些人往往被迫失去很多政治权利，其中最为明显的就是人身自由，被接纳的贫困者不能擅自离开济贫院，如果在不允许的情况下擅自离开将受到严格的拘留性处罚。

---

① 丁建定：《1870—1914 年英国的济贫法制度》，《史学集刊》2000 年第 4 期，第 48 ~ 54 页。

② 此处的“院”指济贫院（workhouse），是英国在《济贫法》指导下建立的为穷人提供工作和为弱者提供生计的救济机构。

院外救济是《济贫法》制度提供的另一种救济形式，主要是对那些由于失业、疾病等种种原因而陷入贫困的人员进行救济，为他们提供适当的现金、衣服、实物与燃料等，其资金主要来自政府拨款与社会捐赠。然而，院外救济不仅数量很少，而且受到了严格控制。贫困者在接受院外救济之前需要经过严格的道德检查，禁止健康且有工作能力的人得到救济，因而很多能够工作的穷人为了避免道德检查而放弃接受救济，导致这些人长期处于贫困状态而无法脱贫。同时，院外救济主要依靠财政拨款来实施，其规模的不断扩大需要经济发展作为支撑，因此在贫困救济需求膨胀时往往造成了英国财政的赤字问题。

综上所述，《济贫法》下的贫困救济主要通过院内救济与院外救济两种方式进行直接救济，其措施的主要内容是给予贫困者生活上必需的物质帮助，如食品、衣服、住宿等。在救济效果上，院内救济的措施更加有效，将贫困者直接收留并进行有效管理，改变了贫困者居无定所的局面，而院外救济的道德检查也在一定程度上降低了对虚假贫困者的救济，减轻了英国政府财政上的负担，其显著的救济效果如表 1－1 所示。然而，《济贫法》作为被动的救济政策还仅仅停留在保证贫困者的生存层面，而对于潜在贫困者如何主动脱贫并追求更好的生活，《济贫法》制度下的措施就显得有些不足了。因此，在《济贫法》制度理念的指导下，对直接济贫措施进行内容创新，将贫困群体进行合理分类并调动其脱贫积极性是政策关键。

表 1－1　1870～1914 年接受济贫院院内外救济的贫困者人数

单位：千人

年份	接受院内外救济的贫困者
1870	979
1880	738
1890	696
1900	688
1910	815
1914	642

资料来源：Karel Williams，*From Pauperism to Poverty*，Routledge，1981，pp. 159－171。

2. 贫困人群收入补助

在英国高福利的社会环境下，绝对贫困者在政府救济下变得越来越少，但随着市场竞争越演越烈，很多人又由于自身、家庭等多种原因再次陷入贫困，这种非先天性的贫困具有相对性，主要表现为收入少、人群多、原因复杂。相对贫困者在能力上大多比绝对贫困者有一定优势，然而他们往往由于自尊心等原因不愿意接受政府直接救济或者收留，导致他们无法彻底摆脱贫困而一直处于社会底层，主要集中在失业者、无业者、老人、残障人等人群，或者是交叉型人群。针对这些贫困问题，英国政府制定了收入补助政策，该政策体系针对不同类型的贫困人群做出适用性的政策安排，具体内容如表 1－2 所示。收入补助是在《济贫法》制度基础上的政策创新，是当下英国对贫困群体最为重要的保护措施，本部分首先介绍工作税收抵免、收入补助金、养老金补贴等几项政策，其他政策将在之后章节中做相应介绍。

表 1－2　不同贫困人群的收入补助方式

贫困人群类型	收入补助方式
工作的贫困人群	工作税收抵免
无业的贫困人群	收入补助金
失业的贫困人群	求职者津贴
退休的贫困人群	养老金补贴
残障的贫困人群	就业及援助津贴

资料来源：见郑春荣《英国社会保障制度》，上海人民出版社，第 274 页。

（1）工作税收抵免①

英国政府于 2003 年开始实行此项政策，旨在为那些成年低收入工作者提供援助，由于该政策是一种税收抵免，因此由英国皇家海关及税务总署管理。该福利申请条件比较严格，共涉及两个方面：一是要求申请人或其伴侣在全职工作，25 岁及以上的申请人每周需工作 30 小时，50 岁以上、有小孩的家庭、残障人可以适当放松限制，只需要一名成员每周工作 16 小

① 郑春荣：《英国社会保障制度》，上海人民出版社，2012，第 276～278 页。

时即可；二是给付额是由一系列因素得分加总之后确定的，这些因素包括个人因素、夫妇或单亲家庭因素、伤残人士因素、家庭儿童数量等。另外，在政策执行中最为关键的是，只有工作16小时及以上的单亲家庭或每周夫妻双方均工作16小时以上的家庭才可以申请儿童照顾，儿童照顾的税收抵免是直接发放给照顾者的，只有将儿童送至政府批准的服务商那里进行照顾才能报销。

（2）收入补助金①

该政策是针对无业贫困群体发放的一种津贴，与求职者津贴、工作税收抵免不可兼得，主要发放给单亲父母、符合条件的照顾者、残障人以及其他无法工作的贫困者。在申请条件上，申请者年龄必须在16~60岁，其伴侣不能够领取家计调查型求职者津贴、就业援助津贴等，除非伴侣超过60岁可以适当地领取养老金补贴。该津贴的给付额依据申请人的家庭需求与收入状况而定，有一定的计算程序：首先需要计算“全额给付额”，即若申请人所在家庭收入为零可领取的收入补助金给付额，由个人给付额标准、额外给付额标准、自有住房支出等加总后得到；然后需要计算申请人的家庭收入与“全额给付额”的差额，只有家庭收入低于全额给付额才能领取补助金，即补助金政策采用差额补助方法，补助金等于全额补助额减去家庭收入。在政策执行上，家庭收入不超过周收入20英镑的可以忽略，一些政府津贴也可以不计，家庭资产总额不能超过6000英镑，超过部分每250英镑削减1英镑周补助金，超过16000英镑则取消资格。同时，具有收入补助金资格的家庭或者个人将自动具备其他社会福利项目资格，包括免费学校午餐、议会税津贴、住房津贴等。这一规定的好处是减少了对申请人的重复认定，有利于提高工作效率，但不好之处在于某种程度上却使得领取者继续陷入“贫困陷阱”，即宁愿不工作也不愿意失去收入补助金，因为工作之后收入增加将导致享受补助金资格丧失，更为严重的是许多其他社会福利项目的领取资格也随之取消。

---

① 郑春荣：《英国社会保障制度》，上海人民出版社，2012，第282~286页。

(3) 养老金补贴[①]

英国基本国家养老金的替代率很低，即使全额领取的老人，如果没有其他收入仍然会处在贫困线以下，因此英国政府于2003年实施了养老金补贴政策，明确了退休贫困老人接受补助的权利，在内容上有两个方面：一是保证补贴，发放给经过收入调查且收入和资产都很低的60岁及以上的老年人，项目资金来源于个人所得税，具有较强的收入再分配功能；二是储蓄补贴，发放给有一定储蓄且年龄在65岁及以上的老年人，当个人收入在储蓄补贴门槛与保证补贴额之间时，收入每增加1英镑即可得到60便士补贴，当收入超过保证补贴额时，收入每增加1英镑被削减到40便士补贴。该政策在执行中都免征个人所得税，当养老金给付额越来越高时，其补贴也就会越来越少。

(4) 议会税津贴

该津贴是一项家计调查的社会福利，旨在帮助人们支付议会税[②]。津贴的给付额根据申请人或其家庭的收入水平进行评定，最大额度为单身或夫妇应该支付的议会税。在资金给付上有几方面要求：一是受益人必须具有领取保证补贴的资格；二是“E级次限制”，规定房产价值在级次F、G、H的申请人领取议会津贴时，只能按照E级次进行补贴；三是“第二位成年人减免”，规定在评定时要调查与申请人住在一起的第二位成年人的情况，主要是为了那些家中人口多而未能获得津贴的申请者可以得到适当减免。

(5) 住房津贴[③]

该津贴是一项带有收入调查的福利政策，目的是为贫困者支付房租费用，低收入家庭如果自行购房就丧失了领取资格。事实上，许多英国贫困家庭没有能力支付房租，英国政府通常会给予特殊照顾，规定居民在享受

---

① 郑春荣：《英国社会保障制度》，上海人民出版社，2012，第323～326页。

② 议会税，目前英国唯一的地方税，是对居民住宅按房产价值征收的一种税，纳税人为年满18周岁的住房所有者或者住房承担者（含地方政府自有房屋的租客），如一处住房多人所有或居住则共同负有纳税义务。

③ 陈正兰：《英国住房福利政策研究》，《社会》2003年第7期，第12～16页。

“标准住房福利”待遇时，如果扣除自付房租，收入在贫困线以下的可以申请住房津贴，它的作用并不是提高居民收入，而是帮助居民减少自付房租部分。住房津贴需要经过一定审查程序，即适用于那些收入低于国家确定的收入标准并且财产少于一定数量的居民，在政策执行中主要包括房产税免除、代缴房租、代缴水电费、支付抵押贷款利息、支付房屋修缮费用等若干方面。然而，在政策实践中却存在着大量资金浪费现象，很多贫困家庭依靠津贴搬进了豪宅里，因此英国政府在2010年对津贴额度进行了修改，将每周给付额限制在400英镑之下以控制浪费。

3. 最低保障与最低工资制度

在英国高福利的社会背景下，英国对所有国民的生活、工作的收入供给均实行了最低标准，以保证每个国民都能够平等地享受到满意的基本物质生活，这个政策被统称为最低保障与最低工资制度。其中，最低保障制度也就是英国的收入限定性补助，该政策面向全体国民，以贫困群体为主，而最低工资制度面向工人群体，以贫困劳动力为主。

（1）最低保障制度

该政策以全面福利理念为指导并进行实践，构成了英国社会救助制度的重要部分，关注的重点是收入低于一定水平的贫困居民，政策的覆盖面有多大，水平有多高，主要取决于贫困线标准。[①] 贫困线的确定依赖于对贫困概念的理解，绝对贫困建立在最低生存需求上，主要是指食品与营养需求，贫困程度根据维持最低生存水平的实际市场开支确定，而相对贫困建立在社会公平和财富分配的观点上，认为存在一个公认的最低生活标准，会随着社会期望值增加及社会发展和财富增加而变化，通常取决于不同阶层之间的国民收入分配比例。在实际标准制定中，英国的贫困线由国会规定，每年会根据工资和物价水平做出调整，不是按照简单的家庭人均收入水平进行计算，而是按照不同类型的家庭来确定标准。在具体给付上，最低保障的救济金来源于财政拨款，保障标准会根据不同救助对象的实际情况有所不同：首先考虑年龄的差异，不同年龄段的保障额度是不同

① 冯英、聂文倩：《外国的社会救助》，中国社会出版社，2008，第37～38页。

的；其次考虑户型的因素，家长对家庭负有更多责任，因此保障金会多一些，其他人只涉及一些个人生活费用；最后考虑家庭人口数，对于有未成年子女需要抚养的家庭，按照子女数量与年龄确定保障标准。同时，在资金给付上还有一些限制：接受补贴的个人或家庭取得另外收入，救济金就随之下降；雇员参与劳资纠纷，则本人不能享受救济，只能领取家属享有的部分。由此可见，最低保障制度是一种综合性救济制度，充分保证了贫困人群的最低生活标准，当物价波动时，标准也会适当调整，不会因物价变动而降低贫民的生活水平。

（2）最低工资制度

该政策不仅是干预收入分配的有效方法，更是对低收入劳动力进行收入保障的直接方式，其内容主要体现在《1998 年全国最低工资法案》及《1999 年全国最低工资条例》中，包括最低工资的标准、适用对象、工资的定义和范围、最低工资的计算方法、最低工资的执行和法律救济等。[①] 在 1998 年法案中，英国政府成立了低收入委员会，该机构负责对全国最低工资制度提供咨询建议并向政府推荐全国最低工资水平。1999 年 4 月，英国开始实施最低工资制度，最低工资标准采取小时计算，使得很多贫困者从中受益。具体操作中，最低工资标准针对工人年龄进行细致分类，并每年调整一次，英国从 2004 年起为年龄不满 18 岁的学徒也制定了最低工资标准，在 2016 年标准制定中更是将 21 周岁以上划分为 21 ~ 24 周岁、25 周岁以上更精确的两类。在政策执行中，贫困劳动者应符合三个条件：一是应是一名工人；二是按照合同工作或正常工作；三是已经超过法定上学年龄。如果工人符合上述条件，即可以按照合同内容，要求雇主支付最低工资标准与实际工资之间的差额，工人是否符合最低工资制度适用条件的举证责任由雇主承担，如果雇主没有履行最低工资制度，那么他将接受来自主管机构——英国税务海关总署的严厉处罚。由此可见，最低工资制度对于保障贫困工人基本收入、防止劳动力剥削、提高工作积极性等方面具

① 谢增毅：《英国的最低工资制度：经验与启示》，《中国社会科学院研究生院学报》2008 年第 6 期，第 63 ~ 68 页。

有重要作用，该制度也是英国解决贫困与失业问题最为可靠的政策法宝。

（二）失业群体保护政策

失业问题一直是英国政府与社会各界共同探索解决的主流问题。从1984年起，英国对失业的概念采用了国际劳工组织建议的定义，“失业”是指年龄在16周岁以上，现在没有工作、想要工作、在过去4周内积极寻找工作并且在今后的2周内能够开始工作；或者是现在没有工作但已经找到了工作并且正等待着在2周内开始工作。对此，英国对失业群体的保护政策主要借助法律的支撑性救助与完善的失业保险制度，通过梳理英国社会发展史，本章将英国对失业群体的保护政策归纳为三个方面：《济贫法》下的救济措施；失业工人法中的救济措施；失业保险制度。[①]

1.《济贫法》下的救济措施

18世纪末开始，英国慈善组织就为失业群体提供了生活救济或者就业机会，在非官方救济行为中起到了重要作用。到19世纪末，英国解决失业问题开始由非官方救济转向主要依靠官方救济，具体救助政策大多是在《济贫法》的指导下完成的。根据英国社会保障史记载，《济贫法》下的失业救济主要有两种方式：院内救济与院外救济。

院内救济主要是通过济贫院收纳失业者进行救济，济贫院为被收纳者提供食品、衣物、医疗、住宿等以满足其基本生活方面的需要，其资金主要来自教区为单位的地方税收。院内救济为大量失业人员提供就业机会，在减少贫困人口流动上起到了很大作用，但是在严格的救济原则控制下，失业者只能以牺牲自由与人格为代价才能够进入济贫院得到一些救济。

院外救济主要是为失业者每月或每周定期发放救助金、燃料、衣物和提供住处等，它是救济体系中坚持时间最长、影响最大的救济方式，其资金主要来自政府财政拨款和社会捐赠。院外救济设有一套道德检验措施，其强调禁止身体健康有工作能力的人得到救助。因此，失业者在领取院外

---

① 丁建定：《从济贫到社会保险——英国现代社会保障制度的建立（1870—1914）》，中国社会科学出版社，2000，第194～221页。

救济前必须接受道德调查，导致很多人为了避免调查而放弃救济。

综上所述，《济贫法》下的失业群体保护措施只对没有或失去劳动能力的失业者进行救济，再加上严格的救济原则与道德检查，对比当时英国的人口总数，接受救济的失业人数就显得微乎其微了。因此，在《济贫法》指导下被救济的贫弱群体中，失业群体人数相对较少，如表 1－3 所示。自此以后，一些社会问题专家以及济贫监督官员均提出，仅靠《济贫法》所提供的有限救济是不够的，失业者摆脱困境的根本途径是让他们尽快开始工作。

表 1－3　1891～1912 年接受济贫院院内外救济的失业者人数

单位：人

年份	接受院内外救济的失业者
1891	8900
1895	13400
1900	8000
1905	19300
1910	18100
1912	14300

资料来源：Karel Williams，*From Pauperism to Poverty*，Routledge，1981，p. 199。

2. 失业工人法中的救济措施

20 世纪初，面对日益严重的失业问题，英国社会各界强烈要求政府承担起相应的责任。与此同时，工人阶级不断向政府施加压力，要求政府尽快采取有效措施。1905 年 1 月，下议院议员巴克斯顿代表议会中所有来自首都的议员指出："为忍受失业之苦的人提供工作既是地方的责任，也是国家的责任。"① 于是，保守党政府开始采取措施，在 1905 年颁布《失业工人法》。该法律意味着国家正式对失业问题承担起责任，通过国家立法形式确认了政府对解决失业问题的责任，是英国解决失业问题的第一个重要法令。②

① Jose Harris：*Unemployment and Politics*：*A Study in English Social Policy*（*1886—1914*），Oxford University Press，1984，pp. 153－158。

② 蔡玉辉：《英国早期失业法令及其动因》，《学海》2007 年第 6 期，第 87～91 页。

失业工人法分为两部分，一部分是关于首都伦敦地区的，一部分是关于伦敦以外的。[①] 关于首都伦敦地区，法律规定在每一个区议会中都要建立专门的贫困委员会，并在此基础上建立伦敦中心委员会。贫困委员会的职责是熟悉掌握辖区内的工人失业状况，并对情况属实的失业人群进行帮助，协助其找工作，或者帮助其移居别处。中心委员会的职责是尽可能地监督、协调贫困委员会的行动，通过向失业者提供暂时工作等途径给失业者以帮助。两个委员会的开支来自志愿捐款以及每区议会按税值中“每1英镑1便士”的批拨款组成的基金，强调对任何人提供救济不能因此而取消接受者的选举权与市民权。关于伦敦以外的地区，法律规定在最近一次人口调查中拥有5万以上人口的地区应该依照政府的安排建立同伦敦一样的贫困委员会，如果区议会向地方政府事务部提出申请并得到批准，这一规定可以扩大到最近一次人口调查中人口少于5万但大于1万的地区。

1905年的《失业工人法》在英国失业群体政策发展中具有重要影响，主要表现在它通过国家立法形式明确了政府解决失业问题的责任。然而，这个法律的内容相对比较简单，其指导思想、组织形式、人员构成、解决方法上均基本沿用了《济贫法》的框架和模式，虽然规定了政府在对失业群体保护上所应该承担的责任，但是在实际操作中仍然是以地方政府对失业者承担的救济责任为主。与此同时，推行该法律所需的资金比较匮乏与提供救济程序上的相对复杂，使得该法律本身在执行上并没有达到预期的效果，英国严重的失业问题依然没有得到较好解决，其法律指导下的执行效果可见表1-4。

表1-4 1906~1914年英国《失业工人法》的执行效果

年份	伦敦地区执行效果		伦敦以外地区执行效果	
	贫困委员会（个）	被救济人数（人）	贫困委员会（个）	被救济人数（人）
1906	29	92876	85	180906
1907	29	60416	76	152801
1908	29	54613	69	150971

① 丁建定：《英国社会保障制度史》，人民出版社，2015，第242~244页。

续表

年份	伦敦地区执行效果		伦敦以外地区执行效果	
	贫困委员会（个）	被救济人数（人）	贫困委员会（个）	被救济人数（人）
1909	29	136589	95	376043
1910	29	82349	87	236094
1911	29	51823	65	149087
1912	29	37643	45	105819
1913	29	30662	43	87921
1914	29	16349	30	47318

资料来源：Jose Harris, *Unemployment and Politics: A Study in English Social Policy (1886—1914)*, Oxford University Press, 1984, p. 377。

3. 失业保险制度

英国失业保险制度是在政治、经济、社会、文化等因素的共同推动下形成的。在社会主义思潮兴起与英国产业结构调整的大背景下，为了应对普遍的失业现象，英国先后制定了不同的失业保险政策，在系统上构成了比较先进的失业保险制度。①

1909 年英国制定《劳工介绍所法》(Labor Exchanges Act)，该法律被认为是世界上第一部就业服务立法，政府设立的劳工介绍所直接向失业者提供工作信息与失业津贴。1911 年英国制定《国家保险法》(the National Insurance Act)，该法律标志着全国强制性失业保险法律制度的建立，明确了国家、用人单位、劳动者三方责任相互结合的原则。1920 年英国制定《失业保险法》(the Unemployment Insurance Act)，该法律将 1911 年法案的覆盖范围进一步扩大，为失业者家属也提供了适当的补助，并且在 1927 年增设了两项新的保险给付计划：标准保险金（standard benefit）作为无限期领取的失业保险金支付给曾经缴纳过保险金的失业人员，过渡性保险金(transitional benefit) 支付给那些丧失领取标准保险金资格并在积极寻找工作的失业人员。1934 年英国出台《失业法》(the Unemployment Act)，该法律对失业保险的试用范围、给付条件、给付标准都做出适当的调整，将

① 郑春荣：《英国社会保障制度》，上海人民出版社，2012，第 40 ~ 48 页。

长期处于失业状态的人群从社会保险计划中分离出来，单独给予救济，标志着英国双轨制失业保险制度的建立。1946 年英国制定《全国保险法令》(National Insurance Act)，该法律将失业保险纳入英国社会保险体系，标志着英国成为当时世界上社会保障体系最完备的国家。1948 年英国颁布《全国社会救助法令》(National Assistance Act)，该法律将失业救助纳入一项新的全国社会救助计划，标志着英国国民救助制度正式建立。从“二战”结束后到 20 世纪 60 年代，受益于经济上的繁荣，英国的失业率一直都比较低，从 1951 年到 1964 年，英国的失业率基本上保持在《贝弗里奇报告》提到的 3% 目标之下。①

英国现行的失业保险立法于 1975 年开始执行，是一种强制保险制度，具体有以下几个方面的规定：①保险对象。周收入在 46 英镑以上的雇员均需参加，独立劳动者和交纳减额保险费的已婚妇女和遗孀除外。②资金来源。受保人和雇主缴费比例同养老保险缴费比例一致，政府除负担和养老保险相同的费用外，还承担收入调查津贴的费用。③享受条件。任一纳税年度，个人按较低收入标准缴纳保险费用 25 次，即连续工作 6 个月并交足保费；职业介绍所登记失业的，能工作并适应工作的；失业不是由个人无正当理由自由离职、本人不良行为、不接受工作介绍、不参加职业培训等引起。④管理机构。保险费和失业档案由卫生与社会保障部负责管理，补贴津贴委员会负责发放收入调查津贴，就业部通过其地区办事机构和职业介绍所管理救济金，包括接受申请和发放救济金。⑤待遇标准。失业者每周可以领取 37.35 英镑的保险金，受供养的妻子也可领取一定数额的补助金；失业者领取失业救济金的期限为 52 周即一年；夫妻双方同时失业，其中一方可以另外领取每周 46 英镑的补助金；失业者可申请住房、子女补贴等；期满时，领取者需要找到一份周满 16 小时的工作，方可继续领取，如继续失业，则改为领取社会救济金。

（三）疾病与残障群体保护政策

在人的一生中，疾病与残障都有可能发生，有些是因为意外事故，有

① 刘苏荣：《战后英国社会救助制度研究》，云南大学博士学位论文，2011，第 83 页。

些则是先天性的，有些是会短期康复的，有些可能是伴随一生都改变不了的。无论过去还是现在，疾病与残障对本人还有其所在的家庭都会带来生理上、生活上、经济上的沉重负担，然而这种负担并不是因为自己渴望生存的动力不足造成的，而更多是由于社会制度对其保护的临时缺失。因此，社会应当建立起一套对疾病与残障人群的保护体系，尤其是在社会保障发展久远的英国，政府更应对身体上遭遇不幸的人提供完善的生活保障。纵观英国社会发展史，可将英国的疾病与残障群体保护政策归结为：《济贫法》下的医疗救济、国家健康服务体系、其他法定保护政策。总体而言，这些政策以强制性的医疗保险为主，辅以针对特殊人群的特定保护与服务计划，切实为疾病与残障群体提供全方位、多层次的选择与帮助。

1.《济贫法》下的医疗救济

英国最初对疾病与残障群体的保护集中在 19 世纪末《济贫法》下的医疗救济政策，主要包括三个方面：组织救济、制度救济、法令救济。[①]

组织救济主要通过工人互助性组织、慈善组织等机构对病人、残障人提供医疗服务与救治，其中工人组织规模较小，提供救济的效果比较有限，因而慈善组织在救济服务提供上发挥了主体作用。根据慈善组织协会的统计，1850 年以后除了传染病医院以外，慈善组织在各地共建立各类医院 550 多家，并且组建了循环医疗队，在各地开诊所，为病人提供医疗与健康方面的各种服务。[②]

制度救济是指在《济贫法》制度指导下的院内外救济，主要包括健康救济与医疗服务两方面。健康救济主要针对那些身体不健全导致的贫困人群，他们主要接受来自济贫院的院内救济，院外救济的控制不是很严格。医疗服务主要是针对那些无力支付其他医院较高费用与接受院内救济的人群，他们大多是通过政府建立的济贫医院来实施救济。

法令救济是指在《济贫法》指导下，英国试图通过改善居住环境卫生

① 丁建定：《从济贫到社会保险——英国现代社会保障制度的建立（1870—1914）》，中国社会科学出版社，2000，第 222 页。

② David Owen：*English Philanthropy*（*1660—1960*），Harvard University Press，1964，p. 483.

以促进居民健康所制定的一系列法令，主要有1875年、1879年、1882年的《住房法》，1890年的《公共健康法》，1885年的《医疗救济法》等。涉及的保护措施主要有清除居民区的垃圾、拆除条件恶劣的住房、建立一定规模的卫生管理系统、培训更多的高水平医护人员等，这些法令全方位地明确了对疾病与残障等贫弱群体的健康保护，是对《济贫法》精神的进一步延续，也是对英国福利文化与救助理念的不断升华。

2. 国家健康服务体系

《济贫法》下的救济政策对疾病与残障群体的保护仍然停留在事后弥补上，而对于全面控制疾病与残障产生的事前风险与事中恶化，《济贫法》下的被动政策就显得十分滞后了。因此，英国在1911年制定了《健康保险法》并作为《国民保险法》的第一部分顺利通过，标志着英国正式建立起国民健康保险制度。[①] 该法律规定，所有16岁以上被雇用及未被雇用但有保险人资格者，都可以依法投保并享受保险津贴及服务，包括医疗、疗养、疾病、伤残等方面。该制度在一定程度上解决了疾病与残障群体长期面临风险的后顾之忧，是一次从救济保护到控制保护的成功转变。然而，随着时代的发展，健康保险制度所能提供的医疗福利变得十分有限，仅涉及初级医疗却没有涉及医院服务，而且医疗保险的享受者也仅限于受保人而不是全体国民，只有那些被雇用以获取工资的人才能够进入其中，个体工商户、失业工人家属、儿童、妇女、老人很多都被拒之门外。

因此，英国在20世纪40年代先后颁布了《国民健康服务法》《家庭补助法》《工业伤害保险法》等法令，并在这些法令的基础上，于1948年正式建立国家健康服务体系，英文为National Health Service。该政策体系致力于为英国全体公民提供全面、平等、免费的医疗服务。国家健康服务体系（NHS）是英国“二战”后福利国家体系的核心内容，被世界卫生组织认为是欧洲最大的公费医疗机构和世界上最好的医疗服务体系之一，对“二战”后英国的社会经济发展具有深远影响。[②] 该政策体系不仅改变了以

① 丁建定：《英国社会保障制度史》，人民出版社，2015，第252～253页。

② 闵凡祥：《英国国民健康服务体系60年》，《英国研究》2013年第5辑，第85～111页。

往资源分配的不平等，而且纠正了英国医疗服务在组织与质量上的严重不足，虽经历了数次变革但其内涵却一直没有变化，即医疗供给是根据医疗需求提供的，而不是根据患者的支付能力。其政策基本内容主要有三个方面：一是扩大保护群体，即全体英国国民皆可享受免费医疗服务，包括居住在英国的外国人；二是增加医疗资源，即建设更多的医疗机构与设施，培训更多的专业医护人员；三是完善管理体制，即制定更加明确、更有效率的医疗分管制度，加强第三方的参与。

在国家健康服务政策体系指导下，英国现行的医疗保险政策是以1946年国民健康服务法和1975年社会保障法为依据制定的，其中在疾病与残障方面的具体规定有：①保险范围：疾病补助金的发放对象是周收入在46英镑以上的雇员和缴足保险费用的独立劳动者，医疗对象为所有公民；②享受条件：享受疾病现金补助的条件是缴足26周保险费，或是在患病前一年交足50周保险费，就有资格领取疾病现金补助；③保险待遇：医疗服务的对象为全体公民，每个公民都可以得到免费或低价的医疗救治。疾病补助金分为固定标准金和收入关联金两种：固定标准金，受保人一周领取35.70英镑，妻子或者受供养的丈夫为16.8英镑，每一个子女为7.65英镑；④收入关联金，周收入在125英镑以上者每周领取52.5英镑，在46～124.99英镑者为39.25英镑，最多领取28周，之后改为领取伤残抚恤金。①

3. 其他法定保护政策

英国除对疾病与残障群体实行全面的救济与保险之外，还对群体中的特殊人群制定了针对性的保护政策，这些特定政策弥补了保护体系中的缺口，体现了英国对贫弱群体无微不至的政策关怀。当前，弥补保护政策缺口的特定政策主要集中在四个方面：法定患病工资、就业与援助津贴、伤残生活津贴与护理津贴、照顾者津贴。②

---

① 刘波：《当代英国社会保障制度的系统分析与理论思考》，华东师范大学博士学位论文，2005，第49～50页。

② 郑春荣：《英国社会保障制度》，上海人民出版社，2012，第297～315页。

（1）法定患病工资

给予那些短期内连续患病的雇员。该政策以雇佣关系和缴纳国民保险费为前提，雇员在患病时已经受雇，平均收入达到国民保险较低收入线以上，连续患病 4 天以上，即可从雇主那里获得为期不超过 28 周的法定患病工资，由雇主按支付薪金方法定额支付。如果雇员在 28 周以后仍然没有康复，就应申请就业与援助津贴。

（2）就业与援助津贴

给予那些在领取法定患病工资后，由于健康原因仍然无法工作的人。该政策解决了之前无工作能力补助被社会滥用的弊端，与上文失业群体中“求职者津贴”类似，按照缴纳国民保险费的期限划分为“缴费型津贴”与“家计调查型津贴”，严重的疾病与残障人士可以长期领取。缴费型津贴不需要家计调查，而家计调查津贴给付标准为申请人储蓄存款不超过 16000 英镑。此津贴申请条件比较宽松，但申请程序较为复杂，不但要进行工作能力的评估，还要测试申请人是否具有进行与工作相关活动的能力。

（3）伤残生活津贴与护理津贴

给予那些年龄在 65 岁以下，因疾病或伤残而需要得到别人照料的人士。该政策在内容上分为两个部分：一是照顾补贴，主要为生活无法自理的申请人提供帮助；二是移动补贴，主要为申请人的行走、交通出行提供帮助。此津贴在申请条件上较为严格，对申请人的生活能力与伤残情况进行了详细鉴定，按照残障的严重程度分为不同等级与待遇。对于 65 岁以上的伤残老人，需要经常得到照顾的，则可以申请护理津贴。

（4）照顾者津贴

发放给那些年龄在 16 岁以上并且正在照顾严重残障者的人士。照顾者通常为患病或残障的家人、朋友、伴侣提供无偿的照顾，对社会贡献很大，但个人却可能因为照顾他人而无法工作进而导致贫困，这个津贴对保证其基本生活起到很大作用。该政策对照顾者的照料时间与收入均有明确的规定，在现实中领取此项津贴的女性较多，充分说明了在英国女性是承担家庭照顾的主力军。

（四）工伤受害者保护政策

英国是人类第一次工业革命的发源地，工业革命不仅对英国的政治、经济、文化、社会等方面的发展起到了重要作用，而且对整个欧洲，甚至整个世界的发展都产生了巨大推力。然而，在急速工业化的背后，实际上推动这些改变的是那些奋战在工厂里、工地里、作坊里的工人们，他们用辛勤的汗水铸造了工业革命里的大桥铁路、轮船火车，但他们却是工业革命里最容易受伤的群体。在此之后，英国每年都会发生许多由于工作原因而引发的事故，其中不仅导致了大量的工人受伤事件，还滋生了职业病等一系列问题，给受害者及其家庭带来了很不利的后果。因此，英国很早就制定了针对工伤受害者的保护政策，于1897年制定的《工伤赔偿法》首次以国家法律的形式，确定了雇主无条件向工人提供工伤赔偿的无过错原则，并在这个原则指导下制定了若干保护工人合法权益的工伤赔偿政策，充分显示了英国承担工伤贫弱群体的保护与维持社会公平的责任。① 现今，英国对工伤受害者的保护主要通过工伤保险制度，该制度同其他社会保险制度一样从属于1975年《国民保险法》，由卫生与社会保障部负责，保险范围包括全体雇员，但不包括自雇员，工伤保险待遇由社会保险基金支付，资金来源于雇主、雇员、政府三方，具体内容包括以下两个方面。

1. 工伤伤残福利金

工伤伤残福利金的发放对象是那些在工作事故中受伤，或者是在工作中染上职业病的个人，并且因此丧失了劳动能力并至少被认定为是局部的残障。② 在申请条件上，申请人必须证明其伤病是由工作引起的，伤残程度需要由医生进行认定，病情如果出现恶化，也可以申请重新鉴定，但伤残程度必须达到14%以上，福利金的给付额会随着伤残程度的增加而增加，2011～2012财年的发放水平见表1－5。

---

① 王蓓：《英国1897年工伤赔偿法的制定及意义》，《东方论坛》2011年第6期，第14～17页。

② 郑春荣：《英国社会保障制度》，上海人民出版社，2012，第318～319页。

表 1-5　2011~2012 财政年度工伤伤残福利金的周给付额

单位：%，英镑

伤残程度	18 岁以上或 18 岁以下且有依靠其生活的亲属	18 岁以下且没有依靠其生活的亲属
100	150.30	92.10
90	135.27	82.89
80	120.24	73.68
70	105.21	64.47
60	90.18	55.26
50	75.15	46.05
40	60.12	36.84
30	45.09	27.63
14~20	30.06	18.42

资料来源：郑春荣《英国社会保障制度》，上海人民出版社，2012，第 319 页。

2. 其他补充性待遇

伤残待遇期满后，如果伤残职工还不能恢复适应工作的劳动能力，就可以继续申请以下长期补充性待遇[①]：①特别困难补助。适用于工人不能正常参加生产劳动，如因残障不能够获取与原职业相同的收入，通过申请此补助，可以获得每周最高 37.28 英镑的补贴。②护理津贴。适用于长期护理的 100% 伤残的受害人或者伤残程度达到 80% 以上的退伍军人，补贴金额按照伤残程度与需要的护理水平被划分为四个档次，分别为重大、中等、普通、业余，补贴分别是每周 92 英镑、69 英镑、46 英镑、23 英镑。③重大伤残津贴。如果工伤受害者遭受终身残障，需要全面的护理，则可以申请该津贴，享受护理津贴中的重大、中等补贴的工人可以同时享受该津贴。④住院治疗补贴。用于住院期间不能参加生产劳动的工人。⑤高龄津贴。年龄 80 岁以上的老人受害者，可以按照其养老金标准的 25% 提供补助。⑥家属补助。投保人住院治疗或者领取失业补助期间，其家属可以享受一定金额的家属补贴。⑦收入降低补贴。如果工伤发生在 1990 年 10 月以前，工伤者还可以领取到减收补贴，这是对发生工伤事故者工作收入

① 冯英、康蕊：《外国的工伤保险》，中国社会出版社，2009，第 90~91 页。

减少的补偿，最高为每周 37.28 英镑。⑧退休补贴。领取收入降低补贴者，男满 65 周岁、女满 60 周岁后，停止领取收入降低补贴，改领退休补贴，最高补贴额为每周 9.32 英镑。⑨遗属抚恤金。其在工伤中死亡的符合条件的遗属，包括父母、遗孀、子女等，都会按照待遇标准视情况发放一定数额的抚恤金。以上各项待遇都是按照社会平均生活水平的一定比例发放，不与职工个人的工资水平挂钩。

（五）遭遇家庭变故者保护政策

家庭是由婚姻、血缘或收养关系所组成的社会组织基本单位，承载着抚养孩子、供养老人、婚姻生活等诸多方面的社会责任，是缓解社会矛盾与冲突的庇护所，也是促进社会发展与进步的原动力。然而，一些不可预测的意外事件往往会破坏本应稳固的家庭结构，导致家庭功能的严重失衡，引发家庭内部的一系列问题，比如丧失亲人、家庭破裂、家庭暴力等，这些问题不但使家庭功能遭到更严重的破坏，还使很多家庭成员被迫沦为贫弱群体。这类遭遇家庭变故的贫弱群体所面临的问题十分复杂，较其他贫弱群体承受着更大压力，这些压力来自个人、家庭、社会等多方面，更加需要得到外界的关怀与帮助。对此，英国政府针对遭遇家庭变故者给予更多的关注，从个人到家庭都制定了详尽的保护政策，以缓解因家庭变故所带来的不利影响，求得家庭功能的恢复重建，防止家庭问题的扩散与重演，这类家庭保护政策主要针对两类贫弱群体：一是丧失亲人者；二是家庭破裂者。

1. 丧失亲人者

在遭遇家庭变故事件中，最为严重的后果就是丧失亲人。丧失亲人改变了整个家庭的人口结构，不仅降低了家庭的收入与生活水平，更重要的是给丧失亲人者带来了无限的生存压力与精神创伤。在各种丧失亲人事件中，大多是由于年老疾病、意外事故、战争战乱等原因引起，英国针对此类贫弱群体的保护主要运用区别化的财政补贴。[①]

---

① 郑春荣：《英国社会保障制度》，上海人民出版社，2012，第 331 ~ 335 页。

（1）丧亲补助金

丧亲补助金一次性发放给在12个月内失去配偶的寡妇或鳏夫，给付金额在2000英镑左右。在给付条件上，申请人去世的配偶需缴纳国民保险税已达一定年份，如因工作死亡可忽略不计，同时还需满足下列三个条件之一：一是申请人配偶去世时，申请人年龄低于领取养老金的法定年龄；二是去世的配偶尚未达到领取养老金的法定年龄；三是配偶去世时已经达到领取养老金法定年龄，但尚未领取A级养老金。该补助金与其他救济金并不冲突，如果去世配偶缴纳国民保险税的期限很短，则补助金额会有所削减。

（2）丧亲津贴

丧亲津贴发放给丧偶的丈夫、妻子或者民事伴侣，申请人必须满足以下条件：一是配偶去世时，申请者年龄不小于45岁且低于领取养老金法定年龄；二是没有抚养小孩；三是配偶在世时，缴纳国民保险税已达一定年份，因工作死亡除外。该津贴连续发放52周，如果申请人再婚就停止发放，不能与鳏寡父母津贴同时领取，不过对于领取鳏寡父母津贴期限已满的申请人，可以转为申请这个津贴。在给付金额上，对于55岁以上申请人，基本给付额为100.70英镑（2011～2012财年数据），低于55岁，每少一岁就削减3%，如果去世的配偶缴纳国民保险税的期限较短，津贴也将受到适当削减。

（3）鳏寡父母津贴

该津贴发放给有孩子的丧失亲人者，申请人需要满足下列条件：一是申请人必须是怀孕或正在抚养一名符合领取儿童福利金条件的孩子；二是配偶在世时，缴纳国民保险税已达一定年限，如因工作死亡除外；三是申请者年龄必须低于养老金法定年龄。该津贴给付额为100.70英镑（2011～2012财年数据），如果配偶缴纳国民保险税期限较短，给付额也将受到适当削减，领取该津贴的申请人将自动获得圣诞节津贴。

（4）牺牲军人遗属与战争遗属抚恤金

牺牲军人遗属抚恤金是军人保障计划中的一部分，支付给2005年4月以后牺牲军人的家属，2005年4月以前牺牲军人的家属，可以领取战争遗属抚恤金。在抚恤金政策中，牺牲军人遗属是指牺牲军人的配偶、民事伴侣、孩子，如果尚未结婚，但是能够证明有实际上的配偶关系也算做家属。在给付金额上，牺牲军人遗属抚恤金取决于牺牲军人去世时的年龄和薪水，而战争遗属抚恤金比较复杂，是发放给那些配偶因在英国军队服役而死于战争的人士的养老金，除非领取者再婚，否则这一养老金是终生的，并且划分为两个档次：一档是高标准，支付给年龄达到或超过40岁，或未满40岁但是有孩子的，或者没法养活自己的申请人，如果申请人配偶生前是少校军衔及以上，则不论年龄大小，都自动获得高标准养老金；另一档是低标准，支付给年龄低于40岁且没有孩子的申请人，这些人年满40岁以后，可以转为申请高标准。同时，给付金的具体额度会根据已牺牲军人的军衔来确定，对于无人抚养的儿童、年龄超过65岁的领取者会有额外增加。申请人不能同时领取丧亲津贴、缴费型遗属养老金，但可以同时领取圣诞节津贴，也可以领取根据自己缴费记录发放的基本养老金，除了法定配偶之外，其他与牺牲军人密切相关的亲属也可以适当领取抚恤金。

2. 家庭破裂者

在现实生活中，英国绝大部分家庭变故是由家庭破裂导致的，这里所说的家庭破裂主要是指家庭内部人员的精神、行为等方面不正常而引起的情感破裂，集中表现为离婚、家暴等几种情况，从而产生了很多家庭破裂后处于困境的贫弱群体，比如离婚受伤害者、受家暴妻子与儿童等。对此，英国对这类家庭破裂贫弱群体，在法律上制定了详细的规定，在政策上给予了特定的帮助，充分体现了英国社会对家庭文化的保护与尊崇。

（1）离婚受害者

离婚是指依照法定手续解除婚姻关系，各国对离婚理由的规定不尽相同，但基于对离婚本质的尊重、维护婚姻当事人权益的需要，越来越多的国家在保障离婚自由的同时，用法律手段维护离婚中受害一方的利益，英国根据问题实际状况，针对离婚后受害一方主要制定了离婚辅助救济制度与相关子女抚养制度。

英国离婚辅助救济制度是一项专门保护离婚中受害者利益的政策，主要内容包括离婚夫妻财产的分割，也包括离婚抚养费给付等相关问题，在制度设计中始终贯穿着平衡思想，在政策执行中始终关注受害者主体利益的维护。[①] 辅助救济主要是对离婚一方当事人的金钱支付，是关于财产方面的救济，具体规定体现在《1973 年婚姻诉讼法》中，具体程序体现在《1999 年家庭诉讼程序规则》中。申请人首先要提出救济申请，然后经过第一次会议、财产解决会议，再到最终审理、案件上诉，最终才能进入政策执行阶段。在具体执行上，该制度实行多样化救济令：一是抚养费待决诉讼令，要求婚姻当事人一方在规定期间向另一方定期支付抚养费，起始日不得早于诉讼提起日，终止日为诉讼终止之日；二是财产支付令，法院支持配偶一方为了家庭中未成年子女或正在接受教育、培训的子女利益，要求定期支付或一次性支付一定财产；三是财产调整令，包括财产从一方配偶转移给另一方配偶，或者是为了子女的利益将财产转移给特定的人等财产调整规定；四是财产出售令，法庭可以将特定财产出售的收入所得付给另一方配偶，对大部分离婚案件来说，家庭房屋是他们的巨大财产；五是养老金分配令，指定养老金仍然归持有人所有，但获得养老金时必须将受益的一定比例支付给已经离异的前配偶，直到其中一方死亡为止；六是财产处理同意令，离婚案件中的双方当事人就资金和财产事项所达成的协议被纳入同意令中，同意令更易于协议的执行，能够有助于争议的解决并且有效地降低了诉讼成本，保护了婚姻受害者仅有的利益。

相关子女抚养制度主要针对有孩子家庭的离婚问题，政策内容交织在各个涉及离婚、儿童的政策法规中，政策路径是离婚父母无法在子女抚养费问题上达成一致时，通常向儿童抚养机构提出申请，在某些特殊情况下可以向法院提出申请，两种申请所适用的法律规则在实体与程序上有所不同。[②] 英国法律在子女抚养费的权利人和义务人的范围、计算方式、支付方式、数额调整等方面都有明确规定，内涵上更加注重离婚父母为其子女提供经济资助的义务。《1991 年儿童抚养法》设立了专门负责离婚子女抚

---

① 王倩萍：《英国离婚辅助救济制度研究》，西南政法大学硕士学位论文，2009，第 4 ~ 15 页。

② 曾燕波：《英国的子女抚养费法律制度及其启示》，《政治与法律》2008 年第 11 期，第 125 ~ 131 页。

养费等相关事务的儿童抚养机构，该机构根据法定公式计算子女抚养费数额，并且负责收取、转交、监督执行。这笔费用，政府每两年进行一次检查，如果确定出现失误、延迟而造成损失的现象，机构会做出相应赔偿。在法律执行中，该法明确区分了子女抚养费的权利人与义务人，确立了“合格子女”、“非同住父母”和“照管人”的概念与指标；制定了子女抚养费的计算公式，明确了从计算子女的抚养费需求与非同住父母的可评估收入，到运用基本扣减比率、考虑其他要素后修正的一整套计算步骤；明确了父母义务与社会福利之间的关系，即抚养子女是父母的义务而非政府的义务，对涉及的救济金等问题做出了详尽补充。《1973 年婚姻诉讼法》对某些必须由法院发挥作用的特殊情况进行了规定，如离婚双方不在英国、子女条件不符合要求等。在法律执行中，该法明确了特殊子女的条件，年龄在 18 岁以下，或正在接受教育及培训等特殊情况的子女，可以定期或一次性支付抚养费，或进行离婚夫妻资产上的调整；明确了法院在做出指令时必须考虑到个案的收入、劳动能力等所有情况；明确了对非亲生子女利益维护与离婚双方承担责任之间的关系，行使权利时注重责任大小的衡量；限定了法庭指令的有效期间，年满 18 岁的子女不能再得到抚养费，如果出现特殊情况法院会适当延长处理。

（2）家暴受害者

家庭暴力存在于英国社会各类家庭中，严重伤害了家庭中处于贫弱地位的老人、妇女、儿童等人群。对此，英国出台了一系列抵制家庭暴力的政策法规，以保障家庭暴力中的受害者能够获得法定保护，依法抵抗家庭暴力并争取获得正常的家庭生活。从 20 世纪 70 年代起，英国注重家庭暴力司法保护，主要涉及以下法律法规。①

《1976 年家庭暴力与婚姻诉讼法》对家暴行为进行了严格的法律规范，解决了长久以来家庭暴力被视为成年人对家庭成员行使权力却不受到法律制裁的问题。主要内容有：一是让警察参与了民事诉讼；二是将

① 蒋月：《英国防治家庭暴力与保护受害人立法述评》，《政法论丛》2011 年第 2 期，第 106 ~ 116 页。

男女非婚同居者纳入保护对象；三是赋予民事法庭发布制止家庭暴力法令的权力；四是明确警察有权力逮捕施暴者或可能施暴者。该法律标志着英国对家庭暴力态度的根本转变，也是对家庭暴力受害者进行政策保护的开端。

《1989 年儿童法》对在家庭中受到各种形式的辱骂、虐待、处罚等暴力行为的儿童进行了法律保护。主要内容有：一是照护，规定正在或可能遭受重大伤害、由于各种原因遭受潜在伤害的儿童，地方当局有义务接收并进行照护；二是监督，规定监督人有义务为被监督儿童提供建议、帮助与扶助；三是评估，规定法院有义务评估儿童的健康、发展状况，以确定儿童是否正遭受或可能遭受重大伤害；四是保护，规定对正在遭受严重伤害的儿童，任何人均可向法院提出保护申请，对于情节严重的，法院可执行排除权和逮捕权。

《1996 年家庭法》与《1997 年免受骚扰保护法》创造性地制定了若干反对家庭暴力的制度，主要体现在对骚扰行为的抵制上。《1996 年家庭法》主要内容有：一是禁扰，规定禁止被告者侵扰有关子女的正常生活，不仅包括暴力行为，还包括妨害、纠缠等危险行为；二是占有，规定法院在家庭暴力案件中有权调整家庭住所的占有，可以直接要求一方当事人离开家庭住所或作为居所的特定场所，情节严重的可以附加逮捕。《1997 年免受骚扰保护法》针对女性受害者进行了保护，禁止任何人实施构成骚扰的行为，包括惊吓女性或引起女性不安。该法规主要内容有：一是救济，受害者有权寻求民事赔偿等相关救济；二是处罚，对触犯骚扰罪的人给予一定的刑事处罚；三是限制，为了保护受害人及案件中的其他人，依法限制被告人实施下一步行为。

《2004 年家庭暴力与犯罪及受害人法》规定了违反禁止侵扰令的犯罪，对同居者或原同居者之间发生的暴力行为做出了补充说明，不再要求法院考虑当事人未婚情况，同时增设了特殊情况。主要内容有：一是定罪，将故意过失造成儿童或易受伤害的成年人死亡的行为规定为犯罪并追究刑事责任，增设了此类犯罪的刑事诉讼程序；二是观察，规定了政府要对情节严重的案件开展详细调查以便吸取教训，对特定情形的还要有特定机构参与；三是陈述，规定受害人有权陈述本人的要求或期待，并熟悉相关信息以保护自身利益。

（六）少数族裔与移民保护政策

英国是一个多民族、多种族、多文化的国家，在英国人口构成中，主体民族为英格兰、苏格兰、爱尔兰和威尔士四个民族，占全国总人口的绝大多数。除此之外，还有部分少数族裔也在总人口中占有不小的比例。其中有一些是来自欧洲、北美或澳洲的白人移民，还有一些是非白人少数族裔，分别为印度裔、混血儿、非洲裔黑人、加勒比裔黑人、巴基斯坦裔、孟加拉裔和华裔。非白人少数族裔在英国总人口中约占 9%，有 500 多万人，构成了少数族裔人群的主体。[①] 英国很多学者将这些人群定义为族群，即享有共同历史、认同感、价值观、行为特征和沟通体系的团体，是一个更加宽泛的概念，将少数族裔与移民都涵盖在内，这与英国民族构成的复杂性有关，也表现出其民族政策的指向范围。[②] 由此可见，英国既是一个多民族国家也是一个移民国家，并且大部分少数族裔是由移民构成的，这类人群在社会生活中往往面临着诸多问题，例如社会地位问题、归属问题、融入问题等，主要表现为在经济、政治、教育、住房、医疗保障等方面的不平等，构成了一个潜在社会问题共同体，对此英国将少数族裔与移民人群归为一类贫弱群体，从 20 世纪 60 年代开始采取一系列保护政策，主要集中在两个方面：一是保护机制建设；二是反对种族歧视。

1. 保护机制建设

英国对少数族裔的保护借助与欧洲其他国家缔结的区域性条约，目的在于保护英国乃至整个欧洲范围内少数族裔的权利，具体有《欧洲人权公约》《欧洲区域性或少数人语言宪章》《少数民族保护框架公约》等，这些条约共同构成了欧洲区域少数族裔的保护机制。欧洲各国一直在努力地

---

① 高桂兰：《英国的民族政策对我国民族政策的启示研究》，内蒙古师范大学硕士学位论文，2010，第 3～4 页。

② 高靓：《英国少数民族教育政策的特点分析》，《民族教育研究》2004 年第 4 期，第 81～84 页。

进行机制建设，主要集中在两个方面：一是对少数族裔个体人权予以保护，二是对少数族裔群体所具有的文化、宗教、语言等予以保护。保护机制建设能够有效地缓和由少数族裔问题引发的社会冲突，使少数族裔问题不再成为欧洲国家，尤其是英国造成重大制度冲击的因素，从而维持了英国等欧洲国家的长期稳定。①

（1）人权保护

在保护机制建设上，人权保护是最为核心的内容。1950 年欧洲委员会批准的《欧洲人权公约》对维护公民的人权与基本自由，保护少数族裔的生存权、发展权等个人权利具有重大意义。该《公约》对人权保护内容做出全面规定：一是生命权，生命是享有权利的起点，无生命就不能享受其他权利，任何人不得被故意判处死刑；二是免受酷刑权，任何人不得被施以酷刑，不得受到不人道或有辱人格的待遇或处罚；三是禁止奴隶制和强迫劳动，任何人不得使他人成为奴隶或从事强制劳动，禁止奴隶制并通过有效法律进行保障；四是人身自由和安全权，每个人拘捕后必须被告知逮捕理由，有权要求在合理时间内进行审判或将释放候审，保护人们不受任意逮捕和拘留；五是公正审判权，每个人都有权在合理时间内由一个独立、公正的法庭公正公开审理，程序公正理念源于英国；六是无法不惩权利，任何人只有依据国内或国际法被认定为构成刑事犯罪，才能被依法追究刑事责任；七是尊重私人及家庭生活的权利，保护住宅和信件的权利，体现了对公民隐私的保护；八是思想自由，人人有权享有思想自由，可以单独或集体、公开或私下表达理想、信念、追求、意识；九是表达自由，人人都有表达自由的权利，可以接受和传递信息，涵盖新闻自由、言论自由；十是集会及结社自由，人人享有和平集会与结社的权利，包括参加或组织工会，举办私人或公众集会、结社或参加政党的权利；十一是结婚权，每个人都有结婚并组建一个家庭的权利；十二是救济权，寻求救济时若无法得到司法救济或违反了权利保护内容，任何人可以提起公诉。上述

① 焦传凯：《后冷战时期欧洲少数民族保护机制的特点及不足》，《西南民族大学学报》（人文社会科学版）2011 年第 4 期，第 6～11 页。

规定在保护少数族裔问题上起到了指导作用，并为保护机制建设奠定了坚实基础。

（2）文化、宗教、语言保护

欧洲委员会于 1992 年制定的《欧洲区域性或少数人语言宪章》和 1995 年制定的《少数民族保护框架公约》是专门保护欧洲少数族裔集体权利的公约，虽然在欧盟层面上并没有专门立法，但是欧盟在积极促进成员执行上述公约。《欧洲区域性或少数人语言宪章》主要解决少数族裔在语言上的优先性和平等性问题，并没有明确列出哪些语言需要受到保护，只是把那些属于区域性的少数族裔语言作为客观事实来看待，强调每个人都有使用母语的权利，规定了 68 项对语言的保护措施，其中 30 项具有法律拘束力，比如在司法程序上要向使用少数族裔语言的人提供诉讼时的翻译；在教育上使学生可以在某个阶段自由地选择使用少数族裔语言学习；在职业培训上要承诺提供少数族裔语言教学等。《少数民族保护框架公约》是欧洲保护少数民族权利的综合性公约，该《公约》全面规定了应当予以保护的少数族裔权利，虽然重申了对少数族裔个体权利的保护，但重点在于对少数族裔群体性及群体性特征的保护，规定了为保护少数族裔在政治、经济、社会和文化等领域中的平等应采取一切措施，还规定了对少数族裔文化、宗教、语言、传统、文化遗产、教育、传播媒体等方面的保护，具体内容包括促进少数族裔维护和发展文化，鼓励容忍精神和文化间对话，采取适当措施保护可能因种族、文化、语言或其他特征而受到威胁、歧视、敌视甚至暴力的人；采取足够措施以方便少数族裔获得享用传播媒体的权利，在少数族裔与政府的交往中尽可能使用其少数族裔语言；鼓励教育机构对少数族裔的文化、历史、语言及宗教的了解，提供更多用于教学的书籍资料，便于少数族裔学生与教师的交往，为少数族裔获得教育权提供平等机会；创造少数族裔参与文化、社会、经济生活及公共事务的条件，特别是同少数族裔有关的公共事务等。

2. 反对种族歧视

仅对少数族裔与移民群体权利上的保护是不充分的，只有在种族观念上进行更彻底的保护才能从根本上解决这类群体的贫弱问题。对此英国先后颁布了多部《种族关系法》来反对种族歧视，有效保护了少数族裔与移民的民族利益，促进了各种族之间的和谐发展。英国在1965年以前广泛存在着对少数族裔与移民的偏见，特别是在20世纪五六十年代，上百万非白人劳工移民英国之后，社会上出现了针对移民工人的歧视情绪，并且引发了很多种族冲突。在20世纪60年代中期，随着平等和人权意识的深入，英国的反歧视运动开始兴起，直接推动了《1965年种族关系法》的出台，该法的首要内容是反对种族隔离，如规定宾馆、影院、公交等公共场所不得限制种族身份的人进入，后期的《1968年种族关系法》则将种族歧视的领域进一步扩展到雇佣，提供物品、设备以及住房，广告等方面。在20世纪70年代，《1976年种族关系法》的颁布标志着英国的反歧视政策进入了新阶段，并且设立了非政府组织的公共机构，即种族平等委员会来专门负责处理种族歧视事宜，此项法律还采取了积极的保护行动，即保护少数族裔的特殊福利需要，从而有效防止了歧视并消除过去歧视带来的影响。进入21世纪以后，《2000年种族关系法修正案》将禁止种族歧视行为的公共职能范围扩大，并规定多个公共行政当局负有反对歧视的责任。[①]

到目前为止，英国已经形成以《种族关系法》为依据，以种族平等委员会为监督、协调和指导中心，政府各部门、地方政府、各种非政府公共组织、商界以及各种志愿者团体广泛参与、共同协作的反对种族歧视、促进种族关系的机制。该机制规定了禁止直接与间接歧视少数族裔与移民群体，在相同情况下，当少数族裔待遇、生活水平低于其他人时，就可被认定为直接歧视；如果一项规定或条件同样适用于其他各个不同种族，但其中一个种族无法遵守，就视为间接歧视。在政策操作上，主要禁止在以下各个方面的歧视行为：就业上包括招聘、选拔、晋升、培训、工资福利、工作环境等；教育上包括学生录取、学生待遇、使用学校设施等；房屋上包括物业销售、租赁、管理等；公共服务上包括接受购买公共货品与服务、进入公共设施等；公共职能上包括在执法机构执行公务时、参加工会组织等。

---

① 张若璞等：《英国如何协调民族关系》，《中国民族》2008年第2期，第67~70页。

三　英国贫弱群体的支持政策

上文详细介绍了英国对各类贫弱群体制定的保护政策，然而从当前政策发展趋势来看，英国对贫弱群体的关注不再局限于简单保护，而更多的是在保护基础上针对贫弱群体的发展支持，这使贫弱群体能够更好地发展能力，通过提高竞争力来获得社会平等地位，从而追求更为理想的社会生活，真正地摆脱国家“福利摇篮”。英国是较早制定支持政策并付诸实践的国家，在实践中组建了统筹各项事务的各大职能部门，设立了针对社会问题研究与执行的各类组织，强调在应对问题上政府、社会、个人的共同责任，对各类贫弱群体进行了全面的、差别化的、针对性的各项支持，充分体现了英国全面关怀的福利宗旨。

（一）贫困群体支持政策

为了使贫困群体能够尽早脱贫，通过提升自身能力去获取收入，从而减少对政府的福利依赖，实现贫困问题的改善与社会成员的共同进步，美国制定了具有奖励性、长期性、差异性的脱贫支持政策。支持政策在法理上肯定了贫困者的社会平等地位，同时通过奖励形式鼓励他们积极生活，主动参加劳动去获得经济收入，不断发现自身潜力从而寻找到自己的社会价值。对此，英国政府针对不同类型的贫困者及其所处的不同环境、地域，制定了统筹全面、因地制宜的支持政策，这些政策不仅仅旨在改善贫困者的个人贫困，更多的是在于改善贫困地区的社会经济状况，为贫困者的发展提供更好的环境与更多的机会，这种政策内涵对其他国家的脱贫政策产生了很大影响。本章将英国实施的贫困群体支持政策的内容归结为三个方面：社会基金支持、可持续就业支持、反贫困地域政策。

1. 社会基金支持

社会基金为遇到紧急情况和资金问题的贫困者提供帮助，该支持政策可以有效地控制政府支出，利用单项支付来保证贫困者的脱贫能力，规定对满足额外需要而提出基本补贴之外要求的申请人提供一次性补贴，包括两种类型：法定社会基金、任意社会基金。[①]

法定社会基金是特殊贫困者在符合特定条件下领取的法定补助金，涉及三方面内容。

（1）天气补助金

天气补助金的支付系统将申请人与全国的气象台之一进行对应捆绑，如果气象台预测当地的日平均气温将连续7天低于零摄氏度，那么申请人将得到25英镑的基金补助，并且不受申请人资产的影响，显然是由天气决定而不是由政府决定的。

（2）丧葬补助金

丧葬补助金支付给那些办理丧葬事务却因收入不足无力支付费用的贫困者，其给付包括火葬的费用、死者财产状况的公告费用、一些出差费用及不超过700英镑的其他费用。死者的资产可以作为丧葬费用从而减少了给付额，平均给付额为1208英镑。

（3）稳健起步怀孕津贴

申请人或其家庭成员怀孕了或者过去三个月生过小孩，或收养未满12个月的婴儿，或通过父母责任令养育由代孕母亲生下的小孩，申请人每多一个小孩，就将获得500英镑的基金补贴，给付没有资产限制，从2011年起规定生育第一个小孩时才能够申请领取。

任意社会基金是在申请人符合某些特定条件下，政府根据具体情况进行判断并决定是否给予贫困者资助的一项政策，涉及三方面内容：①社区关怀补助金。该基金发放情况比较复杂，主要帮助社区里的老人、孤儿、刑满释放人员等贫困者找到住所，购买一些家具、衣服，支付水电费等，最低支付额为30英镑，没有最高支付额，对于资产超过500英镑的申请人，或资产超过1000英镑的65岁及以上老年人，其资产每超过1英镑，津贴就会减少1英镑。②预算贷款。该贷款为无息贷款，帮助贫困者支付一些特定的、阶段性的、难以提前进行预算的开支，贷款额度视申请人情

---

① 郑春荣：《英国社会保障制度》，上海人民出版社，2012，第292页。

况有所调整，最高为1500英镑，最低为100英镑，贷款必须在104周以内偿还。③危机贷款。该贷款同样为无息贷款，帮助那些面临紧急情况或灾难的贫困者渡过难关，仅适用于没有任何积蓄、没有他人帮助且需要购买食物的贫困者，没有最低支付额，最高额度取决于申请人通过何种方式进行还款，上限是1500英镑减去申请人及其伴侣没有偿还的社会基金贷款。

2. 可持续就业支持

可持续就业是英国针对贫困群体制定的一项崭新的就业支持政策，其内涵是贫困者不仅能够在激烈就业竞争中获得一定的工作，而且能够有效地对就业岗位加以维持，不因主观或客观因素而中断工作，继续成为贫困人口。① 可持续就业支持政策是在英国面临严重的失业与贫困问题下制定的，尤其是贫困失业者难以重新就业，一方面是由于失业救济金高于就业收入，成为失业者维持生活的基本手段，依赖救济金而缺乏就业动机，最终形成"失业陷阱"；另一方面是由于贫困者缺乏重新就业的信心与技能，依赖救济金降低了他们的自立与自尊，形成了社会排斥与社会隔离，就业机会越来越少。因此，解决贫困问题必须重视就业问题，进行就业政策创新才能解决问题根源，具体改革在实践中有以下四个方面。

（1）契约促进持续参与

1995年《求职者法》规定了将贫困救助与就业促进加以整合的契约形式。基本措施包括：一是将履行就业义务与获得贫困救济统一并设置为领取条件，适用于18岁以上有一定工作能力的贫困人群，他们与就业服务机构签订《求职者协议》，明确个人积极就业的要求、设想与措施并定期接受评估；二是对履行就业义务者有适当奖励，政策规定了求职者津贴、免税奖金等，现在允许在领取补贴的同时从事工作；三是对违约者进行惩罚，即如果贫困者没有合理的理由自愿失业或者不接受培训与安排就业方案，或因为自身错误而导致被开除等，政府会停止贫困救济并持续给他们施加工作压力。

① 王三秀：《英国促进贫困人群可持续就业政策及其借鉴》，《中国行政管理》2011年第2期，第94～97页。

（2）增加持续就业能力

英国在1998年制定的《新体制的一般规定》中对增强贫困人口持续就业能力进行了详细要求：一是大部分贫困者只有加入新体制并接受一定的就业培训才能够获得贫困救助；二是新体制引入了就业辅导员制度，该规定给每一个贫困求职者配备了一个就业顾问，帮助贫困求职者提高就业竞争素质，为他们提出就业建议并树立就业信心；三是加大了就业能力的培训与就业咨询的开支，减少了直接贫困救济的额度，加强了救济评估程序与门槛的精准性，减少漏网之鱼。

（3）激活持续就业潜力

英国在1998年制定的《从福利到就业法案》中将那些传统上被认为无须工作的贫困者，如残障人、患病者等纳入可激活就业人群，该政策的内涵为不否认贫弱群体的就业潜力，最大限度地开发和激活他们的工作潜能，促进他们尽可能地去就业从而获得经济收入，改变长期依赖政府救济而陷入严重的贫困陷阱，主要措施包括加强技术训练、恢复就业能力、设置就业平等委员会、反对就业歧视等。

（4）扩展就业机会

英国在2000年制定的《工作关系法》中正式保护灵活就业工作者的利益，规定其与全职工作者享受同样的福利待遇，又在2002年的《弹性就业规则》中针对工人实行了弹性工作制度，工作人员可以根据自身情况进行工作时间与地点上的调节。同时，在金融危机后的紧张就业情况下，英国采取了多种措施为贫困者创造就业机会，比如加强公共投资、给予雇主聘用贫困者直接补贴、以优惠的企业政策吸引外资创造更多的就业机会、建立公共就业服务系统、提供给贫困者详尽的就业服务信息等。

3. 反贫困地域政策

很多研究证实个人贫困其实与个人原因相关性并不大，而更多的是与所在地区的贫困程度与发展环境有关。除了上述对贫困者的人口政策外，英国独特地针对贫困地域制定了反贫困地域政策。该政策是指在小地域范围内实施的一系列社会经济复兴计划，其对改善地区的物质环境、就业机会、公共服务水平有着重要的积极影响，对于消除贫困地区与其他地区的差距、减少地区贫困人群、改善贫困人群的生活状况具有极大的现实意义。[①]

反贫困地域政策主要针对贫民相对集中的地区，目的在于促进这些地区的经济开发与社会进步，比如贫困地区商业信贷、公共交通改善、基础设施建设等都属于这类地域政策。在英国的具体实践中，典型政策是英国于1995年推行的社会新政，该政策涉及两个方面：一是针对就业、医疗卫生、犯罪预防等政策的目标定位；二是政府的支持和基层社区的参与。[②]政府执行的具体措施有以下内容：其一，失业方面。建立了咨询中心，提供了福利、财政、就业与生活信息。其二，金融方面。建立了地方贷款联盟，帮助开发社区资源，改善社区金融服务。其三，犯罪方面。明确地方当局与警察机构联合的职责，加强评估社区治安环境变化，制定减少犯罪的目标和方案。其四，教育和健康。社区中心提供家庭协助服务，开展教育和健康活动，对贫困者进行读写能力、计算机能力的培训。其五，住房和环境。社区与地方议会联合建立社区商业工程，完善现有服务、清除垃圾、改善住房的周边环境与租住条件。其六，社区建设方面。[③] 英国政府与社会组织、社区、企业以及居民建立本土战略合作伙伴关系，共同商定社区发展的思路，选择性价比最优的方案，并且通过赋权形式鼓励居民参与。

由此可见，英国对贫困群体的支持主要体现在鼓励贫困者参与社会活动、规避因贫困导致的社会风险等方面。不同于以往的保护政策，以往的保护政策容易使贫困者仅依靠物质方面的直接救济从而产生福利依赖，而支持政策借助基金、就业等激励手段，鼓励贫困者主动摆脱福利陷阱，通过自身劳动走出贫困，这对贫困者不仅是经济上的援助，更多的是精神上的支持、持续性的支持，从而防止贫困的反复出现。英国扶贫政策从保护

① 袁媛、伍彬：《英国反贫困的地域政策及对中国的规划启示》，《国际城市规划》2012年第5期，第96～101页。

② Social Exclusion Unit: *A New Commitment to Neighbourhood Renewal: National Strategy Action Plan*, Cabinet Office, 2001.

③ 徐延辉、黄云凌：《社区能力建设与反贫困实践——以英国“社区复兴运动”为例》，《社会科学战线》2013年第4期，第204～210页。

到支持的转变有着明显效果，这既是政策内容的完善，更是政策理念的创新，其政策内涵更加人性化并符合社会运行的基本规律。

（二）失业群体支持政策

英国的失业群体支持政策是在“二战”以后逐渐开展实施的，主要是为了解决传统“福利病”带来的劳动力不就业等社会问题。同时，为了减轻通货膨胀与劳动生产率下降带来的负面影响，维持充分就业的良好局面，英国开始制定激励失业人员就业的社会支持政策。这些对失业群体的支持主要体现在个体保障与求职指导上，通过对英国“二战”后各阶段就业政策的详细梳理，本部分将失业群体支持政策归纳为四个方面：求职者津贴制度、差异化就业方案、就业服务一体化政策、就业与创业培训政策。

1. 求职者津贴制度

为了实现充分就业的目标，英国于 1995 年出台了新的求职者法案，该法案于 1996 年正式生效。法案指定了对失业者的单一补贴，即“求职者津贴”，其替代了以前的失业保险和收入补贴两个待遇。[①] 制定求职者津贴制度的目的是鼓励失业人员去除障碍、积极就业，不提倡失业人员靠以往的政府救济或补贴来维持生活，而是帮助他们去积极地寻找工作，将原本单纯的失业保护政策转变为积极的劳动力市场支持政策。

求职者津贴制度的主要规定有以下三个方面。

（1）适用对象

年龄在 18 岁以上且小于女性的养老金领取年龄并居住在英国的人。年龄在 16～18 周岁的非全日制在校学生通常不能申请，但是少数情况下可以申请到短期的家计调查型的求职者津贴。

（2）给付条件

求职者津贴制度按照失业者是否缴纳过社会保险分为两种类型。对于

① 韩标、侯爱军：《英国：从失业保险到求职者津贴》，《中国社会保障》2010 年第 11 期，第 24～25 页。

缴纳保费型求职者津贴，申请条件较为严格，申请者必须是年满18周岁的非全日制学生，已经失业或每周工作时间少于16小时，在离职前2年中至少缴纳过一年的第一类型国民保险税，最重要的是求职者必须在特别就业中心办理登记并签订求职者协议，该协议赋予求职者积极求职的义务并提供相关的就业行动。相对而言，家计调查型求职者津贴只要那些不符合求职者津贴申请条件的且资产额低于16000英镑的失业者即可申请。

（3）给付内容

根据年龄的不同，缴纳保费型求职者津贴给付的金额有所不同，会根据每年平均物价指数进行上调，如表1－6所示。政府每两周发放一次津贴，最长周期为26周，求职者在26周后仍然找不到工作，可以转为申请家计调查型求职者津贴。家计调查型求职者津贴的给付金额会根据申请人的家庭状况、收入程度而定，如表1－7所示。其给付期没有限制，只要求职者的条件符合要求即可以持续领取。①

表1－6 缴纳保费型求职者津贴的每周给付额

单位：英镑

求职者类型	2010～2011财年	2011～2012财年
年龄在16～24岁的人	51.85	53.45
年龄在25岁及以上的人	65.45	67.50

资料来源：郑春荣《英国社会保障制度》，上海人民出版社，2012，第222页。

表1－7 家计调查型求职者津贴的每周给付额

单位：英镑

求职者类型	每周给付金额
单身且年龄在25岁以下	51.85
单身且年龄在25岁及以上	65.45
已婚夫妇或民事伴侣（双方均超过18岁）	102.75
单亲家庭（年龄在18岁以下）	51.85
单亲家庭（年龄在18岁及以上）	65.45

资料来源：郑春荣《英国社会保障制度》，上海人民出版社，2012，第222页。

① 郑春荣：《英国社会保障制度》，上海人民出版社，2012，第220～230页。

由此可知，相对于传统的失业保险制度，求职者津贴制度的资金给付周期较短且是统一规定的，其给付金额的多少与社会保险的缴费时长没有太大关联。同时，该制度根据失业者是否参加社会保险划分为详细的两种类型，内容上更加全面且提供了差异化的支持服务，对求职者承担的金额不高但申请程序相对复杂，充分体现了英国从消极性劳动政策向积极性劳动政策的跨越，对失业群体而言，也是从保护到支持转变的具体写照。

2. 差异化就业方案

为进一步扭转福利依赖困境，英国政府于 1998 年提出了“促进工作的福利”口号，并且在此基础上制定了差异化就业方案，旨在为有工作能力的人创造更多的就业机会，推行以工作为导向的社会福利制度，把重点由对失业者的保护进一步转向对失业者的支持，强调劳动力市场的积极作用与失业群体主动工作的重要性。

差异化就业方案体现了失业不仅仅是劳动力个人的能力问题，而更多的应该是政府的责任问题。在政府操作方面，政府需要投入更多资源，让有工作能力的人可以找到工作去赚取工资而不是依赖津贴生活；在政策执行方面，英国就业支持政策在于解决长期失业问题而不是短期就业问题。基于上述理念，英国针对不同失业者的特征与处境推出了就业新方案，帮助他们实现再就业。该方案主要涉及的内容：①青少年就业方案，该项目为年龄在 18～24 岁的领取求职者津贴或享受国民保险费长达 6 个月以上的青年人提供支持；②长期失业者就业方案，该项目对年满 25 岁且失业两年以上的求职者提供支持；③单亲父母就业方案，该项目为单亲家长提供就职期间的财务、儿童照顾、心理支持和职业训练等综合性服务；④除了上述强制性的支持政策，英国政府还陆续制定了针对其他特定失业群体的自愿性支持政策，比如说“失业者配偶就业方案”“残障人就业方案”等。[①]

在上述各类人群就业方案的执行上，英国政府制定了统一的标准流程，该流程在失业者申请求职者津贴 6 个月以后开始进入，具体可以划分

① 郑春荣：《英国社会保障制度》，上海人民出版社，2012，第 214～217 页。

为三个阶段：①入门阶段，失业者在政府就业顾问的帮助下，积极寻找工作或者参加短期技能培训，为期最多4个月；②就业新方案阶段，失业者在入门阶段后仍然没能就业，可以继续参加由政府提供的可供选择的促进就业实际计划，比如说从事政府补贴的工作、接受全职教育、从事志愿者组织工作、从事环保工作等，并且能够从工作中享受一定的待遇，为期6个月；③后续援助阶段，这个阶段在形式上类似于入门阶段，失业者领取了求职者津贴，但仍然需要在特别就业中心的协助下努力寻找合适的工作，为期4个月。

由此可见，英国对失业群体进行细分并制定针对性的差异化支持政策，其根据失业者的家庭条件、个人禀赋等不同因素，分别执行了符合各类失业人群特征的政策内容与操作标准，充分体现了英国对特殊贫弱人群的格外关注，更重要的是彰显了英国社会独立、民主、平等的思想内涵。值得一提的是，尽管美国在政策对象上对不同类型的失业者进行了区别对待，然而在执行流程上却确立了统一的规范标准，在对象差异化的同时又伴有过程一致性，这是对失业者的整体关怀，深刻表现出从个体保护到整体支持的理念转变。

3. 就业服务一体化政策

英国是最早建立公共服务机构的国家之一，英国于2002年制定就业服务一体化政策，将社会福利局与就业服务局合并成立了特别就业中心。通过这一政策实践，英国把积极寻找工作作为失业者领取求职津贴的前提条件，并且在领取求职津贴基础上给予更多的就业服务与指导①，将对失业者的问题诊断、资金补助、就业指导等服务进行统一管理，形成了一套细致、共赢、高效运作的失业群体就业服务一体化政策。

就业服务一体化政策改变了传统上对失业者进行多层次、多维度的保护机构并存局面，将就业保护与服务进行体系上的统一，这样既有利于官方的统筹管理，又有利于具体政策的高效执行，减少了失业者在求职程序、求职通道上的复杂性而导致的再失业，或者是干脆不就业。在政策进

---

① 郑春荣：《英国社会保障制度》，上海人民出版社，2012，第231页。

行服务统一化之后，特别就业中心还对失业者制定了从头到尾的就业支持流程，按照失业者的求职进程划分为5个阶段，具体内容如表1-8所示。

表1-8 英国就业服务一体化政策支持流程各阶段

时间	阶段	内容
起点	预备阶段	诊断失业者，提供个性化方案、就业咨询、顾问
第1~13周	自行求职	签订求职者协议，领取津贴，自行寻找工作
第14~26周	引导求职	求职座谈会，密集型面谈，求职面试培训
第27~52周	支援性求职	求职行动计划，工作技能培训，提供工作机会
第53~104周	弹性求职	专家指导服务，服务提供商签订定向协议

资料来源：见郑春荣《英国社会保障制度》，上海人民出版社，2012，第232页。

由上述支持流程与政策内容可见，英国特别就业中心不再区分失业者的年龄、种族、家庭等因素，给每一个失业者都提供个性化的就业咨询与指导服务，简化了原来各项长期的就业服务程序，为失业群体建立起一套高效、合理的一站式求职服务体系。从实践中来看，这项政策充分调动了失业者的求职信心与积极性，很大程度上体现出英国劳动力市场从消极性保护政策到积极性支持政策的转变。

4. 就业与创业培训政策

英国有较为完善的职业培训体系，教育与技能部负责对全国培训网络进行指导与协调，在每一个行业中，都存在着大量的劳动力就业与培训机构，各种社会组织也十分注重对职业教育的培训与监督。[①] 职业培训促进就业与创业的政策主要是通过集中训练劳动力工作能力的途径实施的，不仅能够帮助失业者更好地选择职业，也能够为用人单位反馈信息，更好地评估市场需求，从而进一步促进劳动力市场的更新，促使更多的劳动者积极就业，这是英国及大多数国家应用得较为成功的一项失业者支持政策。

英国制定的失业者培训政策主要涉及三种参与途径：（1）职业技术教育课程。该课程主要面向的是即将毕业或者面临找工作的学生群体，按照

① 周涛：《英国积极的就业政策研究》，华东师范大学硕士学位论文，2004，第18~22页。

课程的难易程度与获得资格的级别高低，可以分为高级水平课程与中级水平课程，修完课程以后相关学生都会获得相应的国家职业资格证书，以企业与学院为依托的培训者的薪金分别由各方负责支付。（2）现代学徒制。该制度兴起于20世纪90年代，主要为16～24岁的青年提供有品质保证的以工作为基础的学习，是失业者获取技能与经验的良好途径，通过这个途径学习者不仅可以获得一定的工作经验，还能够获得职业资格的认证证书，国家还保证给予学徒每周最低40英镑的工资或是培训津贴。（3）国家雇主培训计划。该计划于2002年开始实施，鼓励雇主为那些缺乏基本读写、语言与计算机能力的雇员提供高质量的免费培训，雇员的培训费用将由政府进行补贴，同时政府会聘请相应的顾问来鉴别雇员的技能，调动了雇主与雇员双方的积极性，改变了以往雇主不愿意参加培训的观念，进一步优化了劳动力市场。[①]

除上述参与途径外，英国还针对失业者培训与求职提供了各种辅助性措施与服务。比如，在课程培训基础上，建立了较为完备的职业技能鉴定制度、职业证书制度、就业准入制度，对提高培训质量与整个国家的劳动力质量有着重大意义。[②] 在就业与创业指导咨询上，英国成立的特别就业中心不但聘请就业顾问为失业者进行全方位的跟踪式指导，还为求职者提供了数以百计的合作单位进行实习与锻炼，并且对相对贫困者减免了培训与咨询的费用，对英国公民实现就业、再就业起到了显著作用。在创业政策执行方面，英国实行了“高等教育创业计划”“创业投资信托计划”等方案，有效地鼓励了英国公众的创业行动，减少了潜在的失业群体，运用多种手段发展了大量创业园基地，运用多项政策扶持中小型创业企业，为促进失业群体创业、破产者再创业带来了强大推力。

由此可见，英国不但全面制定了针对失业者个人的培训系统，而且对失业者所面临的就业环境进行了很大程度的改善与支持，建立起从政策支持到途径支持，再到环境支持的一套循环流程，充分说明了失业、就业、

---

① 杨运忠：《英国职业培训绩效对我国的启示》，《理论月刊》2011年第4期，第169～171页。

② 周涛：《英国积极的就业政策研究》，华东师范大学硕士学位论文，2004，第27～37页。

创业不仅仅是劳动力的个人责任，而更多的应该是国家、政府、社会的责任，这里实际上回应了上文所提及的英国社会保障对“政府责任”的重视，更进一步表明了未来英国对失业者等贫弱群体从保护到支持转变的坚定信念。

（三）疾病与残障群体支持政策

随着英国社会进步与高福利时代的到来，国家健康服务体系所承载的保护已经对疾病与残障群体起到了显著作用。然而，基于福利理念的进步，当代对疾病与残障群体的政策不能仅局限在问题后的治疗与补偿上，而更多的应集中在问题出现前的控制与支持上。因此，以鼓励与促进为目标的支持政策在英国逐渐被重视，这些政策对国家健康服务体系起到重要的补充作用，也是对疾病与残障人群生活的重新审视，更是国家为促进每一个公民真正融入社会，从被动保护到主动支持的机制创新。通过对以往政策进行梳理，本文将英国的疾病与残障群体支持政策总结为三个方面：基金支持、就业支持、教育支持。

1. 基金支持

在英国自由、平等理念的倡导下，英国政府与社会组织不断进行合作并制定了支持疾病与残障群体积极生活的基金政策，这些政策的目标是培养疾病与残障人士自力更生的劳动能力，从而真正提高他们追求高质量生活的信心，近些年英国设立的基金主要有独立生活基金与残障人特别交通基金两种。①

（1）独立生活基金

该基金是由英国政府出资设立的，旨在帮助严重疾病与残障人士居住在家里而不是护理所。该政策并不是抛弃贫弱人群，而是赋予他们更大的自由权，调动他们积极生活的信心。政策中的“独立生活”是指疾病与残障人群可以和一般人一样选择生活、享受生活、管理生活，相对应的社区照顾等方式更加束缚其自由并且十分消极。该基金申请条件并不烦琐，申

① 郑春荣：《英国社会保障制度》，上海人民出版社，2012，第 319～322 页。

请人年龄在16~64岁，保证每周至少工作16个小时，每周至少花费340英镑的护理费用后，就有资格得到最高475英镑的基金资助，当申请人储蓄存款超过23000英镑时将被取消申请资格。然而这项基金2015年在英国部分地区被取消，将管理疾病与残障人群的居家责任移交给地方政府，中央政府给予一定资金支持才使部分地区保持经营。

（2）残障人特别交通基金

该基金是由英国的一家全国性慈善机构MOTA在政府推动下成立的。该基金的政策宗旨是协助疾病和残障人士重新获得独立行动的能力，MOTA所推行的行动计划帮助残障人购买与改装汽车，提供技术服务与建议，使这些人能够实现自我移动、自我独立，很好地融入社会生活甚至能够实现就业。MOTA计划发展的三十多年里，已经发展了五十多万的残障人客户，为残障人提供了两百多万辆汽车，它作为一个独特的慈善支持政策，为英国的残障人群提供了出色的服务并受到了社会的高度认可。

2. 就业支持

英国是世界上第一个提出按比例安排残障人就业的国家，并且从20世纪40年代开始针对残障人群制定了许多支持就业的政策法规。1944年《残障人就业法案》规定雇用20名以上员工的雇主必须至少使用3%的残障人；1948年《就业及职业训练法》规定国家有义务为残障人进行康复与职业训练；1970年《慢性病和残障人法案》规定政府应该对残障人提供更多就业机会，明确残障人的社会权利。① 除此之外，英国政府在20世纪90年代以后对残障人的支持政策进一步强化，其积极的就业支持政策可以归纳为四个方面：一是明确残障人就业权利，给予残障人更多的法律支撑；二是建立专业的残障人就业服务机构，聘请全职的残障人就业顾问；三是政府制定促进残障人就业的帮助计划与方案，比如获得工作计划、残障符号计划等；四是加强对残障人的就业培训与指导，提升残障人自我就业的能力。

① 许洁明、刘苏荣：《英国的残障人就业政策及对我国残障人事业的启示》，《思想战线》2012年第1期，第129~130页。

3. 教育支持

自20世纪50年代以来，英国对残障人的教育理念发生了巨大变化，全纳教育开始得到提倡并逐渐深入人心。① 该政策主张将残障人安排到普通教育体系中去，并不断创造条件让他们和普通人在同样的教育环境中学习，平等地接受教育，最终实现自我的发展。② 除了全纳教育政策以外，英国教育部门还针对残障人群每个阶段不同的教育需求分别制定了相应的政策措施，主要集中在几个方面：一是学校必须有无障碍环境规划以及为残障学生顺利学习做出合理调整的措施；二是在基础教育中要为残障学生提供足够的教育资源、选择机会、发展计划、社会支持等；三是在高等教育中增加对残障学生的残障津贴与就业机会；四是在继续教育中增强对残障人的职业培训与学习机会。③

（四）工伤受害者支持政策

英国对工伤受害者进行保护之后还对其身心康复进行政策支持，不仅能够使工伤受害者尽快恢复健康从而继续工作，还能够通过康复阶段的职业培训与心理辅导来帮助他们更好地适应工作。英国对工伤受害者的支持政策借助社区康复模式，该模式是1976年世界卫生组织提出的一种经济有效、广泛覆盖的，为伤残者提供康复服务的新途径，在一些发达国家已经得到很好的推广。英国的社区康复模式依托国民健康服务体系，其提倡国民全面康复，在政策操作中主要涉及健康服务、职业服务与情感服务。

1. 健康服务

健康服务的宗旨是改善所有国民的健康水平，其中最为重要的服务对象就是工伤受害群体，主要通过提供全面、有效的医疗服务来帮助他们尽快地恢复身体健康。健康服务在政策操作中相当规范，首先是按照人口将

---

① 全纳教育是一种现代化的教育理念和教育过程，它的主要目标是指给所有受教育者，包括残障人士提供均等的接受有效教育的机会。

② 郑雄飞：《残障人全纳教育在英国》，《中国残障人》2009年第12期，第48~49页。

③ 岳晨：《英国残障人社会福利制度研究》，中国人民大学硕士学位论文，2008，第48~54页。

全国划分为若干区域，紧接着按区域划分为多个“健康区”，每个健康区里都设有专门的总医院、小型医院、健康中心以及诊所，为工伤受害者直接提供健康咨询与治疗，最后创新性地在这些机构中聘用通科开业医生，他们都经过严格的培训考核，具有丰富的实践经验，能够为社区内的受伤人员解决诊断、治疗等一系列问题，还能够深入地了解受伤者的家庭、生活、工作等情况，对病人的全面康复起到了重要作用。① 更为便捷的是，国民健康服务系统对社区康复投资很多，这使得工伤受害群体以及诸多残障人可以长期留在社区享受高质量、全方位的健康服务。

2. 职业服务

职业服务主要是通过工伤康复中心的职业帮助来完成，英国政府为康复中心制定了详细的工伤职工再就业计划，每个中心一年接受约一万名工伤职工，为他们提供灵活性较强的职业康复课程，以满足每一个工伤职工的个性化需求。② 职业服务的时间一般为 8 周，一般可以恢复工伤职工对工作的适应能力，实现其重返工作岗位或再就业的愿望。同时，对于接受了就业服务还是无法重返工作岗位的严重残障人群，康复中心还会依据国家针对残障人就业的相关政策聘请全职的就业顾问，专门为这些人设计特定的帮助计划，并且对他们进行更多的适应性指导与培训，以增强他们面对社会的能力，使他们能够更好地融入社会，寻找到适合自己的工作并最终实现自我价值。

3. 情感服务

工伤贫弱群体需要得到的不仅仅是身体上的帮助，更多的应该是心理、情感、精神上的帮助。为了改善工伤事故对受害者带来的精神上的影响，使受害者能够重拾信心，积极地去进行康复治疗与就业训练，勇敢地去面对未来的生活，英国社区在康复模式中独特地加入了情感服务项目。情感服务是对工伤受害者康复措施的重要补充，为工伤受害者提

① 陈成文、赵玲：《工伤康复的国外模式及启示》，《管理观察》2008 年第 14 期，第 23 ~27 页。

② 任行等：《国外工伤职业康复发展与完善我国职业康复的思考》，《中国医疗保险》2014 年第 7 期，第 59 ~61 页。

供了一个倾诉途径，改善了以往只重视物质帮助而忽视情感需求的局面，该服务主要向工伤受害者提供心理咨询、情感关怀、社工服务、家政服务等。除此之外，为了促进受工伤者的家庭和睦，英国政府还主动帮助他们改善生活环境，改善其与家人之间的关系，为其照顾者提供一定金额的补贴，在很大程度上减缓了家庭的经济困难，促进了家庭成员之间的情感提升，使得工伤受害者能够在温馨的家庭中得到身体和精神的双重康复。

（五）遭遇家庭变故者支持政策

前文详细介绍了英国对遭遇家庭变故者的保护政策，主要是通过财政补助、社会救济、法律法规等手段来保证受害者的基本生活与合法地位，全面的保护政策为遭遇家庭变故者建立了一道抵御侵犯的屏障，也为他们提供了一座维护权利的桥梁，使他们能够在受到伤害之后得到及时的帮助并迅速恢复正常生活。然而，事后的保护政策在本质上并不能改变受害者的被动地位，因此十分需要事前及事中针对受伤害者的支持政策。本部分所介绍的支持政策能够传递给贫弱者强烈的权利意识，鼓励他们主动抵抗潜在或面临的侵害与暴力，使他们能够积极维护自身的合法权益，在本质上改变自身的贫弱地位，这是英国对遭遇家庭变故贫弱群体在政策理念上的关键转变，表现在家庭支持与社会支持两个层面。

1. 家庭支持

英国对遭受家庭变故者的家庭支持集中反映在家庭破裂受伤害群体上，主要表现为政府的家庭政策与鼓励行为，用以支持受害者在家庭破裂后能够明确自身权利，同时用以支持受害者一方提高自身能力去改善贫弱地位从而获取理想生活，具体有以下几方面内容。

（1）支持解除失败婚姻①

在英国社会家庭生活中其实存在着很多家庭成员地位不对等、夫妻之

① 马忆南、邓丽：《当代英美家庭法的新发展与新思潮》，《法学论坛》2011年第2期，第13～20页。

间发生严重矛盾，甚至是不符合法律规定的婚姻关系，由此导致了很多婚姻的非正式与不合理发展，形成了很多名存实亡的失败婚姻与很多失败婚姻中的贫弱者。因此，根据《1973 年婚姻诉讼法》的要求，英国支持处在失败婚姻中的贫弱群体主动解除失败婚姻，主要缘由有：一是一方不能人道或坚决拒绝同居而无法继续婚姻生活；二是一方受胁迫或因错误而同意结婚但导致失败婚姻；三是结婚一方患有不宜结婚的神经系统的、可传染的疾病而不告知对方；四是结婚一方与婚姻以外其他人有孩子而不告知对方。与此同时，对于其他原因导致感情破裂的失败婚姻，英国同样支持受害者起诉无效婚姻与可撤销婚姻，用以保证家庭受害人的切实利益与婚姻公平。

（2）支持弱者独立发展

在离婚辅助抚养制度中，英国政府独特地制定了支持引导离婚贫弱者重获积极生活的发展型政策，其内涵是支持离婚的贫弱一方能够提高自身能力并寻找工作来自行维持生计。具体的内容包括：支持家庭破裂中贫弱者根据自身的年龄、教育程度、健康状况等条件从事相当的工作，并支持他们在有一定能力的情况下为获得更好的工作去进行教育、培训、进修，从而能够寻找到长期、稳定、可支撑个人后期独立发展的工作，改变因家庭破裂而导致的贫弱地位，改善自身生活状况去获得更好的社会地位。

（3）支持儿童情感选择

破裂家庭尤其是离婚家庭，在子女抚养上不仅仅是需要简单的金钱救济，更加重要的是对儿童情感上的关注、对子女情感选择上的支持。对此，英国相关政策规定，法官在对离婚家庭父母双方对子女负有的生活责任做出判决后，应该根据子女的年龄、理解能力考虑子女是否接受、选择如何接受的意愿，还应该兼顾子女的物质和精神两种需要，要更加考虑到环境可能给子女带来的影响，支持儿童主动选择其想要的生活，而不是被动接受，鼓励儿童争取作为家庭成员的权利。

2. 社会支持

英国对遭受家庭变故者的社会支持集中反映在家暴受害者群体上，主要表现在社会组织与政府部门共同提倡的一系列社会支持活动，比较有影响力的实践有以下几个。①

（1）零忍耐运动

该运动是以预防暴力为主的宣传活动，在英国反家庭暴力系统工程中起到了重要作用，是一项典型的反家庭暴力的社会支持实践。该运动起初是1992年由福特基金会与大众传媒共同发起的，宣传口号为“任何形式的暴力都是犯罪，妇女不应忍受暴力、社会不能容忍暴力、男人没有权利施暴、任何人都不应遭受暴力”，这个运动不仅支持家暴受害者，而且更多地介入反家暴政策中，得到了公众的大力支持，引起了社会的广泛关注，对预防与控制家暴起到了显著作用。

（2）妇女社会服务活动

该活动通过家庭与社区为受家暴妇女提供各项支持服务，包括容易接近与性质灵活的服务点、可以与外界进行广泛接触的机会、有效可靠的反家暴信息、支持与建议、志愿者帮助下与服务机构或组织沟通的机会、及时便利的全国热线服务，这些服务使受家暴妇女能够积极地面对生活，给予她们更多的精神动力，充分支持女性群体预防与控制家庭暴力。

（3）合作反家庭暴力行动

该活动针对家庭暴力的复杂性、综合性以及贫弱者可利用社会资源的局限性、困难性，创造性地建立了多机构合作机制从而团结一致反对家庭暴力。主要内容有：明确家庭暴力不仅是家内事务，而更多的应是国家与社会的事务；要求救济管理必须是警察局、法院、医疗等机构与团体联合进行；强调上述机构工作上的合作与配合；强化积极援助方法，改变以往受害者求助无门的现象，增加接触点并主动联系受害者；强化社会机构的介入意识，提前做足工作以防范发生严重伤害；政府措施应当注重受害人利益，并有针对性地制定对受害人的照顾计划。

（六）少数族裔与移民支持政策

英国通过与欧洲其他国家共同缔结的区域性条约和针对本国情况颁布

---

① 刘晓梅：《英国反家庭暴力的立法、实践及其启示》，《法学杂志》2006年第3期，第127～129页。

的种族法等政策，有效地保护了少数族裔与移民群体的基本权利，为更好地实现民族团结、国家发展做出了必要的贡献。然而，保护政策对于少数族裔与移民群体来说是被动的，这些政策仍然建立在将他们视为外来群体的前提下，是针对他们存在的差异进行的差异化保护，无法从根本上改变他们的贫弱地位。由此可见，将少数族裔与移民群体真正视为英国国民，对他们的支持就显得尤为重要，政策应该更加有助于促进他们自我融入，真正实现他们从本质上融入英国社会，主要内容有两个方面：一是机会平等支持；二是社会融入支持。

1. 机会平等支持

英国政府在2006年通过了新的《平等法》，目的在于为更多的少数族裔与移民贫弱群体提供人权与平等方面的信息与咨询，其核心是借助法律核心力，通过对贫弱人群思想观念上的指导与帮助，使得他们能够主动地去争取合法平等地位，获得更多应有的公民权利，从源头上支持少数族裔与移民群体的机会平等地位。英国又在2007年《平等法修正案》中规定，将种族平等委员会整合到平等和人权委员会中，这项措施意味着种族平等委员会在处理少数族裔群体的性别、残障、宗教、年龄等问题上的范围更广、作用更大，将机会平等支持扩展到贫弱群体相关的各个方面。

在此基础上，英国政府还与各类社会组织、企业雇主、志愿组织开展了多项合作，并且制定了相关政策进一步支持这类贫弱群体的机会平等。英国在2005年的《种族平等和社区凝聚政府战略》中做出了详细的规定：教育上，英国对少数族裔拨款16亿多英镑，目的在于通过提高拨款来提高少数族裔的教育水平，从而有效地解决教育机会不平等问题，支持少数族裔群体通过努力学习来提高能力，从而更好地增强社会竞争力；培训上，该战略包括一项能使1500万人受益的庞大培训计划，培训中的重要对象就是包括少数族裔在内的所有贫弱群体，支持他们通过培训来获取更多技能从而主动争取就业平等，同时还运用行政力量来推进公共部门就业的种族多样性；住房上，为了使少数族裔与移民群体受益，规定公租房的居住条件必须达到标准，以保证贫弱群体的居住权益不受损害，同时还强调相关责任部门要定期对住房环境进行监测；健康服务上，支持不同少数族裔群体的特殊需求，将特殊疾病、心理健康、心脏治疗等服务全部纳入保障和服务范围，提供更加优质且全面的健康服务，使得少数族裔能够更好地就业与生活，减少身心健康方面的后顾之忧；司法服务上，创新性地支持更多少数族裔与移民加入警察队伍，在处理司法问题时能够更好地代表所在地区的民族利益，更加主动地消除司法工作的歧视性；文化服务上，支持少数族裔青年通过共同学习、志愿服务等方式互相理解彼此的民族文化，提高民族凝聚力，发展社会包容性。①

2. 社会融入支持

社会融合和文化多元的共存一直都是英国社会所面临的重要问题，英国长期以来都以被动控制和兼顾公平的方式管理移民群体，但效果并不是很显著，因此英国近些年进一步推动和强化了具有支持性质的民族融合政策。从“二战”结束至今，根据不同的社会状况，英国各届政府采取了不同的社会融入政策，以此来协调英国主流社会和移民之间的矛盾和冲突，支持英国传统文化与多元文化的统一，促进民族融合和国家和谐。

英国在2002年颁布了一部《国籍、移民和庇护法》，该法案对移民自然同化规定了一些新要求，例如具有英语语言能力、掌握英国社会知识、通过公民资格测试等，进一步规定了那些取得公民资格的人必须参加一个公民仪式，并且要在仪式中发誓成为一个英国公民，从认同理念上支持少数族裔与移民群体的社会融入。② 此外，新工党政府创造性地提出了一个新的公民权概念来促进社会融入，即公民权不仅局限于拥有一个英国护照，还应该包括提高参与英国社会管理的职责和共同情感，以及新公民对社会凝聚力自身作用的认识。也就是说，英国社会融入支持的标准有两点：一是愿意遵守社会规则，二是愿意参与公民社会的建设，充分体现了社会融入支持的主动性与发展性。同时，新公民权在教育中也有所体现，

① 张若璞等：《英国如何协调民族关系》，《中国民族》2008年第2期，第67～70页。

② 熊杰：《论二战后英国的多元文化和社会融合》，《安顺学院学报》2014年第4期，第114～116页。

新工党政府将公民教育变成一门必修课，之前教育法中公民教育只是作为选修课，这严重影响了少数族裔与移民群体受公民教育权利，对此英国开始鼓励学校开展公民教育课，公民教育对于一些抽象民主观念的信奉，例如宽容、守法、参与社区活动等很有作用，有利于文化多样性的包容与共存，对保障少数族裔群体的受教育权、提高少数族裔学生的学业成绩均有很大意义，进一步促进了英国各民族的社会融合。

英国另一项社会融入支持政策体现在英国内政部于 2005 年制定的《种族平等和社会凝聚政府战略》中，该战略对公民共享归属感与促进社会融合提出了多方面要求：一是通过在学校中继续开展公民教育、志愿者服务等方式帮助不同种族青年人互相理解、互相学习；二是继续支持公民加入仪式，通过引导与实践帮助新移民尽快融入英国，增进移民的归属感；三是通过开展体育、艺术等文化活动使人们能够有机会更好地理解、发展有益于增进社会凝聚的各种文化；四是通过志愿者行动等方法使不同文化背景的人们都有机会参与社区工作和社会服务；五是通过加强立法等措施，坚决反对种族主义和各种极端主义。该战略本质上属于促进民族融合的社会政策，强调中央政府、地方政府、公共组织、商界以及各种志愿者团体的共同协作，对当前英国少数族裔的融入起到了关键作用。与此同时，针对英国移民的融入支持还体现在《移民法》中，英国最新的移民法突破性地设计了“记点积分制”方法，科学地促进了移民条件的标准化，并且为各种移民提供各类社会融入课程，支持有能力的移民主动进入英国，培养外来移民对英国的认同和荣誉感，使之尽快融入英国主流社会，成为真正意义上的英国人，这些支持对于英国多民族国家发展都具有重大意义。

四　英国贫弱群体政策的转型与发展特征

从以上介绍可知，英国不断地调整政策以适应急速发展的社会需求，各项贫弱群体政策始终坚持以人为本，以福利思想为基础，并创造性地融合数百年的社会文化，最终促进从消极到积极、从保护到支持的政策过渡，切实解决了社会转型中的各类社会问题。与此同时，从《济贫法》的物质救济到福利国家的全面保障，再到福利改革的发展支持，英国还经历了从吸纳到治理的结构转型，形成了社会救助、社会保障、社会支持三位一体的政策格局，推动了英国从“福利国家”向“社会投资国家”的社会转型。[①] 总而言之，英国贫弱群体政策转型既是政策福利从保护到支持连贯性、继承性的直接体现，更是政策结构从控制吸纳到包容治理的深刻转变，本部分对政策变动的内在逻辑进行探究，总结为四个方面的表现特征。

（一）政策理念：从被动救助到主动支持

政策是一个政府实现统治利益的工具，那么政策理念就是衡量工具有效性的标尺。英国贫弱群体政策经历了几百年的演变，每个时期的政策都基于一定历史条件，为阶段性的问题提供了解决路径。除了政策本身在历史上的继承，政策理念也在随之转变，从保护政策到支持政策的过程，彰显了从被动救助到主动支持的理念提升。政策理念转换适应社会发展趋势，为政策更新提供持久动力，可以说是政策转型中的核心内容。然而，理念不是简单的意识形态，更应是对待政策客体的一种态度，从政策转型中能够发现英国对待贫弱群体的态度转变：一是责任到权利的转变，保护政策受到传统济贫思想的影响，强调政策主体在救助中的责任与地位，无论政府还是社会机构，初衷均为稳固社会地位，从社会救济到社会保险，多是出于履行责任而做出被动救助。而支持政策深受近代民主思潮的影响，注重对人权的保障与尊重，强调人人平等并共享国家福利，在救助责任基础上重视对客体权利的维护，主动支持贫弱群体对平等权利的追求。二是个体到集体的转变，保护政策常将问题定位到个人，但独立的个体救助效果并不佳，还会引起“污名化”效应，导致贫弱问题的持续与反弹，而支持政策使用集体思维去应对社会问题，尤其在贫困、就业、健康等领

① 〔英〕安东尼·吉登斯：《第三条道路：社会民主主义的复兴》，郑戈译，北京大学出版社，2000，第115～132页。

域，通过改善集体状况从而提高个体状况，有效促进了贫弱群体积极参与共同发展。

贫困是贫弱人群的基本特征，英国贫弱群体政策也以救济贫民为起点，在政策理念转型特征上，贫困群体十分具有代表性。英国最初的保护政策以济贫制度为指导，通过济贫院对贫民进行控制性的综合救济，收留者被迫失去许多基本权利，而院外救济仅局限在保证贫困者生存的简单物质供给，这些政策均是基于政府地位而强行履行责任，并不利于贫困群体的长远发展。收入补助政策有所创新，更加注重对特殊贫困群体的关怀，包括工作税收抵免、养老金补贴等，减少了对救济补贴的重复认定，但充足的保护却使很多领取者被动地陷入贫困陷阱。为全面提高社会福利，英国还制定了最低保障制度，政策关注的是收入低于一般水平的居民，而保障标准取决于政府认定的贫困线，政府决定贫困保障是责任的履行，却忽略了贫困者的参与权利。相对而言，支持政策着重于对贫弱群体公民权利的支持，比如政府通过设立社会基金，运用单项支付来保证贫困者的脱贫能力，涉及天气补助、丧葬补助、社区关怀、无息贷款等诸多项目，不仅体现了政策内容的详尽，更是政策理念向贫困者权利上的倾斜，支持贫困者在福利多元化下的权利思考。为实现贫困者的就业权利，英国制定了可持续就业政策，对贫困者的就业岗位加以维持，使他们不因主客观因素而中断工作，在《求职者法》《从福利到就业法案》中均有体现。凸显理念转型的还有反贫困地域政策，该政策通过改善贫困地区的物质环境、就业机会、公共服务等来降低整体贫困，从而直接影响贫困者的个体贫困，激发他们主动脱贫的意识，实现从个体保护到集体支持的转变。

（二）政策方法：从统一管制到差异服务

在政策理念的指引下，英国贫弱群体政策在方法上也发生了转变。本章以政策过程为分析逻辑：在政策入口上，英国以往政策为了凸显福利理念，只要是贫弱人群就会得到统一的救济与管制，缺少事前的调查与分析，造成了盲目救济、福利陷阱等诸多问题。而后期英国在政策入口上完善了方法结构，注重操作中对人口需要的差异区分，通过设计家计调查等政策手段，在结构起始点根据人口情况提供相应服务，有效预防了高福利下的搭便车问题；在政策路径上，保护政策按照统一的标准与流程进行操作，方法普遍为供给食物、支付金钱等传统手段，这种行政式管制虽有暂时效果，但无法解决贫弱群体的长远问题，反而会引发个别“污名化”效应，此后英国强调政策运行中的双方平衡，嵌入式地将政策相关方加到路径中，支持他们依据自身情况来选择适宜政策，获得了更为理想的政策配合；在政策出口上，英国之前评估政策多以出口上的时点成绩来衡量效果，这种绩效管理模式看似标准，却没有设计良好的后期维持办法，对政策保持稳定非常不利，更会造成贫弱问题的突发反弹，转型后的政策节点不再停留在绩效考核上，在出口操作中再次协同政府与社会力量，为贫弱群体提供更多专业的长期跟踪与服务补充，使政策效果更加具有稳定性、可持续性。

以失业问题为例，从传统《济贫法》中的失业救济，到失业保险中的失业补偿，保护政策在方法上形成统一制度管理模式：政策入口上，从官方认定到对失业采用国际劳工组织的明确定义；政策执行中，坚持规范的救济规则，政府通过强制保险制度来控制潜在失业风险；政策出口上，政府以评估获得失业补偿为政策效果，统一模式对解决临时失业确有作用，但对持续性、潜在性、混杂性的失业效果不佳。在 20 世纪 90 年代的福利改革中，英国系统的就业政策铸造了全新的管理模式，在方法中加入更多元素，提供更充分的差异化服务：其中，1995 年制定的求职者津贴制度改变以往对失业者的福利标准，联合市场与社会组织鼓励失业者积极就业，仅对失业者进行单一“求职者津贴”补偿，不提倡失业者依靠政府救济来维持生活；在政策路径上，英国制定了差异化就业方案，该政策对长期失业者、单亲父母、残障人等特殊人群制定了多种就业方案，旨在为有工作能力的人创造更多的就业机会，推行以工作为导向的福利制度；为加强服务可持续性，英国制定了就业服务一体化政策，在 2002 年成立了特别就业中心，通过政府购买等手段为失业者提供问题诊断、就业指导等连续服务，对失业者进行全方位的就业支持；英国还建立了职业培训体系，鼓励市场与社会组织共同参与，使得支持政策在方法上保持多元化，推进了“从福利到工作”的积极转变。

（三）政策内容：从保证生存到共促发展

有了明确思路与可行办法，政策内容应当随之调整，不仅要保证贫弱群体的生存所需，涉及温饱、医疗、住房等内容，还要为其提供发展性支持，例如就业、教育、培训等内容。生存与发展并不冲突，两者在政策体系中相辅相成。从以往相关政策来看，英国经历了从解决生存到促进发展的内容转型。保护政策多以《济贫法》理念为指导，内容上注重保护贫弱群体的基本权利，强调提高他们的生存状态，保证他们的生存权不受侵害，再为其提供适应社会发展的路径，以达到基本权利的平衡与维持，涉及食品供给、收入补助、医疗救济、保险制度等，这与英国的社会文化有直接关系，尤其深受民主、平等、自由等思想的影响，使英国由最初小规模的基督教义倡导的慈善济贫行动，逐渐发展到政府主导的社会保障制度，促使英国成为世界上最早将济贫工作制度化的国家。而在支持政策上，英国秉承了促进发展的政策内涵，对贫弱群体基本权利的维持及社会地位的提高起到重要作用。在保证基本权利的前提下，英国致力于投资人的自我发展，支持政策集中在教育与培训上，不仅有物质上的发展性激励，比如就业津贴、教育基金等，更有非物质上的发展性服务，涉及情感关怀、心理咨询等。在福利制度改革中，英国构建了诸多内容翔实的政策体系，这不仅是政策内容从生存到发展的转型，更是政策内容在保护与支持上的统一。

政策内容转型在英国各类群体中均有体现。在贫困群体上，政策内容由解决温饱转向支持脱贫。保护政策通过综合救济与适当补贴来保证贫困者的基本生存，而支持政策利用就业支持、基金支持来激活贫困者的脱贫能力，比如社会复兴计划，通过改善贫困地区的物质环境、就业机会、公共服务等，激发贫困人口脱贫热情从而使其积极工作。针对失业群体的保护与此相似，失业救济是保证失业者生存的基本手段，加上运用失业保险来抵抗潜在的失业风险，虽然控制了失业危机，但治标不治本。而支持政策注重劳动力的能力建设，使用求职者津贴、差异化就业等激励性政策来支持失业者主动求职，强调通过劳动获得福利并为此建立了支持体系，比如培训政策中的职业技术教育课程、国家雇主培训计划，鼓励失业者加入来提高就业能力。在卫生健康领域，保护政策大多通过医疗救济来保证暂时康复，内容转型后则更加注重康复后的持续健康，鼓励弱者重新建立信心去追求职业发展与人生价值，提供了职业服务、教育服务及支撑心理健康的情感服务。在民族社会领域，对少数族裔的保护政策基于对个人基本权利的保证，涉及人权、语言权等，转型后的支持政策则更加注重对社会融入的认同，政策内容以人为核心强调归属感，旨在促进他们在英国社会的地位平等。

（四）政策取向：从互相隔离到多方融合

从以上保护到支持的趋势看，英国贫弱群体政策正朝着融合方向不断迈进，充分表现出政府从“一对一”吸纳到社会“多对多”治理的取向改变。对此，可以从两方面进行探讨：纵向趋势上，转型前的政策主体倾向独立，政府为维持稳定而进行强制性救济，社会组织为践行理念而进行规模性的救助，各自承担有限责任的政策缺少共同取向，针对政策客体又“贫者济贫，病者治病”，欠缺对贫弱群体问题的综合考虑，连续性的结构割裂导致问题“碎片化”而难以清理。转型后的政策取向更具融合性，各政策主体形成战略联盟，比如英国组建了负责医疗卫生、社会事务的卫生与社会保障部，统筹就业和养老金部负责福利、养老金、儿童等工作，设立了专门研究社会问题的高校、科研中心、智库等实体组织。与此同时，政策客体更多应对的是复合型社会问题，所调整的团体取向促成了政府、社会、个人的共同责任。横向趋势上，保护政策通常对单个问题有明确取向，不注重与其他政策联合，虽在一定程度上可以解决主要问题，但机械的隔离会导致其他次要问题的出现与加剧，而支持政策就问题进行全方位剖析，在解决方案中融合众多政策，不乏教育、就业、情感等内容，共同支持贫弱群体社会生态的彻底改善与良好运行。总之，政策取向调整关键在于多方力量的引入。英国在贫弱群体政策制定、执行、评估的整个结构安排中充分调动第三方参与，通过购买社会组织服务，建立 PPP 合作等模式促成政策共同体，使政府与社会以及公众形成了实质上的政策伙伴关系，政策顶层战略方式则自然而然地从独立应对转向合作治理。

上述特征在贫弱群体政策各领域中均有明显体现。医疗政策上，英国将保护政策定位为保证生存的医疗救济，涉及政府、济贫院、慈善机构等多个政策主体，它们彼此隔离且措施千差万别，虽有一定救济效果，但无力解决健康持续问题。因此，英国对政策取向进行了融合性调整。20 世纪以来颁布《健康保险法》《健康服务法》等法令，对各类医疗政策进行整合并于 1948 年建立国家健康服务体系，强调医疗供给是根据医疗需求提供，而不是根据患者的支付能力，致力于为全体公民提供全面、平等、免费的医疗服务。在其他领域，英国同样加强了政策融合，例如制定《残障人就业法案》《就业及职业训练法》等就业政策，提出按比例安排残障人就业；提倡教育平等理念，制定全纳教育政策安排残障人接受普通教育，支持他们实现自我发展；设立独立生活、残障人交通等基金，支持贫弱群体通过工作获得理想生活。英国家庭政策虽起步较晚但取向已有转变，政府以往通过制定法规保护个人受害者以控制家庭问题，该取向对解决个人问题有所效果，但在解决家庭失衡上却欠缺考虑，无法根治家庭问题中的结构性矛盾，例如离婚子女制度中重视子女抚养事务而忽视子女需求。而后，英国将政策关注点重新转向家庭，将家庭而不是个人作为政策客体，支持受害者争取家庭权利、支持弱者独立发展，给予家庭内部更多包容空间。除此之外，取向转变更体现在政府与社会组织的共同实践上，例如零忍耐运动、妇女社会服务活动，其政策取向立足从社会源头控制与解决社会问题。由以上分析可见，取向转型是英国贫弱群体政策在众多领域中必须面临的决策选择，英国社会改革也正在朝着多元治理的理想结构迈进。

五　英国贫弱群体政策的经验对中国的启示

中国当前正处于社会转型的关键时期，“十三五”规划明确提出了到 2020 年全面建成小康社会的奋斗目标。全面小康重在“全面”两字，即每个国民都享有改革红利，都要达到小康水平，贫弱群体作为国民成员应拥有同等权利，因而全面解决贫弱群体问题对于实现全面小康意义重大。从现阶段来看，中国贫弱群体政策仍面临着保护程度不够、支持力度不足等问题，归根到底是政策转型的观念不新、方向不清，导致了在救助渠道、支持体系上受到阻碍，这与中国尚不完善的政策设计直接相关。英国历史上面临过相似问题，但英国依靠着继承性、发展性的政策建设，加上政策更迭中呈现出的合理转型，有效地解决了社会过渡中的贫弱群体问题，又在转型中对政策进行交织与渗透，为贫弱群体的长期服务提供了全方位支持。因此，英国成功的政策经验及政策实践对中国制定贫弱群体政策具有重要启示意义。那么如何将英国经验与中国国情相结合，以稳步推进中国的贫弱群体政策转型，这才是彻底解决中国贫弱群体问题的关键所在。

（一）推动理念转型，构建顶层设计

中国当前贫弱群体政策的转型，仍是以保护政策为基础，支持政策虽有效果但未达成规模，政策部门依据有限责任制定政策，多是被动地执行阶段性措施。因此，英国政策转型后的主动支持理念，其从“福利国家”转向“社会投资国家”的设计对中国贫弱群体政策改革具有现实意义。事实上，中国需借鉴的核心就是福利支持理念，即在保证福利平等基础上进行主动支持，尤其在全面小康的攻坚阶段，被动托底往往会造成福利停滞，而主动支持则在满足基本福利后促进福利发展。此外，中国在政策操作中也可借鉴英国方式，即在转型中建立和完善政策顶层部门，例如组建社会政策部、发展社会治理智库等，以利于运用全局思维来解决复杂问题。当然，借鉴经验不能照抄照搬，在实践中凡是简单套用的效果都不理想，中国要明确政策中结构不均衡、链条不完整、内容不充实的客观局限，在过程中要把握住两点：首先，要明确权利与责任的关系，政策制定者应从贫弱群体权利方面进行支持，主动考察贫弱群体的需要，可以借鉴社会基金政策支持权利来代替被动补助，还可以利用可持续性支持政策来提升贫弱群体的适应能力；其次，构建顶层设计要充分考虑到中国的地区与城乡差异，注重政策顶层建设的统筹性，特别是对农村贫弱群体，以往对留守人口多是保护性扶贫，对外出人口强调融入性支持，两类政策被动

地隔断了联系，当前更需要通过制定和实施保护与支持相结合的政策来支持农村发展，从而全面、彻底地解决农村贫弱群体问题。

当然，英国成功转型有着自身优势，中国借鉴之时需要结合自身国情。中国在社会救济上有着历史根源，即儒家文化所倡导的以民本、仁政、大同为中心，以博施济众为己任的救济思想，奠定了起初对贫弱群体的政策理念，这与英国早期的济贫文化如出一辙。然而，传统救济思想已不适应新的历史变化，理念应当得到提升才能更好地解决问题。英国在新旧观念转换上表现突出，很早就依靠济贫思想实施社会救济，随着全面福利转向主动支持，在政策理念上得以实现历史性跨越。因此，中国借鉴他国理念更要结合自身价值体系，中国是注重家庭为单位的熟人社会，在贫弱群体政策中要以社会关系为枢纽，以此为契机来激活贫弱群体的集体观念。只有政策理念与社会文化相结合，才能在顶层设计时保证体系的整合性，在政策运行中保证效果的稳定性。就贫困群体而言，中国当前仍是以社会救助、社会保险等保护政策为主，支持政策局限在促进个体发展上，政策间割裂导致群体间脱离，主要是由于没有结合集体文化构建出制度体系，造成农民工、失地农民、下岗者等贫弱群体由于边缘化，未能进入政策体系中而被再次边缘化。[①] 因此，在全面脱贫背景下，中国应充分借助集体文化统筹支持，通过建立综合性的反贫困机制，解决城乡二元结构下的不均衡与碎片化问题。

（二）统筹政策方法，提供差异化服务

中国贫弱群体政策虽然在理念上有所提升，但在政策执行上仍存在一些不足：一是不注重科学方法，政策主体应对问题时多进行经验性决策，缺少事前的调查与事中跟踪，常会引发福利依赖等结果，例如“吃低保”现象；二是不善于提供服务，各部门制定政策多局限于眼前问题，方法相互独立且没有配套合作机制，缺少政策过程的长期服务，导致解决问题不

① 张汝立：《社会支持网与农转工人员的再边缘化》，《中国农村观察》2003 年第 4 期，第 64～69 页。

彻底而引起突发反弹。总体上来看，中国对待贫弱群体的方法还需进一步完善，盲目救助与短期支持均会造成政策失效，而英国这方面的成功经验非常值得借鉴。首先，应用政策阶段法进行方法统筹。改变以往经验性的事前决策方法，运用阶段性思维制定政策方法，政策前进行问题调查、政策中进行跟踪管理、政策后加强能力评估，适当利用家计调查以户为单位进行整体分析，在政策阶段不同时点上通过合理转换方法提高政策对象的接纳性。其次，运用差异化思维支持贫弱群体自我选择。中国贫弱人群的多元化决定了需要使用差异化政策来提高群体适应性，政策系统应当提供多元方案支持贫弱群体自主选择，要以性别、年龄、健康程度、劳动能力等指标来区别化实施政策，注重对特殊贫弱人群的政策照顾，防止强行控制造成的福利污名，这是差异化方法在政策调整中的有效嵌入。最后，加强服务提供的连贯性。借鉴英国统一服务体系政策，中国应尽快成立贫弱群体服务中心，给予他们更多从保护到支持的系统性服务，并依靠第三方介入加强服务的连贯性，促进社会组织、社区、社会工作者的联合支持，尤其是政策后期经常忽略的情感维持问题。

费孝通先生将中国乡村社会刻画成“差序格局”，将其结构描述成不同线条交织成的网格状，每个人都以自身为中心向外连接着不同网线，探索出一种讲究亲缘与地缘而不同于西方“团体格局”的社会关系。[①] 中国借鉴经验需要结合社会情境，以探索出贫弱群体社会网格的差序格局。事实上，中国多数贫弱人群集中在农村地区，因而以个人为中心向外扩散的差序关系，要求在统筹方法时需进行贫弱人群个体、家庭、社会等的差异化分析，尊重以人为中心的差异化选择，保障负载在个人身上的社会特征，特别是地域文化的差异。就“脱贫摘帽”而言，中央多次强调“扶贫、扶智、扶志”的执行理念，为实践该理念，中国可借鉴政策阶段法，优先解决严重的绝对贫困，在操作中给予多维度扶贫，对于相对贫困且有劳动能力者则进行支持性脱贫，包括提供就业渠道、扩展收入来源等，通过调整方法结构识别贫困根源，通过赋能手段建立民众自信心，对个人与

① 费孝通：《乡土中国》，人民出版社，2008，第25~34页。

其所在家庭、组织、地域等一切社会关系进行支持。再者，针对农民工社会融入问题，由于个人禀赋不同，政策也应区别化执行。以往强调对农民工的社会保障、社会控制，确实给予了农民进城增收的机会，但信息不对称常会引发社会风险，例如拖欠农民工工资问题。为此，中国应尽快转变方法并建立农民工防拖欠工资制度，立足在源头上控制社会风险，促其平稳融入。此外，农民工政策更要尊重他们的最终选择权，对于想融入城市的切实给予平等性保障，尤其是社会关系的共同融入，而对于想回流的要给予发展性支持，比如扶助就业、创业培训等，从而保证治理结构的完整。

（三）全面支持权利，坚持供给改革

全新时代下，中国贫弱群体政策的内容更要与时俱进，保护政策已近饱和，但支持政策却相对局限：一是发展性支持，包括就业、教育、政府开发式扶贫等；二是公平性支持，包括建设社会安全阀、争取政治参与权、拓展表达渠道等。[①] 转型时期的支持政策主要针对经济、政治等基础权利，其内容难以满足日益增长的社会需求，这种被动局面与中国制定政策的导向有关：一是政策出发点以问题为导向，多数政策未从贫弱群体权利层面出发；二是政策制定时以管理为导向，政策规划未建立起服务支持体系。因此，为使贫弱群体政策的内容更加合理，促成社会转型期的政策全面整合，中国可借鉴英国的调整经验：首先，全面支持权利。英国以人的权利为政策出发点，致力于投资人的全面发展，不仅有物质上的发展性激励，例如就业津贴、教育基金等，更有非物质上的发展性服务，涉及情感关怀、心理咨询等，因而中国也应以人的权利为中心，将基础性支持与发展性支持同步建设，改变以往的问题管理导向，积极地向权利支持方向转变。其次，供给方式创新。英国在政策供给上不再是单独支持，而是构建系统进行统筹支持，供给方式创新有利于提供更为协调的服务，例如反

① 张汝立、田小琦：《从保护到支持——中国弱势群体政策的转型及其特征》，《北京师范大学学报》（社会科学版）2013 年第 5 期，第 91 ~ 97 页。

贫困地域政策通过改善地区环境来促进人群整体发展，中国可以适当引进英国成型的支持系统，也可以结合本国实际统筹已有政策以建构系统工程来促进群体共同发展。

政策内容整合与供给结构改良，双向调整是贫弱群体政策转型的关键。中国当前正处在社会改革的风口浪尖，能够将英国的双向经验应用到改革之中，对于实现全面小康的奋斗目标具有重大意义。因此在政策规划上，我们应将英国经验进行彻底的本土化融合：一是物质和精神统筹建设，在改革中建立一揽子支持政策，提供经济、政治、文化、民生等全方位支持内容；二是供给侧支持联盟建设，在改革中建立与培育联合支持组织，并结合中国地区、城乡的差异特征构建规模体系，例如建立农村支持系统，运用乡村振兴战略促进留守人口、失地农民、农民工等贫弱群体的共同发展。这种以人为中心的政策建设，彰显了中国当前供给侧改革的核心理念，强调不仅要从需求侧给予足够资源，更要从供给侧提供全面服务。尤其在农业供给侧改革中，由于多数贫弱群体集中在农村，在改革中难免会遇到相关问题，因而更应当注重对贫弱群体的政策建设：首先，激活与培育人群的权利意识，改善被动救助的传统模式，主动支持人群的全面发展；其次，建立供给合作制度，通过政社合作探索出更多支持内容，强化农村社会组织的衔接与社会工作者的介入；最后，提升支持内容发展性，重点放在贫弱群体能力的开发上，始终保证充分的服务类、情感类支持。

（四）加强政社互动，创新社会治理

随着英国治理主义的盛行，各国解决社会问题均倾向运用综合方法，特别是应对社会转型中的贫弱群体问题。然而，中国当前还未彻底形成治理模式，社会管理职权仍是以政府为主，社会资源没有得到充分利用，治理结构矛盾源自政策取向偏移：一是政策问题上缺少合作，表现为政策部门多独立解决单领域、单群体问题，缺少组织间的合作从而加大了解决问题困难性；二是政策路径上缺少互动，表现为政策落实上的行政化、封闭化，缺少与社会各方的协商从而降低了效果和适用性。因此，中国要尽快完善治理模式并实现贫弱群体政策的合理转型。英国从政府垄断到多方合

作的取向转变提供了现实路径：第一，问题定位由单一到多元。英国对贫弱群体问题进行多维探索并构建政策体系，通过有效的政社互动增进合作治理模式，例如对失业群体建立培训体系，鼓励社会力量参与职业培训与就业监督。第二，对待问题的态度由被动到主动。英国积极地将问题责任扩展到社会层面，加强了政府、市场、社会组织与个人的行动联盟建设，整合各类资源并建立民间智库，例如为失业群体成立就业中心，主动培训就业顾问来支持失业者，发现贫弱问题并积极寻求发展。

结合中国贫弱群体状况，我们应充分发挥社会能动性，积极运用政社合作、政府购买、项目管理等手段来完善治理模式。首先，加强政社互动。在脱贫扶贫、失业救助、医疗保障、情感关怀等方面搭建政社互动平台，将专业性更强的社会组织、社会工作者嵌入平台中，以促进社会力量的参与和建设，并通过政社合作来提高政策实用性。其次，推进政府购买。贫弱群体政策应以提供全面服务为切入点，通过政府购买来提高供给水平，实现由单一管理向多元治理的转变。适当依托项目合同、公开竞标等工具来创新购买方式，由小及大、由点及面地改善社会服务。最后，创新社会治理。我们要始终坚持社会治理创新的正确方向，坚持顶层设计和基层探索相结合，坚持立足中国基本国情，重视继承中国传统的优秀成果，善于学习借鉴其他一切优秀成果。① 中国当前应将贫弱群体问题作为国家战略问题进行治理，在国家层面上统筹贫弱群体政策，积极构建全面、系统、有效的服务保障与供给机制，创新中国特色贫弱群体社会治理体系。总而言之，中国的贫弱群体问题实质上是发展问题，而解决发展问题的关键在于能够运用发展的思维、发展的力量进行持续治理，既要借鉴国外经验还要利用本土优势。因此，中国要始终坚持“以人为本”地应对贫弱群体问题，将贫弱群体作为社会主体进行公平性支持，动员全社会力量进行多维度支持，继续强化从被动保护到主动支持的政策转变，以此为契机来促成中国贫弱群体问题的最终解决。

---

① 魏礼群：《积极推进社会治理体制创新》，《行政管理改革》2014 年第 8 期，第 17 ~ 23 页。

第二章
美国贫弱群体的保护与支持政策

推行一系列较为完善的社会福利政策是以美国为代表的发达资本主义国家扶持贫弱群体的重要手段之一。美国扶持贫弱群体的相关制度已经有多年历史，且日益完善。本文剖析美国贫弱群体的保护与支持政策，对探讨中国扶持贫弱群体相关制度的改革与完善具有重要意义。在对美国贫弱群体内涵和外延界定的基础上，本文区分并分别梳理美国贫弱群体的保护政策及支持政策，从政策理念、政策方法、政策内容、政策相关主体等方面，探讨美国针对贫弱群体从保护政策到支持政策的转型。在此基础上，分析美国保护与支持贫弱群体政策的经验对中国的启示。

一　研究的问题

（一）美国贫弱群体的含义

通过梳理文献发现，学界对美国的贫弱群体的直接定义较少，但有相近概念，如“Social Disadvantaged Group”（社会不利群体）、“Social Vulnerable Group”（社会脆弱群体）。美国学者杰克·罗斯曼在《高度脆弱客户的实践：案例管理与社区服务》一文中指出，“社会不利群体是因为缺乏生存机会而产生依赖性的群体，如丧失父母的儿童、老弱者、残障者等”[1]。美国学者 Gittennan 认为，“脆弱群体是无法控制生存环境被社会所压倒的人，如社会牺牲者、无家可归者等”[2]。罗尔斯在《正义论》中提出相关名词“最少受惠者”（least advantaged），所谓“最少受惠者”，是指那些家庭出身差、资质差、社会地位低下、受教育程度低、拥有资源最少、收入最低、生活质量最差、期望又很渺茫的人。[3]

学界对“美国贫弱群体”并未形成统一定义。国内学者对“美国贫弱群体”具有代表性的定义为：“在美国，某些条件上的障碍导致缺乏经济、政治、社会机会，处于不利地位的社会成员集合，主要表现在社会资源分配上，具有经济贫困、生活层次低、承受力脆弱特征的特殊群体。”[4] 上述定义指出了贫弱群体具有经济贫困、生活层次低、承受力脆弱的特征，为本章界定“美国贫弱群体”指明了方向。

根据以上学者的研究，笔者认为美国贫弱群体，是指“在美国社会生活中占有较少个人及社会资源，处于社会底层，在某些方面具有难以克服的困难，因此对未来的发展极为不利的、需要帮助的群体”。本文需要从如下三方面剖析“美国贫弱群体”的内涵：在经济方面，贫弱群体经济上处于窘迫境地，生活困难或丧失自主生活能力；在权利方面，权利贫困或权利缺失，遭受社会不公平待遇的人群；在能力方面，能力缺乏，就业不利群体，社会生存能力和水准低于普通民众。

贫弱群体在社会财富资源分配中，占有比例最少，社会地位普遍低下。贫弱群体处于社会底层，社会关系和家庭背景都单一且薄弱，社会对其扶持的力量也很有限，所以其很难实现阶层的向上流动。根据造成其弱势的原因，可将“美国的贫弱群体”划分为如下几类。

---

① Rothman, *Practice with Highly Vulnerable Clients: Case Management and Community - based Service*, New Jersey: Prentice Hall, 1995, pp. 3 - 4.

② Gittennan, *Handbook of Social Work Practice with Vulnerable and Resilient Populations*, Columbia University Press, 2001, p. 1.

③ 张祎：《罗尔斯正义论及其现实意义》，《人民论坛》2011 年第 32 期，第 181 页。

④ 万闻华：《社会支持的公共政策分析——以贫弱群体为论域》，《中国行政管理》2004 年第 3 期，第 59 页。

1. 残障和生理缺陷造成的贫弱群体

对于患有身体残障以及某些生理缺陷的人而言，无论是生存还是发展，都比普通人困难。由于身体上的劣势条件，这些人在生活上不可避免地在某些方面有所依赖，在生存和发展的过程中，始终处于弱势地位，付出的劳动与取得的成就难成正比，且自身非常容易受到外来伤害。很多残障或者生理有缺陷的人，自信心受到严重挫伤，进一步影响了该群体的生存和发展。

2. 特殊地理位置造成的贫弱群体

美国领土辽阔，海岸线较长，自然环境分布具有极大差异，某些气候恶劣的地区，人烟稀少，大量土地荒废，自然资源缺乏，这些因素导致此类地区经济落后。随着美国传统行业的衰落，地理位置所造成的差异更大，如传统的煤炭、烟草和伐木行业的衰落，使一些贫困的内陆地区工作机会骤减，造成一部分居民经济上的贫困和生活状态的低层次，形成了某些特殊地理位置地区的贫弱群体。

例如，美国肯塔基州的贫困县奥斯利县缺乏水源和电力资源，居民生活仍旧处于没有自来水和电力的环境中，这里的居民是名副其实的特殊地理位置地区贫弱群体。该地失业率常年居高不下，有 41.5% 的居民生活水平低于美国联邦政府制定的贫困线，大多数居民依靠政府救济。①

3. 历史原因和制度原因造成的贫弱群体

美国历史的发展经历了一系列演变，其中黑人在美国的生存遭遇便反映了贫弱群体的演变历史。直到如今，美国一部分黑人仍遭受不平等对待和歧视。历史遗留下来的种族问题在今天的美国仍然存在，如《2005 年美国的人权纪录》指出，在司法、就业、医疗等领域，美国仍旧存在着很严重的种族歧视现象，黑人和部分少数种族仍处在社会底层。②

据统计，美国约有 3735 万黑人，占美国总人口数的 13.1%。③ 长期以

---

① 潘迎春：《战后美国家庭的演变》，武汉大学硕士学位论文，1992。

② 孙立新：《“二战”后美国黑人生存境遇及其接受成人教育状况分析》，《河北大学成人教育学院学报》2010 年第 9 期，第 102 页。

③ 美国人口普查局，http：//www. census. gov/population/socdemo/race/black/ppl - 185/tab21icOLD. txt，2006 年 3 月。

来，黑人由于种族原因而被主流社会排斥。20 世纪，美国黑人经历过两次大迁徙，使黑人人口逐步向东部、西部、北部的工业城市迁移，南部的农业人口迅速向城市人口转变。目前，60% 的黑人居住在纽约、芝加哥等十多个大城市里。由于各大城市中黑人人口数量呈上升趋势，所占城市人口的比例更是越来越大。到 1970 年时，美国黑人人口中的 81.3% 为城市居民①，不少城市中黑人人口已超过全市人口的一半，这使得城市特别是北部城市中的黑人问题愈演愈烈，城市中种族歧视与隔离有增无减。居住、教育、就业这三个主要社会问题，相互交织，恶性循环，构成 20 世纪美国城市贫弱群体的核心问题。在居住方面，1950 年在纽约市 68.2% 的黑人住在被完全隔离的黑人区，仅有 29.9% 住在混合区；芝加哥黑人中 81% 住在完全隔离区，底特律和圣路易斯都有 74.1% 的黑人生活在完全隔离区②。在教育方面，黑人在居住地域上被迫与白人隔离，随之产生了事实上的学校种族隔离体制。学校种族隔离体制造成的后果是黑人学生的文化水平要比白人学生低得多，75% 的黑人学生到毕业时是“功能性文盲”③。在就业方面，事实上的种族隔离教育体制和不良的教学质量使黑人青年难以在社会上与白人竞争。黑人的失业率长期居高不下，面临就业环境差、劳动强度大、工资报酬低等问题。

现有的美国社会结构中，由于历史原因残留的某些落后的歧视观念并没有被过滤掉。这些饱受历史和制度负面影响的人群，毫无例外地，因为个人能力缺乏、家庭环境和社会关系支持不多，而成为贫弱群体。

美国曾发动持续数十年之久的海外战争，其退役制度也造成了大量的贫弱群体。据美国军人管理事务中心公布的数据，阿富汗和伊拉克等海外战争后退役的军人伤残情况较为严重，有 1/4 退伍军人沦为残障人，这些年轻退伍军人就业前景堪忧，许多人只有中学学历，参军前和服役后都没有专门技能的学习，能力的低下导致其退役后找工作很难，这部分人已经

---

① U. S. Bureau of the Census, 1970 Census of Population, Washington, D. C. , 1975, Table 55.

② Davis Mc: *Entire*: *Residence and Race*, New York, 1960, pp. 35 – 36.

③ 张敏杰：《美国的“肯定性行动”及对中国社会政策的启示》，《浙江学刊》2007 年第 5 期，第 191 ~ 196 页。

成为美国历史和制度下的另一部分贫弱群体。

4. 社会原因造成的贫弱群体

贫富差距的拉大和垄断组织的出现，造成美国现实社会中的基层工作者和其他底层人员处于劣势。社会地位和经济的强烈不平等，进而催生了一部分相对“强势”的群体和另一部分相对“弱势”的群体。当这种不平等愈发凸显时，社会便产生了一部分亟待救助的贫弱群体。低收入的贫弱群体主要表现为贫困、失业，以有色人种为主，相当一部分是带着孩子但无丈夫的单身母亲，她们通常从事保姆、秘书、看门人或其他零杂短工职业。据美国卫生部的社会委员会调查，美国目前经常性的营养不良者约有2000 万人，贫困家庭中约有 50% 的儿童无法接受教育，而有 5% 的儿童为先天性智障者。65 岁以上的老年人占生活在贫困线下的美国人总数的一半。

另外，随着美国资本主义制度的发展，产业结构的转换和经济危机、政策调整、资本积累加剧等一系列状况的出现，美国的贫弱群体在此过程中大量产生。美国以工业为发展基础，发展时间较长，许多社会问题已经充分暴露，底层贫困人口也大量涌现。美国许多城市均有大量无家可归的流浪者，这一群体中有精神病人、长期病患者、残障人、同性恋者、妓女、吸毒者、酗酒者、懒汉、流氓、前罪犯等。

5. 本研究的重点

美国贫弱群体的形成存在着诸多原因，历史文化、制度、经济、地理环境、生理等都在其中互相影响而产生作用。需要指出的是，本研究重点关注在美国社会发展过程中，因社会发展的转型，国家通过推行某些制度、进行相应的改革，人为地造成某些群体处于弱势地位。因而，本研究将重点关注历史和制度造成的贫弱群体、社会原因造成的贫弱群体。

（二）美国贫弱群体保护与支持政策的定义及区别

1. 美国贫弱群体保护政策的定义

关于贫弱群体保护政策的直接定义较少，但贫弱群体的保护政策与

“社会救助政策”有相似之处。时正新、廖鸿认为，“社会救助是在公民由于各种原因导致难以维持最低生活水平时，由国家和社会按照法定的程序给予款物接济和服务，以使其生活得到基本保障的制度”①。郑功成认为，“社会救助是指国家和社会面向由贫困人口与不幸者组成的社会脆弱群体提供款物接济和扶助的一种生活保障政策，它通常被视为政府的当然责任或义务，采取的也是非供款制和无偿救助的方式，目标是帮助社会脆弱群体摆脱生存危机，以维护社会秩序的稳定”②。根据以上学者的定义，可以将美国贫弱群体的保护政策界定为：“在美国范围内，国家和社会对陷入困难和不幸中的公民给予款物接济和服务的一种政策。”贫弱群体保护政策是社会保障制度中的最后一道安全网。它的目的就是使每一个公民不至于在生活困难时处于无助的困境；保护政策提供的仅仅是满足最低生活需求的资金或实物，以避免受助者产生依赖心理或不劳而获的思想。

2. 美国贫弱群体支持政策的定义

美国的贫弱群体支持政策是指“美国政府为了提升贫弱群体发展和摆脱弱势的能力，从教育政策、就业政策、社会参与等方面，对贫弱群体进行的政策倾斜和支持，进而保障贫弱群体的权利和发展机会”。要改变贫弱群体的地位，使贫弱群体从困境中摆脱出来，除了给贫弱群体补偿、救济外，最好的办法就是增加该群体发展机会，提升该群体发展能力，从根本上改变贫弱群体地位。贫弱群体因其弱势地位，造成弱势的“阶层传递”，其通过自身努力难以改变弱势地位，需要通过贫弱群体支持政策来实现自身能力发展和争取到发展机会。

3. 美国贫弱群体保护政策与支持政策定义的区别

美国贫弱群体保护政策是针对美国社会弱者的最基本的生存保护政策，其目的是补偿、保障这些人群的基本生活。美国政府以及社会各界在救济贫弱群体方面投入了大量的人力、物力、财力，采取了多种救助方式，如社会保障、定期的周期性救助、不定期临时性救济等，对贫弱群体

---

① 时正新、廖鸿：《中国社会救助体系研究》，中国社会科学出版社，2002，第2页。

② 郑功成：《社会保障学》，商务印书馆，2000，第13~14页。

的基本生存起到了一定的保障作用。

美国贫弱群体社会支持政策是美国政府根据国际社会政策目标的新定位，旨在促进美国贫弱群体自立、自强，提升他们的社会参与的机会与能力，消除社会隔阂，实现社会融合。通过教育政策、就业政策的倾斜，促使美国贫弱群体增强摆脱弱势的能力，改变社会贫弱群体特别是其后代的弱势地位，促进他们与主流社会的融合。

二　美国贫弱群体的保护政策

（一）贫弱群体的划分

从人权的角度看，有一部分特定的人群，经常会遭遇歧视性对待或者剥削压榨，需要予以特别关注，这部分人群就是贫弱群体。冰岛人权中心把贫弱群体定义为13类需要特别保护的人群，分别是：①妇女；②儿童；③难民；④流离失所者；⑤无国籍人；⑥少数民族；⑦原住民；⑧流动务工人员；⑨残障人；⑩老年人；⑪HIV阳性和艾滋病感染者；⑫罗姆人/吉普赛人/辛特人；⑬男同性恋、女同性恋和变性人。[①] 联合国经济、社会和文化权利委员会的报告将贫弱群体划分为两类：一类为固有的与生俱来不可改变的弱势人口，包括妇女、老年人、残障人、少数人种和族裔等；另一类为可变的受外在因素影响的社会弱势人口，包括流动务工人员、无家可归者、失业者、贫困者、移民、单身母亲、失学儿童等。也就是说，贫困群体分为天生的弱势身份和后天的社会弱势人口两类。

按照这种分类方法，美国天生的弱势身份群体比较突出的是少数族裔、残障人、妇女、儿童等，近年来又有一个新的群体，美国同性恋者、双性恋者和变性者；后天的社会弱势人口，比较突出的是退伍老兵、劳工、低收入者、失业者等。这两种不同类别的贫弱群体之间存在着关联，

① Icelandic Human Rights Centre, The Human Rights Protection of Vulnerable Groups (2009), available at http://www.humanrights.is/the-human-rights-project/humanrightscasesandmaterials/.

天生的弱势可能会导致后天弱势地位的加剧。比如，不同种族的失业率和贫困率严重不均衡，2013 年，非裔美国人失业率高达 13.1%，西班牙裔为 9.1%，而白人只有 6.3%；非裔美国人贫困率高达 27.2%，西班牙裔贫困率为 25.6%，白人贫困率最低，仅为 9.7%。再比如，美国女性遭遇的就业和薪酬歧视，根据 2012 年美国劳工统计局的数据，2011 年，大约 2/3 的最低薪酬工作由女性承担，61% 的最低薪酬职工全是女性。

在分析美国贫弱群体保护政策时，本研究将重点关注贫弱群体的保护政策、失业群体的保护政策，同时也关注妇女、儿童、学生等相对弱势的群体的保护政策。

（二）贫弱群体的保护政策

1. 贫弱群体的最低工资政策

通过立法，不断完善最低工资政策。早期美国最低工资制度的实施是从州一级开始的，马萨诸塞州最早在 1912 年颁布了美国第一部最低工资法，之后其他各州陆续推出。[①] 而《公平劳动标准法》在 1938 年的颁布标志着美国最低工资的确立，在该法案中第一次明确规定了最低工资，从而保障劳动者最低限度的生活水准，在以后的调整中都以此为依据。[②] 1940 年，该法案经过修正后，适用于波多黎各及维京群岛。1949 年，最低工资标准从 40 美分/小时提高到 75 美分/小时，覆盖面扩大到航空运输业。1956 年国会将最低工资标准提高到 1 美元/小时，1961 年将零售业纳入法案的覆盖范围，1966 年覆盖面扩大到公立学校、护理行业、洗衣业及建筑业。1974 年，美国国会把非管理层的联邦、州、地方政府雇员也纳入《公平劳动标准法》。

最低工资标准不断提高。美国的最低工资标准是逐步提高的，1978 年为 2.65 美元/小时，到 1981 年达到 3.35 美元/小时。1990 年，最低工资标

---

① 张智勇：《当前美国最低工资水平的变动机制》，《社会保障研究》2010 年第 6 期，第 100 ~ 106 页。

② 张胜辉：《西方国家最低工资标准设定的启示》，《工会论坛》2012 年第 6 期，第 15 ~ 17 页。

准对某些在计算机领域工作的高技能专业人员超时工作豁免，规定针对该群体，有不少于7.5倍最低工资的补偿。1996年新增条款，对20岁以下新雇员连续90天内的最低工资标准做出规定，为4.25美元/小时。1997年国会通过修正案，将联邦最低工资标准提高到5.15美元/小时，之后的10年间，美国的最低工资标准保持不变。2007年再次通过修正案，将联邦最低工资标准提升到5.85美元/小时，2008年、2009年两次提高标准，到2009年7月最低工资标准为7.25美元/小时。从2009年至今，美国的最低工资标准保持不变。美国最低工资标准在经济的强有力支持之下调整的连续性保持得很好。表2-1为美国历年最低工资标准。

表2-1　美国历年最低工资标准变化

生效年份	标　准
1978	2.65美元/小时，适用于所有被覆盖人群，但不包括豁免工人
1979	2.90美元/小时，适用于所有被覆盖人群，但不包括豁免工人
1980	3.10美元/小时，适用于所有被覆盖人群，但不包括豁免工人
1981	3.35美元/小时，适用于所有被覆盖人群，但不包括豁免工人
1990	3.80美元/小时，适用于所有被覆盖人群，但不包括豁免工人
1991	4.25美元/小时，适用于所有被覆盖人群，但不包括豁免工人
1996	4.75美元/小时，适用于所有被覆盖人群，但不包括豁免工人
1997	5.15美元/小时，适用于所有被覆盖人群，但不包括豁免工人
2007	5.85美元/小时，适用于所有被覆盖人群，但不包括豁免工人
2008	6.55美元/小时，适用于所有被覆盖人群，但不包括豁免工人
2009	7.25美元/小时，适用于所有被覆盖人群，但不包括豁免工人

资料来源：美国劳工部，http://www.dol.gov/whd/minwage/chart.htm。

各州根据自身的实际调整最低工资标准。美国联邦各州可自行调整其最低工资标准，不同的州制定了不同的最低工资标准，而联邦政府的管控手段是设定规则和制定联邦的最低工资标准。[①] 美国《公平劳动标准法》规定，当联邦最低工资标准高于州最低工资标准时，采用联邦最低工资标

① 苏志、苏坚：《美国的最低工资制度及其借鉴》，《云南财经贸易学院学报》（社会科学版）2004年第3期，第117~120页。

准；当联邦最低工资标准低于州最低工资标准时，则采用州标准。也就是说，在州最低工资标准与联邦最低工资标准的抉择中，要选择标准较高的一方实施。例如，华盛顿的最低工资为每小时 9.19 美元，比联邦（7.25 美元/小时）高，因此采用华盛顿最低工资标准。政府在监督实施这一政策方面严格执法。每周工作超过 40 小时的加班工作时间的工资不得低于最低工资水平的 1.5 倍。业主一旦被发现违反规定，每次最高可被罚款 1.1 万美元。表 2－2 为美国部分州和所属地的最低工资标准。

表 2－2 美国部分州和所属地的最低工资标准

地 区	标准（美元/小时）	地 区	标准（美元/小时）
联邦	7.25	内华达州	7.25～8.25
阿拉斯加州	7.75	新泽西州	7.25
亚利桑那州	7.8	纽约	7.25
阿肯色州	7.25	宾夕法尼亚州	7.25
加州	8.00	田纳西州	7.25
康涅狄格州	8.25	华盛顿	9.19
佛罗里达州	7.79	哥伦比亚特区	8.25
夏威夷州	7.25		

资料来源：美国劳工部，http：//www.dol.gor/whd/minwage/chart.htm。

2. 贫弱群体的医疗救助政策

美国医疗费用高昂，并非大病也动辄数百美元。美国绝大多数人有医疗保险，政府也提供部分医疗福利。但对于不少贫困家庭来说，看病仍然是沉重的负担。美国联邦政府于 1965 年开始实施医疗救助计划（Medicaid），为贫弱群体建立医疗保障制度，通过公共转移支付为联邦与州政府法律认可的低收入个人和家庭提供医疗救助服务。医疗救助计划以其提供服务全面、医疗费用支出巨大成为美国最重要的健康照顾计划，在实现健康公平及提高贫弱人群医疗服务可及性方面发挥着不可替代的作用。

（1）覆盖对象

美国医疗救助覆盖对象由联邦与州政府联合确定：联邦政府制定最低标准，州政府可以根据本州情况提高标准，但需获得联邦政府认可。一般而言，医疗救助主要包括绝对贫困（Categorically needy）、医疗贫困（Medically needy）及其他特殊困难群体（Special groups），各类人员的界定标准见表2－3。

表2－3　美国医疗救助覆盖对象

绝对贫困人口	医疗贫困人口	特殊群体
有资格获得政府救助、需要抚养儿童的家庭	怀孕妇女产后60天的照顾	符合条件的Medicare受益人（收入低于或等于联邦贫困线以及个人财产等于或低于SSI标准的2倍）
家庭收入低于或等于联邦贫困线133%的怀孕妇女与六岁以下儿童	18岁以下儿童	合格的在职残障人
照顾18岁以下儿童的亲戚或者监护人	特定新生儿一年的照顾	16～65岁残障人口
补充保障收入（Supplemental Security Income，SSI）领取者	特定需要照顾的盲人	特殊疾病相关群体：两种特殊疾病相关的适合群体（乳腺癌和子宫颈癌患者、无医疗保险的结核病患者）
月收入不足SSI收入标准300%、依靠医疗服务机构提供服务生活的个人和夫妇（联邦支付标准）	各州自行规定的其他情况	符合1115条款医疗救助豁免权者：主要是参加管理医疗计划的群体需要长期照顾者、符合Medicaid条款并有资格获得疗养院服务的个人州儿童健康保险计划受益人，部分州独立实施该计划，部分州将其并入医疗救助

资料来源：美国健康与公共事业部《医疗救助制度概览2005》，http：//www.cms.hhs.gov/HCBS。

美国社会医疗保障署（CMS）统计显示：医疗救助制度为40%的美国穷人、25%的美国儿童、20%的重度残障人、44%的HIV/AIDS患者、15%的老年保健计划受益人提供医疗服务；帮助60%的在疗养院生活的人支付医疗费用。医疗救助受益人资格认定的方式有两种：第一，发卡制，州政府医疗服务机构为弱势人群，如领取食品券的单身母亲和其他困难群体发放医疗救助卡；第二，追认制，未持有医疗救助卡的弱势人群就诊时，由医疗服务机构根据其收入、财产等信息追认其医疗救助受益人身份。由于贫弱群体是动态变化的，因此追认制在医疗救助受益人资格认定方面发挥着重要作用。

（2）筹资模式

与私人健康保障计划由受益人和雇主缴费形成保障基金的筹资模式不同，美国医疗救助计划资金主要由公共财政负担，保证了医疗救助资金来源的稳定性。

①联邦政府医疗救助匹配供款

联邦政府根据各州的人均国民收入水平（PCI）确定匹配供款比例，计算公式为：

$$\text{联邦匹配供款率} = 1.00 - 0.45\ (\text{State PCI}/\text{U. S. PCI})$$

公式中 State PCI 为州人均国民收入；U. S. PCI 为联邦人均国民收入。该计算公式表明：州人均国民收入水平与联邦匹配供款比例成反比，即州人均收入水平越高，获得的联邦匹配供款率越低；州人均收入水平越低，获得匹配供款率越高。联邦匹配供款对落后地区的倾斜有助于缩小各州之间医疗救助计划投入的差距。

联邦医疗救助匹配供款率每年进行小幅调整。2009 年美国 51 个州和特区中，肯塔基、密西西比、缅因、新墨西哥、阿肯色等 9 个州的联邦医疗救助匹配供款率超过 70%，州人均收入水平集中在 3.2 万 ~3.8 万美元；阿拉巴马、亚利桑那、佐治亚、印第安纳等 18 个州的联邦匹配供款率在 60% ~70%，州人均收入水平集中在 3.8 万 ~4.3 万美元；内布拉斯加、马里兰、弗吉尼亚、明尼苏达、新泽西等 24 个州的联邦匹配供款率在 50% ~60%，州人均收入水平集中在 4.3 万 ~5.7 万美元。[①]

②州政府医疗救助筹资责任

美国社会保障法规定，各州必须确保从州和地方政府资金中提取足额资金以保障医疗救助服务支出。州政府除了必须提供联邦政府规定的医疗救助服务，还可自主选择其他服务项目。因此，各州医疗救助资金投入差异巨大，主要取决于该州医疗救助人口的规模和服务项目的多寡。

① Center for Medicare and Medicaid services "Federal Medical Assistance Percentages of Federal Fencial Participation in state Assistomce Expenditmes FlnAP", http//aspe. os. dhhs. gov/health/fmap09. pdf. 2007 - 11 - 28.

（3）支付方式

美国医疗救助的支付方式非常复杂，但是先救助后付费、补需方与补供方相结合、医疗服务提供者与医疗救助管理机构直接结算的支付制度大大提高了服务方的积极性，避免了“见死不救”现象，确保了脆弱人群医疗服务可及性。以下是美国几种较为典型的医疗救助支付方式。

①对住院服务的支付

医疗救助计划对住院服务主要采取按服务付费（fee - for - service，FFS）方式，即根据相关医疗机构的诊断和主要治疗手段对诊疗成本做出判断，并在此基础上支付服务费用。该支付方式不再依据实际成本对医院进行补偿，而是根据疾病情况，越严重的疾病获得的支付额度越高，从而有利于医院提高服务效率。美国社会医疗保障署（CMS）统计显示，每年约有 760 万住院病人由医疗救助计划为其支付医疗费用。2005 年联邦财政通过按服务付费方式向住院医疗服务支付 420 亿美元，占医疗救助总支出的 14% 。[①]

为医疗救助受益人提供住院服务的医院，向州政府提交费用报告（各州提交报告的时间不同），州政府根据医院提交的报告，与医院协商后对其进行补偿。例如在佛罗里达州，加入州医疗救助计划的医院必须提供年度成本报告，年度报告须根据州政府相关条款的补偿方法和成本计算方式进行编制，州政府审核成本报告后根据固定成本、可变成本、服务项目等对其进行补偿。

②对门诊服务的支付

门诊服务包括预防、诊断、治疗、康复和药品服务。各州对门诊服务采取的补偿办法并不相同。一些州根据平均费用对门诊服务按次支付、对外科手术按既定费用表支付。另一些州采用门诊预期支付制度，对门诊医疗服务支付固定费用，门诊预期支付仅包括门诊机构治疗过程中的设备使用成本，其他服务如医生和健康咨询师服务则按照医生服务收费表支付。对一些特殊门诊服务，部分州提供建立在成本基础上的支付，例如在限定

① Quinn，Kevin、2008. “New Directions in Mediciaid Payment for Hospital care major changes on How Medicaid calcalates payment lie Ahead” . Health Affairs 27（1）.

每年增长率的前提下，在以往成本基础上支付实际成本或者预期费用。联邦法律规定，医疗救助对机构单项服务的支出不能超过医疗保健同等服务的合理预期支出，这就是医疗救助的支付上限。医疗救助支付上限规则适用于住院和门诊治疗。

③对非营利机构的支付

非营利机构是医疗救助制度的主要支付对象。2004 年医疗救助投入非营利健康服务提供者的资金达到 85 亿 ~ 105 亿美元，占当年医疗救助支出的 35%。

表 2－4　医疗救助对非营利组织的支付

单位：亿美元

医疗机构（Medical Institution）	医疗救助资金投入非营利组织的金额（Medicaid payment to non－profit organizations）
医院（Hospitals）	420
家庭护理（Nursing Homes）	110
精神健康（Mental Health）	55 ~ 169
管理医疗（Managed Care）	94 ~ 138
家庭与社区照顾（Home and Community）	175 ~ 209

资料来源：Nelson A，Rockefeller Institute of Government for the Aspen Institute. *Medicaid Funding for Nonprofit Healthcare Organizations*，The Aspen Institute，2007。

④对超份额医院的支付

超份额医院是指为大量低收入、无医疗保险或有特殊需求的患者提供服务的医院。1985 年美国紧急医疗服务法规定，所有医院和医疗服务机构必须为患者提供急诊服务，无论其是否有能力支付相关费用；当患者病情稳定后，方可将其转入政府医院。联邦和州政府对医疗服务机构的未偿付服务给予补贴与补偿。2007 年联邦政府对 DSH 的支出高达 120 亿美元，比 2000 年增加了 23%。①

① Center for Medicant and Medicard sernces. “Medicaid program：Fiscal Year pisproportionate shone Hospital Allotment and Disprportionate shane Hopital Institntions for mental Disease Limmist”，http：//edocket. access. gpo. gov. 2008－12－19.

超份额医院通过两种方式获得医疗救助资金。其一，直接资金拨付：医院向州政府管理机构申请超份额医院资格，州政府审核通过后由相关管理机构向联邦政府申请匹配供款，并与州提供的资金支持一并支付给超份额医院。联邦匹配供款的具体比例由联邦和州政府协商确定，州政府对DSH的补偿标准则由州政府与DSH协商确认。其二，超份额医院为医疗救助受益人提供的服务可以得到医疗救助补偿，联邦与州政府均对具体补偿标准做出规定。

为了控制超份额医院支出，联邦政府采取以下措施：一是医疗救助利用率超过1%的医院才有资格获得超份额医院支付；二是制定超份额医院服务补偿标准，并设置封顶线，对一家医院的支付不能超过其为医疗救助和无保险病人提供住院治疗的未偿付成本。

⑤对“安全网”医院及诊所的支付

联邦法律规定，各州医疗救助计划必须覆盖联邦合格健康服务中心的服务，并且按既定费用支付中心提供的服务。联邦合格健康服务中心包括社区健康中心、移民健康中心、为无家可归者提供服务的健康中心和门诊服务中心。

以为低收入和无保险人口提供预防和初级健康服务的社区健康中心为例：联邦政府提供的直接补贴占其运营收入的50%左右，州政府也需提供补贴，但各州数额不同；此外，社区医疗中心为受益人提供的服务还可以得到医疗救助制度的补偿。从全国来看，大致1/3的社区健康中心的患者是医疗救助计划受益人，医疗救助是健康中心最大的第三方支付来源。

政府作为医疗救助制度的管理者，通过谈判与各类医疗服务机构确定服务价格，通常会得到价格优惠。医疗救助支付的住院费用比医疗保健计划低5%，比其他医疗服务费用低40%。从全国看，医疗救助为初级保健服务医生提供的费用相当于医疗保健计划的66%。[①]

---

① 周凤华、Kathryn、Edin：《美国的贫困家庭与福利改革》，《社会主义研究》2011年第5期，第94～98页。

⑥医疗救助受益人的支付

联邦法律允许各州对医疗救助受益人收取共付额，但是共付金额通常较低。例如得克萨斯州规定，在急诊室接受非急诊服务的受益人每次仅需支付 3 美元。为了减轻受益人的负担，各州还规定了共付最高限额。多数州规定受益人每年最大共付额为 200 美元，超过限额部分无须共付。此外，对 19 岁以下儿童、怀孕妇女、智力发育迟缓者以及晚期病人等特殊群体免除共付的责任。

美国法律规定，即使受益人无力支付或者拒绝支付共付额，医疗服务提供者也不能拒绝为其提供服务。由于共付金额在医疗服务提供者收入中所占比例极低，因此拒绝共付并不会影响医疗服务提供者的积极性。

3. 低收入群体住房资助政策

（1）解决低收入群体住房问题的主要政策[①]

①低收入阶层住房税金信用计划

美国联邦和州政府通过发放税金信用证，给相关机构提供一定额度的税金减免，鼓励私人开发商和非营利机构大力兴建供低收入家庭租住的住宅。据统计，政府每年为此计划提供约 30 亿美元的财政补贴，使得不少项目获得的税金减免达到住宅项目成本的 50% 以上。

在申请税金信用证之时，相关机构必须满足以下条件：一是税金信用仅针对提供低收入阶层租住的住宅项目，即一个项目至少要将 20% 的住宅单元租给收入不及所在地区平均水平一半的家庭，或者至少将 40% 单元租给收入低于所在地区平均水平 60% 的家庭。二是低收入家庭所支付的租金，每年由住房与城市发展部根据不同地区的平均收入对住宅单元的户型予以审定，并结合不同家庭的人口规模予以分类。三是享受该计划的项目至少在 18 年内执行租金管制的要求，业主每年须对低收入租客的收入予以审查。该项计划提供了一个 9% 的减免税率，目前这一计划大受欢迎，每年信用配额供不应求，供求比例在 1∶3 左右。

---

① 潘文辉：《美国低收入家庭住房保障政策对我国的启示》，《中国房地产》2005 年第 4 期，第 45 ~48 页。

②租金资助计划

该政策的核心思想是针对低收入家庭、62岁以上的孤寡老人、残障人士、无家可归者等，若其用于住房的支出超过家庭总收入的30%，政府将为其提供房屋租金“差额”补贴，并由住房与城市发展部具体负责。

目前在美国的住房补贴一般占财政拨款的2.5%左右，根据各州的经济发展水平、物价指数和当地居民收入情况而略有不同。比如在波士顿，凡单亲家庭年收入低于2.2万美元，就有资格申请政府的住房补贴；在纽约市，家庭年收入低于1.5万美元，可以申请政府的住房补贴。不过，低收入者并不是全额享受政府的补贴，按规定，美国的一般居民每月必须拿出自己家庭收入的1/3用于租房，不足部分由政府补足，当然也有一个上限。根据1998年美国国会通过的《高质量住房和工作责任法》，该法律虽然为居住在政府房的市民提供了一些优惠保障，但同时规定，所有居住在政府房内的18~62岁的居民，如果没有工作或者不是在大学深造，每月必须参加至少8小时的社区服务。

③抵押贷款保险和担保制度

经过七十多年的发展，美国在政府直接干预下运行的住房金融体制已非常成熟，在1934年就成立了联邦住宅管理局和联邦储蓄贷款保险公司，组建了“互助抵押贷款保险基金”，负责对中低收入家庭抵押贷款提供保险。具体做法：满足规定条件的分期付款购房者，可向政府申请贴息担保，个人只付首期款并承担一小部分利息，政府则承担还款风险以及大部分利息。

④特别资助法案

凡能够支付每月房屋抵押贷款账单，但没有足够的钱缴纳购房首期款的美国家庭，可向地方相关机构申请低收入家庭特别资助。这项法案的实质是帮助首次购房者缴纳首期房款和办理房屋过户手续的有关费用。[①]

---

① 潘文辉：《美国低收入家庭住房保障政策对我国的启示》，《中国房地产》2005年第4期，第45~48页。

（2）低收入群体住房资助方式①

为解决低收入家庭住房问题，美国政府采取的途径有：提供公共住房；联邦政府资助私有营利机构或者非营利机构开发私有出租房；向低收入家庭发放租房券，使得他们获取私人住房市场的现有住房以及其他资助方式。

①提供公共住房

公共住房是美国最广为人知、历史最悠久的低收入住房资助项目。设立于1937年的《公共住房法》，是新政期间最后通过的立法之一。由于公共住房满足了国家对廉价出租房的需求，同时公共住房在创造就业和清除贫民窟方面具有潜力，《公共住房法》历经多次修改，在多年后被议会通过。它的一个重点就是帮助没有能力按市场价格购买或者租赁住房的家庭解决住房问题。

从公共住房的发展历程来看，公共住房项目起初的进展缓慢，在第二次世界大战中中断。1949年的《住房法》重新设立了该项目，同时承诺在接下来的6年里全国将建造81万单元的公共住房。这些单元很多被用来替代通过城市更新项目而摧毁的住房。直到1968年，全国才实现这个建设目标，但是在“二战”后，公共住房的建设确实有很大提升。从项目设立到1980年代，按10年一次计算，每个10年里公共住房的建设量都比上一个10年有所增长。从1970年代开始，更多的资源用于对现有公共住房的保护和再开发，而不是扩大新建设。公共住房的数量在1994年达到了顶峰，为140万套。随后，就不断减少，截至2008年，公共住房的数量是116万套。

从公共住房的租户选择来看，起初，公共住房是针对贫穷的工薪家庭，他们处于收入阶层的低端，因为不可控因素而缺少在私有住房市场上购买住房的收入，被称作“淹没的中产阶级”。“二战”后，公共住房的租户不断减少，其原因一方面是公共住房项目规定，当租户收入超过公共住房允许的最高收入时，租户必须搬出公共住房；另一方面是联邦住房管理

① 韩再：《美国政府资助中低收入家庭住房的途径》，《北方经济》2012年第23期，第107～109页。

局的房贷保险使得低价住房自有率得到快速增长，从而使得上百万工薪家庭能够在郊区购买价格适中的住房。其结果是，公共住房租户的平均收入持续下降，1950 年为全国平均收入的 57%，1960 年为 41%，1970 年为 29%，到 1990 年中期不足 20%。

从公共住房的运营补助来看，在最初的设计中，公共住房是由联邦政府支付建设成本，由租户负责支付工程的运营支出。地方住房管理局为公共住房工程的开发发行债券，债券的本息由美联邦政府支付（在 1980 年代，公共住房的资金来源由发行债券转变为政府拨款），维修和其他的运营费用由房租支付。但是，运营费用的增长最终超过了租户的收入。一方面，通货膨胀和公共住房随着年份的增加导致维修费用不断增加，从而抬高运营费用。另一方面，公共住房租户的收入持续下降。起初，不顾住户的实际支付能力，房租涨了起来，住户常常需要为房租花费其收入的 40%。为了使房租避免攀升到与住户收入相差太远的水平，很多住房管理机构停止了基本的修缮和维护。

20 世纪 60 年代末 70 年代初，为了解决房租与住户收入相差太远的问题，议会通过一系列的公共住房修订案，把公共住房房租的最大值界定为不超过住户收入的 25%（后来改为 30%）。为了补偿由于房租下降而不足以支付的运营费用，修订案设立新的运营补助来补贴房租收入，运营补助数额为运营良好的公共住房管理局在运营上花费与其所能获得的房租收入的差额。1969 年的联邦运营补助为 1490 万美元，1979 年上升到 7.27 亿美元，1993 年为 25 亿美元，2003 年达到 35 亿美元，占公共住房管理局运营预算的一半。运营的补助总量受议会每年能拨款的限制，议会的拨款基本上没有达到住房与城市发展部预测的水平。除了运营补助外，公共住房管理局还可以使用 20% 的设施更新基金来支付运营花费。

②联邦政府资助开发私有出租房

从 1960 年到 1980 年，联邦政府资助开发了超过 100 万套由私人机构拥有的中低收入出租房，这些住房的产权属于私有的营利机构或者非营利机构。1961 年肯尼迪政府执政后，联邦政府不仅修建比以前更多的公共住房，还帮助那些收入高于公共住房的规定，但不能在私有住房市场获得合适住房的家庭。肯尼迪政府为中等收入家庭设立第 221（d）3 条款项目。该项目要求营利或者非营利开发商从私人放贷商手中获得联邦住房管理局保险的、低于市场利率（通常利率为 3%）的住房抵押贷款，房利美随后购买放贷商的这些贷款。采用这项措施，联邦政府为开发商提供了利率为 3% 的贷款，低于市场利率的贷款使得住房所有者可以征收低于市场价格的房租。

第 221（d）3 条款项目主要是面向不符合公共住房要求的中等收入家庭，符合项目要求的最高收入为该地区的平均收入水平。房租由工程预算决定，包括 3% 的抵押贷款利息、维修等方面的运营费用和住房所有者 6% 的利润。

第 221（d）3 条款项目寿命极短，总共开发 18.4 万套单元住房。该项目并不受欢迎，主要原因有两个：一是从收入的角度来看，该项目针对中等收入家庭，收入相对较低的家庭不能承受房租；二是从预算的角度来看，每收购一笔房贷，这笔贷款的总额都被安排在当年的联邦政府的支出预算中，加大预算压力。

1968 年，约翰逊政府用第 236 条款项目取代第 221（d）3 条款项目，与第 221（d）3 条款项目相同的是：第 236 条款项目致力于通过减少承借人的还款额使得出租房的房租为中低收入家庭所承受。与第 221（d）3 条款项目不同的是，第 236 条款项目并不一次性买断房贷，而是通过每年支付市场利息与利率为 1% 时的还款额之间的差额为承借人提供利息补贴。第 236 条款项目的资助程度更高，与第 221（d）3 条款项目资助的出租房房租相比，它所资助的出租房房租更低，收入更低的住户可以承受。第 236 条款项目资助的出租房房租由 1% 的抵押贷款利息、维修等方面的运营费用和住房所有者 6% 的利润决定。住户要求支付的是“基本房租”与收入的 25%（后来调整为 30%）之间的较大值。

针对乡村出租房的开发，1962 年，议会设立第 515 条款项目，该项目由农业部（后来改为乡村住房服务中心）负责。第 515 条款项目为开发商提供期限是 50 年、利率为 1% 的贷款。而且，有 75% 的接受第 515 条款项目资助的工程同时接受其他补助，以确保低收入租户支付的房租不超过其收入的25%（后来调整为30%），依据运营支出及利率为1%的贷款利息决定房租。从1962年到2004年，第515条款项目共资助52.6万单元的住房建设。

③发放租房券

公共住房和联邦政府资助开发的私有出租房支持新房的开发，而租房券资助低收入家庭获取私人住房市场的现有住房。在1937年的《公共住房法》中，联邦政府首次在立法中讨论租房券，但是，直到1974年，才设立第一个全国租房券项目，即第8条款现有住房项目，为收入不高于地区平均水平80%的住户提供租房凭证，来补足家庭收入的25%（后来调整为30%）与市场房租之间的差额，从住房需求层面，解决住户的住房问题，迅速成为低收入住房补助的最重要的模式。从1990年代起，居住在公共住房和联邦政府资助开发的私有出租房的住户数量不断减少，但是，租房券项目资助的住户数目却一直增加，到2009年，租房券项目资助的住户数目超过215万。[①]

④其他资助方式

在为中低收入家庭提供住房的初始阶段，联邦政府是制定和落实住房政策的最重要参与者，设计和资助公共住房和其他补助项目。从1980年代起，州和地方政府以及各种各样的非营利机构，成为提供保障性住房的主要力量。

社区发展组团基金是州和地方政府落实的第一个住房项目，由联邦政府提供组团基金给州及地方政府，由它们来制定具体的住房项目。该项目允许进行收购、出售或者持有住房，进行公共建设、修缮居住和非居住性建筑，提供社会服务等，至少70%的资金必须用于中低收入群体。但是禁止地方政府使用发展组团基金开发新住房，从1974年设立到2010年，社区发展组团基金的投资达到1311亿美元，在2010年，将近95%的资金用于中低收入群体。

① 韩再：《美国政府资助中低收入家庭住房的途径》，《北方经济》2012年第23期，第107～109页。

住房项目投资合伙人项目 1990 年由议会设立，是第二个组团基金项目，也是最大的专为中低收入家庭提供廉价性住房的联邦组团基金项目。住房项目基金被用在资助出租房和自有房的修缮、开发，房租补贴及购房者援助等方面。州政府每年获得 40% 的住房项目基金，而城市和其他地方政府每年可获得 60% 的住房项目基金。

住房信托基金由政府设立，它通常有专门的资金来源，面向中低收入家庭。住房信托基金最常见的资金来源是房地产交易过程中的税和费用。州级信托基金的最常见资金来源是房地产交易税，县级信托基金则主要来自文件记录费。住房信托基金支持不同类型的住房项目，包括新建住房和对现有住房的收购或者修缮。

（三）失业群体的保护政策

1935 年的《社会保障法》首次以联邦法律形式将失业保险制度固定下来，虽然该法历经多次修改，并制定了若干配套法规，但目前美国实施的失业保障制度仍以 1935 年版为基础。《社会保障法》中只有第 3 款和第 9 款涉及失业保障问题，但它们却是各州颁布相关法律的立法依据。其中第 3 款规定了“联邦政府对保险的行政拨款、联邦在联邦－州体制中的监督、管理的职责和权限，以及州在这个体制中的地位和职责”。第 9 款规定了“失业保险财政来源（征收联邦税）、失业保险的覆盖范围、失业补偿金领受者的权利与义务等”。[①]《社会保障法》确定了失业保障项目的整体框架，但更多的细节规定是由《联邦失业税法》实现的。《联邦失业税法》包含于 1939 年美国联邦国会制定的《美国联邦税法典》中，美国联邦国会于 1954 年和 1986 年对该法典进行了大规模的修订，其中 1986 年的修订由里根政府在供给学派理论的指引下加入很多体现“效率、便捷、公平”的规定，人们今天看到的美国税法典就是在 1986 年版本基础上发展而来的。[②]《联邦失业税法》确定了失业保障制度的受益条件、联邦政府的税基和税

① 姜守明：《略论美国的失业保险制度》，《学海》1998 年第 1 期，第 84～89 页。

② 李景杰：《美国联邦税法典对中国税收立法的借鉴意义》，《太原大学学报》2011 年第 3 期，第 42～46 页。

率、管理要求等。依据两部法律，规定了联邦政府的主要职责：一是确保州政府和各项法律、法规和规章与联邦法相协调；二是规定州政府失业保险基金所必须具备的水平，支持各州实现有效的管理，为其提供管理成本；三是对州政府的管理进行监督，必要时对州政府进行资金和技术上的援助。每个州在联邦制度的框架内，颁布各州的失业保险法，根据各州的经济水平、人口比例和就业状况确定各州失业保险税的税基、税率，领取失业救济金的资格、期限及金额等具体事宜。其主要职责：一是决定失业保险计划的运作方法，并直接对其进行管理；二是规定享受失业保险的范围和条件、失业保险收益的计算和发放方法；三是规定雇主的纳税义务，征集失业保险税。每个州每年都可能根据需要对其失业保险制度的具体规定进行修订。美国由此建立起一种以联邦和州为基础的失业保险制度，在符合联邦法的基础上，各州均有自己的失业保险立法和具体的失业保险计划。①

从覆盖范围来看，失业保险实施初期，享受人员仅限于私营工业和商业部门的职工。20 世纪 70 年代以后，美国能源危机导致的失业率大幅上升，失业保险范围不断扩大。1970 年失业保险覆盖范围扩大到非营利部门的雇员。1976 年扩大到农业工人，州、地方政府的雇员，1978 年几乎扩大到所有工薪工作者。② 因而，目前工薪工作者基本上被包括到这个联邦 - 州建立的失业保险项目中。对于铁路工人、现役军人或者退役军人，以及联邦政府的雇员，联邦政府为其单独进行了相关的规定。③

雇员过去的工资和被雇用情况，可以反映这个失业者加入劳动力市场的意愿，因而，一个失业者是否能够拿到失业补贴取决于他过去的雇佣经历。对于失业保险的享受资格，《社会保障法》只做一些原则性的规定，具体征收和支付办法都是由州政府制定的，而各州规定不尽相同。大多数

---

① 李元春：《国外失业保险的历史与改革路径：政治经济学视角》，中国财政经济出版社，2011，第 78 ~ 103 页。

② *Unemployment Compensation*：*Federal – State Partnership*. US Department of Labor，Washington DC：Office of Unemployment Insurance，2014，pp. 1 – 16.

③ *Unemployment Compensation*：*Federal – State Partnership*. US Department of Labor，Washington DC：Office of Unemployment Insurance，2014，pp. 1 – 16.

的州要求该失业者在申请失业补贴之前满足以下 3 个条件。一是失业者能够且愿意重新就业。主要表现：在公共就业机构登记，积极寻找或接受合适的工作，不拒绝合适的工作等。二是失业者不能有一些差的记录，比如说由于不好的原因离职，在工作时有不端行为。三是对失业者的就业和工资收入状况有要求。有 18 个州规定，失业者申请津贴前一年时间内应已就业 15 ~20 周，约有 3/4 的州规定前一基数年的最低收入应为周失业救济金的若干倍（具体倍数各州规定不同），或为最高季度工资的若干倍（具体倍数各州规定不同）。这一条件对新进入劳动队伍者、临时工、低收入者都有限制作用。[①]

对于部分失业的工人，州政府通过短期补偿（Short – Time Compensation）项目为这部分人提供补助。联邦税法规定，实行短期补偿项目的州必须与联邦政府对 STC 的定义和规定一致，且联邦政府会对州政府前 3 年支付的短期补偿项目补助费用进行 100% 的退还。此外，联邦政府还创建了一种临时联邦短期补偿项目，即符合联邦政府短期补偿定义规定但未实行短期补偿项目的州，与劳工部部长签订合同后，也可以进行一个为期 2 年的联邦短期补偿项目。在此期间，联邦退还州政府支付的个人补助金额的一半，剩下的一半由雇主负担。[②]

失业者每周领取的津贴额是由过去的工资收入决定的，大多数州的津贴是以失业者在失业前一年所获得的最高季度收入为基数计算的，这个收入被看作失业者在业时充分就业的工资收入。津贴计发公式为：每周津贴额 =50% ×本人最高季度工资收入 ×1/13（每季度大约有 13 周）。[③]

目前，美国大多数州规定领取失业津贴的最大期限为 26 周，只有马萨诸塞州为 30 周。联邦法律规定，在失业高峰期间，失业者还可以享受延长期津贴。延长领取期限一般为 13 周（在某些情况下是 20 周），最长不得

---

① *Unemployment Compensation*: *Federal – State Partnership*. US Department of Labor, Washington DC: Office of Unemployment Insurance, 2014, pp. 1 – 16.

② *Unemployment Compensation*: *Federal – State Partnership*. US Department of Labor, *Washington DC*: *Office of Unemployment Insurance*, 2014, *pp*. 1 – 16.

③ 冯英、杨慧源：《外国的失业保障》，中国社会出版社，2008，第 27 ~37 页。

超过39周（某些情况下是46周）。这些延长期的救济金，一半来自州，一半来自联邦政府。只有当某州受保失业率（受保护范围的失业率）在一个季度以上的时间里大于5%，且比过去2年同期值高20%以上时，该州延长津贴制度才开始运行。延长期津贴标准与基本领取期津贴水平一样。[①] 但是当国家处于经济萧条时期，各州人民都受到持续的高失业率影响时，联邦政府支持延长领取失业津贴期限的法案，会不定时地被废除。这种情况，在20世纪70年代发生过两次，20世纪80年代发生过一次，20世纪90年代发生过一次，21世纪也发生过一次。比如2008年出台的《紧急失业保障项目》（EUC08）从2008年7月生效，持续到2014年1月1日。[②] 奥巴马在2014年1月1日后，多次呼吁该法案的再次生效，但该法案经投票并未通过。

联邦政府对需缴纳失业保险税的雇主资格进行了规定，要求雇主在当前或先前年份至少有20周雇用过员工，或者在1/4年份中支付的工资金额大于1500美元，当然对于农村和国内服务还有一些特殊规定。联邦失业保险税的税基，也随着时间推移有了较大的变化，1936年雇主缴纳联邦失业保险税的基数是雇员工资总额；1939年改为每个受保雇员工资收入的头3000美元；1983年增加到每个受保雇员工资的头7000美元，直至今日，失业保险纳税收入是指所有现金或其他形式的收入，除去每天超过7000美元的部分，还有退休、残障、住院保险或类似的附加福利。联邦政府规定的失业保险税的税率在1936年为1%，1937年为2%，1938年为3%，1983年为3.5%，目前为6.2%。[③] 另外，联邦政府对各州雇主有减免税的规定，如果各州的失业保险办法符合联邦的基本要求（包括联邦失业税金法第3款），那么联邦对该州雇主的失业保险税可以适当减免，一般减免税率最高为5.4%，并且该州可要求联邦政府负担运行该项目所必需的管

---

① 冯英、杨慧源：《外国的失业保障》，中国社会出版社，2008，第27~37页。

② *Unemployment Compensation: Federal - State Partnership*. US Department of Labor, Washington DC: Office of Unemployment Insurance, 2014, pp. 1 - 16.

③ 李元春：《国外失业保险的历史与改革路径：政治经济学视角》，中国财政经济出版社，2011，第78~103页。

理费用。因此，雇主相当于每年为每个雇员向联邦政府支付最大值为42美元的失业保险税。[①]

各州采用的失业保险税基都要高于联邦失业税金法所制定的7000美元标准，2014年华盛顿规定的失业保险税基高达41300美元，为各州最高。另外，大部分州规定了一套自由调节税基的方法，即当联邦政府将税基修订到高于州政府制定的税基时，各州税基一般会修订到相当于州平均工资收入60%～100%的高度。5个州对雇主征收失业保险税都采取经验税率，只有3个州实行雇员个人缴税，税率在0.1%～1%。一个州的雇主缴纳失业保险税的税基和税率由多种因素决定，如可纳税收入、福利的计算公式以及经济状况等，因而，不同州之间，以及同一个州不同的雇主之间，实际税率是相差很大的。2013年，对美国平均税率的初步估计是0.89%，从夏威夷最高的2.09%（税基是39600美元）到南达科他州最低的0.39%（税基为13000美元）。[②]

美国的失业保障制度对失业群体起到了重要的保护作用。自1929年经济大危机以来，美国失业率高峰有1933年24.9%、1939年17.2%、1940年14.6%、1941年9.9%、1975年8.5%、1982年9.7%、1983年9.6%、2009年9.3%、2010年9.6%和2011年8.9%。1945年以来美国发生8次经济危机，时间分别是：1948～1949年、1953～1954年、1957～1958年、1960～1961年、1969～1970年、1973～1975年、1980～1982年、2008～2010年，但是对应年份的失业率都不超过10%，可以说这得益于1935年建立起来的社会保障制度。1975年、1982年、1983年、2009年和2010年失业高峰正是美国处于1973～1975年、1980～1982年和2008～2010年经济危机的困难时期，但借助就业和失业保障制度，美国失业状况在严重的经济危机时期并未出现严重恶化的情形。[③] 在经济萧条的时候为失业的人提供津

---

① *Unemployment Compensation*：*Federal – State Partnership*. US Department of Labor，Washington DC：Office of Unemployment Insurance，2014，pp. 1 – 16.

② *Unemployment Compensation*：*Federal – State Partnership*. US Department of Labor，Washington DC：Office of Unemployment Insurance，2014，pp. 1 – 16.

③ 杨冠琼：《当代美国社会保障制度》，法律出版社，2001，第7～344页。

贴，当经济复苏的时候，收取的失业保障税可以留存，在一定程度上，对失业人群起到保护作用。

（四）妇女、儿童、学生等贫弱群体的温饱政策

美国通过一系列政府项目对贫弱群体直接给予实物救助，以解决他们必须面对的温饱问题。其中以下项目的影响最为深远。

1. 营养补充项目

营养补充项目（The Special Supplemental Nutrition Program for Women, Infants and Children）是妇女、婴儿与儿童特别营养补充项目，如为低收入家庭及育婴期妇女、婴儿及5岁以下儿童提供营养食品，在饮食中补充营养元素，进行营养教育及相关的卫生保健和其他社会服务的项目。营养补充项目是美国“国家食品与营养补助计划”系统中的重要组成部分，有一半的婴儿以及1/4的5岁以下儿童已经参加此项目。营养补充项目的总费用占联邦食品补助项目总费用的10%，是美国第三大食品补助项目。[①]

20世纪60年代，美国开始意识到低收入人群的营养不良情况。各种研究资料显示饥饿是美国的一大问题，孕妇食物不够导致各种疾病的发生。此后，美国农业部越来越关注低收入母亲及儿童的营养状况，在1969年建立了补充食品计划。通过一系列的修改及完善，妇女、婴儿与儿童特别营养补充项目正式于1972年建立，1974年该项目由试点项目转为永久性项目。营养补充项目的理论基础是在生长的关键时期尽早进行营养补充与干预，有助于防止疾病，减少生长发育所产生的问题，因此，营养补充项目的目的是通过提供营养食品、在饮食中补充营养元素、进行营养教育及相关的卫生保健和其他社会服务保护低收入家庭的妇女、婴儿及5岁以下儿童的健康。

从内容修订来看，可以分成三个阶段：第一阶段是20世纪60年代到70年代，这个阶段是项目的萌芽到最终实施确立阶段。第二阶段是20世

① 刘娟：《美国营养补充项目及对我国妇女儿童救助制度的启示》，《人口学刊》2011年第6期，第51～57页。

纪 80 年代到 90 年代，这个阶段的项目内容进行了扩展。和最初建立时相比，该项目将福利人群进一步细分成六大类——3 个月以下婴儿，4～11 个月婴儿，儿童及有特殊饮食需要的妇女，5 岁以下儿童，孕妇及哺乳期妇女，哺乳期后妇女，保障的范围不断扩展与完善。第三阶段是 2000 年至今，是项目稳定实施细化阶段，2007 年最新修订的方案，根据不同的福利资格者和营养需要，分成七类不同的营养食品。营养补充项目的参加人数规模发展快速，参加者从 1974 年的 8.8 万人增加到 2010 年的 917.5 万人，1998 年之前参加人数快速增加，但之后增速相对缓慢。从表 2－5 可以看出随着参加人数的增加，该计划费用也大幅攀升。平均每人每月的食品成本从 1980 年的 25.43 美元增加到 2010 年的 41.54 美元，如果扣除价格因素，应该说 30 年来该计划成本上升幅度是可控的。

根据要求，申请人必须是设立妇女、婴儿与儿童特别营养补充项目的州州内居民，要求享受本项目福利者，必须在本州申请。加入营养补充项目的收入条件由各州自己确定，但该条件不得低于联邦政府制订的贫困线的 185%。

表 2－5　特别补充食品计划（WIC）参加人数及成本

年份	参加人数（千人）	项目成本（百万美元）			平均每人每月食品成本（美元）
		食品计划成本	营养与服务成本	总成本	
2000	7192	2853.1	1102.6	3982.1	33.06
2001	7306	3007.9	1110.6	4149.4	34.31
2002	7491	3129.7	1182.3	4339.8	34.82
2003	7631	3230.3	1260.0	4524.4	35.28
2004	7904	3562.0	1272.4	4887.3	37.55
2005	8023	3602.8	1335.5	4992.6	37.42
2006	8088	3598.0	1402.7	5072.7	37.07
2007	8285	3880.7	1479.0	5409.2	39.03
2008	8705	4534.5	1607.5	6190.5	43.41
2009	9122	4640.8	1787.9	6471.9	42.40
2010	9175	4574.0	1987.5	6756.5	41.54

资料来源：美国农业部食品和营养服务处的月更新数据，http：//www. fns. usda. gov/pd/。

特别补充食品计划主要提供三种形式的福利待遇：提供营养食品，在饮食中补充营养元素；进行营养教育；进行卫生保健和其他社会服务。在2007年最新修订的营养补充项目政策中，根据不同的福利资格者和营养需要，分成七种不同的营养食品：3个月的婴儿食品，4~11个月的婴儿食品，有特殊饮食需要的儿童及妇女食品，1~4岁的儿童食品，孕妇及哺乳期妇女（基本需要）食品，哺乳期后妇女食品，哺乳期妇女（高级需要）食品。在饮食中补充营养元素的营养食品主要包括：含铁的婴儿食品，含铁的儿童及成人谷类食品，富含维生素C的果汁或者蔬菜汁，鸡蛋，牛奶，芝士，花生酱及豆干，吞拿鱼及胡萝卜。有特殊医学需要的，可以通过医师或者健康专家开具处方，获得特殊婴儿食品及某种医药食品。2007年12月，对补充营养元素的营养食品种类进行了修订，因此在2008年2月4日至2009年10月1日，营养补充项目的各州分发机构需要对供应的营养食品进行补充。改革主要包括减少每月对牛奶、果汁、鸡蛋等的最高津贴。对一些食品进行补充，如豆奶饮料，并规定在特殊情况下，可以用豆腐替代牛奶，还增加了水果、蔬菜及全谷物食物的供应，取消了供应给婴儿的果汁。福利资格者每个月享受不同的水果、蔬菜补贴待遇：儿童每月6美元，哺乳期妇女每月10美元，其他妇女每月8美元。

2. 食品券项目

食品券是美国政府向低收入家庭提供的用于购买食品的代币券。美国的食品券项目最早可追溯至经济大萧条时期用以救济贫困家庭的食品券计划。某个家庭在美国政府做出扣除之后的净收入若处于或低于官方的贫困指导线，该户人家即可获得食品券。而且，该户人家中17岁或不满17岁的在校中小学生的收入不计入该户人家的净收入。此外，有权享受食品券的家庭所拥有的可计算资源，如银行存款，不能超过2000美元。

大多数领取食品券的家庭的月收入不得超过与联邦贫困线挂钩的一个特定数额（如贫困线的130%），但有老人和残障人的家庭只适用净收入的标准。有工作能力的成年申请者必须符合工作要求。同时，各州对食品券发放条件可以与全国统一适用的标准有所不同。由于由管理和预算办公室制定的联邦贫困指导线，每年都要由健康和公共事业部做出调整，因此，享受食品券的家庭经济收入限额实际上也随之水涨船高。食品券只能用于特定授权的食品店消费，食品券不能用于换购酒精饮料或烟草，也不能换购便餐馆的食品、在店内消费的食品和维生素、药品、宠物食品及其他非食品类的物品，更不能换取现金。餐馆在获得批准后可以接受无家可归人士、老年人或残障人的食品券，用以向其提供低消费食品。

3. 学校早餐项目

1966 年，美国开始在一些贫困地区就学校早餐项目进行为期两年的试点。其后，该试点项目几经延展。1975 年，国会在相关立法中明确宣布，要使“所有需要为在校的孩子提供适当营养的学校都能够获得”学校早餐项目，至此，该项目成为一项永久性项目。在联邦层面，该项目由农业部通过其食品及营养署负责项目管理；在地方层面，各州的教育部门及当地的学校食品部门负责项目实施。

高中或高中以下的公立学校、非营利的私立学校以及居住地儿童看护机构有资格加入学校早餐项目。它们所提供的早餐必须符合美国的联邦最低营养标准，为此所需的费用由有关的州机构和联邦农业部按一定的标准向当地的学校食品机构转移支付。

在加入学校早餐项目的学校中，其家庭收入处于或低于贫困线的 130% 的孩子，有资格免费获得学校提供的早餐；其家庭收入介于贫困线的 130% ~185% 之间的孩子，有资格获得学校提供的减价早餐——该份早餐的收费不得超过 30 美分；其家庭收入高于贫困线的 185% 的孩子，须付全费以获得学校提供的早餐。美国四口之家的贫困线的 130% 是年收入 26000 美元，美国四口之家的贫困线的 185% 是年收入 37000 美元。实际上，即便是付全费，也仍然有政府补贴在内。这从美国政府对学校早餐的转移支付标准中即可看出。

美国政府对学校早餐计划的转移支付的基本标准为：免费早餐——1.31 美元/份，减价早餐——1.01 美元/份，全价早餐——0.24 美元/份。如果学校提供的免费或减价早餐占到一定比例，则该学校即符合所谓的“特需”标准。按该标准，政府对免费和减价早餐的支付金额比前述基本标准分别高出 25 美分。目前在学校早餐项目中有 65% 的早餐符合该“特需”标准。此外，在阿拉斯加和夏威夷，政府对学校早餐项目的补贴标准更高。

4. 全国学校午餐项目

全国学校午餐项目是由联邦资助供应午餐的项目，受惠者是美国全国范围内的公立学校、非营利的私立学校和住宅区内儿童看护机构的孩子。该项目最早的法律依据是 1946 年由杜鲁门总统签署的《全国学校午餐项目法》。

全国学校午餐项目向符合条件的孩子提供免费或减价午餐。免费或减价午餐的供应对象与学校早餐项目相同，即家庭收入处于或低于贫困线的 130% 的孩子，有资格免费获得学校提供的午餐；其家庭收入介于贫困线的 130% ~185% 之间的孩子，有资格获得学校提供的减价午餐；其家庭收入高于贫困线的 185% 的孩子，须付全费以获得学校提供的午餐。

5. 特别牛奶项目

特别牛奶项目始于 1955 年，其宗旨是向没有加入联邦膳食供应项目的学校和儿童看护机构的孩子供应牛奶。而加入学校早餐项目和全国学校午餐项目的学校也可以加入该特别牛奶项目，以此向那些没有获得学校膳食供应项目的半天制的托儿所和幼儿园的儿童提供牛奶。其家庭收入处于或低于贫困线的 130% 的孩子，有资格免费获得该项目下的牛奶。对加入该项目的学校和机构向孩子们提供的牛奶，联邦政府按一定的标准予以报销，其中免费提供的牛奶按全价报销。不过，由于加入学校早餐项目和全国学校午餐项目的学校和儿童看护机构越来越多，而这些项目中的早餐和午餐包含牛奶，所以，特别牛奶项目的适用范围从 20 世纪 70 年代以来呈明显萎缩的趋势。

6. 夏季食品供应项目

夏季食品供应项目最初出现于 1968 年，当时只是作为一个大的试点项目的组成部分。1975 年，该项目成为一个单独的项目。其宗旨是在学校暑假期间向低收入家庭的孩子提供免费餐，以解决学校早餐项目和全国学校午餐项目在暑假期间无法运作的弊端。

夏季食品供应项目由经批准的供应商具体运作，他们负责向孩子们提供食品，然后从政府那里按一定标准报销所支出的食品款项及管理费用。

供应商通常在分发站分发食品。该分发站通常设在社区活动中心或学校之内。其中，在低收入地区可设立开放式的分发站，该地区须有半数或过半数的孩子的家庭收入不超过联邦贫困线的 185%。开放式的分发站向所有孩子免费提供食品。其他地区则设立登记式的分发站，负责向在此注册登记的孩子免费提供食品。

不超过 18 岁的孩子和 18 岁以上但由州的有关机构确认属于精神或身体残障，或者参加了专为精神或身体残障人士设计的学校项目的人，有权从夏季食品供应项目中每天免费获得一餐或两餐食品。移民家庭的孩子甚至可以每天免费获得三餐食品。

7. 儿童及成人看护食品项目

始于 1975 年的儿童看护食品项目，最初只是一个试点项目。它是一个由联邦政府资助儿童及成人看护机构向儿童和成人提供健康膳食的项目。在该项目之下，儿童及成人看护机构要向符合条件的儿童和成人提供免费或减价膳食。享受免费及减价膳食的条件与学校早餐项目或全国学校午餐项目相同。

有资格加入儿童及成人看护食品项目的儿童是指：①12 岁或 12 岁以下的孩子；②移民工作者的 15 岁或 15 岁以下的孩子；③精神或身体残障，且注册于主要为不超过 18 岁的孩子提供服务的看护机构的儿童。此外，参加学后看护项目的已满 18 岁的孩子和青年有资格获得该项目资助的小吃，而居住于紧急庇护所中的 18 岁以下的孩子都有资格获得该项目资助的膳食。有资格加入儿童及成人看护食品项目的成人是指注册于成人日托机构，且有身体功能障碍或者年龄在 60 岁或 60 岁以上的人。值得注意的是，只有日托的成人（居住于社区或家庭中的成人）才能成为儿童及成人看护食品项目的受惠者，而整托的成人——居住于成人看护机构中的成人，则不能享受该项目的膳食资助。

8. 日常副食项目

日常副食项目的宗旨是通过补充日常营养副食，来改善低收入孕妇和哺乳期及产后一年内的妇女、6 岁以下的儿童，以及 60 岁以上的老人的健康状况。美国联邦政府向加入该项目的各州及地区提供资助，由其购买、储存并向上述符合条件的人分发日常营养副食。值得注意的是，上述符合条件的人只能在日常副食项目和美国农业部的妇女、婴儿和儿童的特别营养补充项目中选择一项参加。

至于加入日常副食项目的收入条件限制，老人及妇女、儿童有所不同。对于老人而言，只要其家庭收入处于或低于联邦贫困线的 130% 即有资格加入该项目。而妇女儿童家庭收入条件则由各州的有关机构来制定，因此全国并不统一。日常副食项目中的副食分为两组。A 组是真正的日常副食，包括 14 种蔬菜、5 种果汁、5 种水果、6 种肉食、5 种干豆、蛋类及豆类罐头。B 组主要是母婴副食，包括 3 种牛奶、3 种婴儿食品、20 种谷类及花生奶油。具体说来，从婴儿配方奶、麦片粥、脱脂奶粉、果汁、燕麦、即食麦片粥，到大米、通心粉、蛋类、花生、奶油、干豆、肉类和果蔬罐头等，品种非常丰富。

9. 能源援助项目

低收入家庭能源援助项目的法律依据——《低收入家庭能源援助法》制定于 1981 年。据此，健康与公共事业部部长获得授权向州、领地、印第安部落及部落组织拨款，以此向低收入家庭的取暖和制冷提供援助。

在美国，如果一个家庭有成员正在接受对有需抚养子女的家庭援助、补充保障收入、食品券、退伍军人抚恤，或者该家庭的收入有超过联邦贫困线的 150% 或没有超过该州收入中位数的 60%，则该家庭可自动具备接受低收入家庭能源援助的资格。此外，各州可自行制定标准使其他家庭也有资格接受此项能源援助。如果一个符合条件的家庭提出申请，低收入家庭能源援助必须在申请提出后的 48 小时之内提供；在有生命危险的情况下，该援助应当在提出申请后的 18 小时之内提供。

三　美国贫弱群体的支持政策

（一）贫弱群体的划分

在社会生活当中，总会有各种各样的人，出于不同的原因，被视作贫弱群体。形成贫弱群体的原因是相当繁多而复杂的，历史文化、制度、经济等都在其中互相影响而产生作用。一般学术界比较认可的分类，是把贫弱群体分为 3 种：生理性的贫弱群体，例如残障人、老年人等；生态性的贫弱群体，例如因火山、地震、泥石流喷发而迁移避难的灾区人民；社会性的贫弱群体，例如受经济危机影响被裁员的职工等。

从社会资源理论的角度来看，贫弱群体在社会财富资源分配中，占有比例最少，社会地位普遍低下，这是最根本的原因，加之自身的生理缺陷造成的行动困难、家庭背景薄弱、社会关系狭窄等，使之陷入泥潭而自救不能。仅仅由于个人原因，某人未必会成为贫弱群体一员，如，一些家境优越、受到精心看护的老年人、儿童和残障人，就并不能算作贫弱群体。

在分析美国贫弱群体的支持政策时，本研究将重点关注贫弱群体的支持政策、失业群体的支持政策，其中黑人、退役军人是美国贫弱群体的重要组成部分，本研究将重点分析。

（二）贫弱群体的支持政策

1. 贫弱群体的就业支持政策

美国针对低收入群体的就业政策，始于罗斯福“新政”时期。1935 年实行的社会保障法对抚养未成年子女家庭补助、工作机会与基本技能培训及紧急援助做出了具体规定，旨在为低收入群体提供多方面的有效帮助。

20 世纪 60 年代，林登·约翰逊总统提出了建设“伟大社会”的目标，并宣布向“贫困开战”且一定要取得“完全胜利”，加大了针对低收入群体的教育培训和拓宽就业渠道的投资和政策力度。

1964 年，美国政府通过的经济机会法案，包括致力于改善低收入群体健康、教育和整体福利的一系列计划。经多次修订，该法案现在还保留了“起步优势”和“工作队”（根据“罗斯福新政”中的“地方资源养护队”的精神设立）等项目。

20 世纪 70 ~ 80 年代颁布的法案更注重综合性，但没有进行根本性的变革。

20 世纪 90 年代，根据美国国会调查机构和美国政府问责办公室的研究结果，当时美国 14 个政府部门共设有 154 项就业与培训项目，投入资金 250 亿美元。那时，专门针对低收入群体的核心政策有 9 项，如由劳工部负责实施的“工作培训合作法案”，还有卫生与人民服务部负责实施的“工作机会与基本技能”、农业部的“食品券、就业与培训”及住房与城市发展部的“家庭独立自主”等措施。

20 世纪 90 年代末美国政府对有关政策进行了改革，注重部门之间的协调与合作，注重项目的实际效果，且以能使低收入群体最终脱离对社会福利制度的依赖、实现持续就业为目的。例如以 1998 年设立的“劳动力投资法案”取代了“工作培训合作法案”，将联邦政府资助的独立且重叠的多个项目合并后建立了一站式职业中心体系，提供核心、强化和培训三级服务。

进入 21 世纪，美国低收入群体的就业依然是一大社会难题，目前仍在实施的主要项目包括：贫困家庭临时援助计划、食品券、就业与培训、工作队、劳动力投资法案、青年机会—青年成长、社区固定拨款和社区发展委托拨款等。金融危机造成的经济衰退使得低收入群体就业面临着更大的挑战，2009 年 1 月 28 日美国众议院通过的《2009 美国复苏与再投资法案》及美国总统奥巴马于同年 2 月 17 日签署的 7870 亿美元经济刺激计划提出要创造或保住 350 万个工作岗位，其中包括以低收入群体为受益者的项目。①

美国促进低收入群体就业的具体项目如下。

① 苏江丽：《美国促进低收入群体就业的政策与实践》，《理论探索》2010 年第 3 期，第 124 ~ 127 页。

（1）低收入群体工作机会计划

该计划由1988年的家庭帮助法案、个人义务及工作机会协调法案修订设立，授权卫生与服务部与非营利机构签订协议，旨在为低收入群体创造就业机会。这些项目以提供财政援助和技术支持来帮助创造就业机会和商业机会，使低收入人群及贫困家庭临时援助计划受益者获得就业安置。该计划由卫生与服务部、儿童与家庭署及社区服务局负责具体实施。

该计划的宗旨：所资助项目均以培育低收入家庭独立自主能力及低收入群体长期就业为目标，所创造的工作机会应支付能够达到生存标准的工资并能提供职业发展机会，每个项目均应使获益者摆脱政府援助独立发展。

低收入群体工作机会计划的实施，集中采用如下四方面的策略：一是发展新型商业企业，培训和雇用贫困临时援助计划受益者和其他低收入群体；二是对现有企业提供财政和技术支持以扩大其规模，如帮助其改善市场服务，获得合同、订单或注资，使其进一步发展壮大；三是为符合资格的参加者在指定区域选定有发展潜力的行业，如家庭型的日托中心、图文处理、医疗账单开具、缝纫和文秘等；四是发展小型企业（雇用1~4名员工的企业）如保洁公司、小型便利店等，可以解决一个以上人员的工作问题。针对第四种策略，社区服务局规定：只有该企业获得足够的合同或分包合同且有足够的资金保证雇用一名以上全职员工到12个月以上，才能认定是一个可持续发展的企业。

该计划还规定，无论选择何种策略，申请人均需将20%的资助款项用于对项目受益者的直接财政援助。可以设立面向自谋职业者或小型企业的周转贷款资金，或提供启动资金帮助，如购买电脑等办公设备、为员工发放工资和开展培训等。

该计划要求，所有项目开办的企业或设立的岗位应位于失业率或贫困水平超过州或国家平均水平的地区。此外，优先考虑那些在最大程度上服务贫困家庭临时援助计划资助人群，雇用或帮助该群体实现长期就业的项目。同时，该项目致力于资助解决低收入群体能够不依赖社会保障机制获得独立发展时应克服的个人发展或社区性障碍。其中，个人发展障碍包括：不识字，滥用毒品，没有交通工具，无法提供孩子的监管，没有生存技能，有犯罪记录、健康问题等。社区性障碍包括：缺少儿童保育费，无公共交通服务，无市场，无法获得资金和保险服务，没有足够的就业服务和就业培训等社会服务，犯罪高发区，医疗服务匮乏，环境恶劣，居住小区为废物倾倒处，基础设施不完备等。项目申请人应有实实在在的实施计划、切实可行的实施步骤和完成计划的时间表，并编制符合标准形式的财政计划，确保通过严格的财政审核。

该计划资助项目期限为 3 年，每年大约有 10 项拨款资助项目，最大资助金额为 50 万美元。

（2）社区经济发展委托拨款项目

该项目由 1981 年社区固定拨款法案及社区机会、责任制、培训与教育服务法案设立，具体方法：授权社区服务局在公平竞争的基础上，将拨款授予私营的和非营利的社区发展机构，为低收入群体创造就业及商业机会，从而帮助他们走上自我发展的道路。

社区经济发展项目起源于 20 世纪 60 年代联邦政府的“向贫困宣战”运动，当时称为特别影响项目。1967 年，第一个项目在纽约布鲁克林区贝福德伊福桑社区开展，拨款金额为 700 万美元，项目要求为该社区 4000 名低收入居民提供就业培训和工作。20 世纪 70 年代，该项目被联邦政府授权为“通过特别项目使低收入社区居民在联邦政府的援助下，在自助和调动整个社区资源的情况下，改善社区经济，活跃社区社会生活，以致消除贫困，为居民谋求永久性的经济与社会福利”。

20 世纪 80 年代，国会设立了 9 项固定拨款，包括社区服务固定拨款。社区服务拨款法案将几个项目整合为一个单独的政府资助基金，并设立了社区服务固定拨款委托项目，由卫生与服务部、儿童与家庭署及社区服务局负责具体实施。

促进低收入者以及贫困者在经济上独立自主。该项目每年有 40 ~ 45 个资助项目，最大拨款额为 70 万美元。拨款可用于项目的启动和规模扩张以及开发新产品和服务。这些拨款在吸引其他私人及公共投资方面起到了催化剂的作用，1 美元拨款可吸引 3 ~ 5 美元的注资。资助项目包括企业孵化基地、购物中心、制造业和农业创新等，这些被资助的项目需为低收入群体带来新的就业岗位与商业机会。项目受益者包括低收入群体的各类人群，如失业者、贫困家庭援助项目受益者、处于危险边缘的青少年、居住公共住房者、残障人士、无家可归者以及由监禁转入社区的人员等。

项目的申请者应是私营的、非营利社区发展机构，且在开发和经营社区发展项目方面有丰富经验。社区发展机构应由社区居民、商业企业、公民领袖组成的董事会共同管理。2009 年总资助金额为 2910 万美元，平均拨款金额为 61.9 万美元，单笔最大资助金额为 80 万美元。①

（3）《2009 美国复苏与再投资法案》中的相关政策

2009 年 2 月 17 日通过的《2009 美国复苏与再投资法案》（以下简称《法案》）中所涉及的款项，有 825 亿美元是对低收入工人、失业者和退休人员的援助，其中 400 亿美元用于失业救济，39.5 亿美元用于一般性人员的就业及培训，5 亿美元用于残障人士的就业及培训，4 亿美元用于就业服务。②

实施该政策的具体措施是强化社区基金，用于资助非营利性机构，使其为美国经济复苏贡献力量，帮助联邦政府、州政府、地方政府以及印第安部落政府，确保《法案》中的相关服务信息传达到低收入群体、贫弱群体和那些消息闭塞人群。其重点是落实非营利性机构应对社区中有关经济复苏的事项，包括帮助低收入群体获得并保住工作，取得更高工资待遇，获得更好的工作与发展机会以及能尽快享受到州、联邦政府的补贴、减免税以及《法案》中规定的相关福利待遇，如求职培训、教育培训、第二语言提高、就业再培训或绿色产业工作机会培训及其他咨询服务等；为促进低收入群体就业提供相关的保障性服务，如交通、孩子照管和紧急情况下的现金及食品援助等。

《法案》规定，资助的领头机构将帮助非营利性组织在不景气社区进行促进经济复苏的能力建设。领头机构要特别关注不景气社区中基层机构

---

① The Community Economic Development Piscretionary Grant program [DB/OL]. http://www.acf.hhs.gov/programs/ocs/ced/index.html.

② American Recovery and Reinvestment Act of 2009 [DB/OL]. http://www.recorery.gov.

的能力建设，应致力于开展组织发展、项目开发、协作与社区参与及有效性评估等方面的重要工作；开展能力建设活动，旨在增强社区组织的持续发展及有效开展工作的能力，强化其服务能力、增强其协调能力，从而使其更好地为低收入群体提供服务，并努力帮助社区培养一支有活力、能持续发展的劳动力队伍。例如受领头机构资助的非营利性组织，可以购买计算机、建设网络中心，向低收入群体提供免费上网咨询和信息服务。资助的资金可用于对当地劳动力的评估或用于其他在劳动者与雇主之间建立联系的调研活动；也可用于建立资源索引，以帮助低收入群体享有和利用《法案》所提供的资源；也可建设一站式服务中心，为社区低收入群体提供免费的信息咨询、就业指导；或用于与《法案》相关的福利申请和减免税的申报等。

强化社区基金分为两个独立的拨款项目：一是非营利性机构能力建设项目，即一次性向有经验的领头机构拨款 100 万美元，增强其参与经济复苏的能力，用于能力建设的培训、技术支持和财政援助。其中至少 55% 的拨款应提供给项目伙伴，项目期限为两年。二是州政府、地方政府和印第安部落政府能力建设项目，即一次性向这些政府或其委托机构拨款 25 万美元，用于提高其服务低收入群体的能力，项目期限为两年。能力建设项目资金可用于以下三个领域：开展教育培训，增强非营利性机构服务低收入群体的能力；提供技术支持，使非营利性组织有效应对社区经济复苏中遇到的各种难题；强化州政府、地方政府和印第安部落政府及其委托机构的服务能力。通过这三方面的能力建设，该项目旨在增强非营利组织对经济复苏的参与热情，促进非营利性组织与政府机构的合作与互动，从而更好地应对社区中的经济复苏相关事项，尤其是帮助低收入群体保住或重新找到工作岗位。

2. 贫弱群体的教育支持政策

（1）先期干预计划

先期干预计划是由联邦政府、州政府、非营利组织、单个高校发起的，旨在为低收入及其他处境不利的学生提供机会，帮助他们掌握知识和技能、提高自信心和学术抱负的一种干预计划活动。

按其资助者、发起者或组织者的不同，先期干预计划大致又可分为政府赞助的计划和非政府赞助的计划。在政府赞助的计划中，联邦政府是其主要的发起者。联邦政府赞助的先期干预计划主要有以下三种类型：向贫穷宣战活动、“国家先期干预奖学金”计划、“获得先期意识为本科学习准备”计划。

①向贫穷宣战活动

始于约翰逊总统执政期间的“向贫穷宣战”活动，是一种旨在帮助低收入家庭的学生克服接受高等教育的阶级、社会、文化障碍，确保他们获得平等的入学机会并顺利完成大学学业，从而更有效地参与美国的经济与社会生活的干预计划。受助者多来自年收入低于2.4万美元的家庭，并且是家族中的第一代大学生。向贫穷宣战活动的受助者并非均匀地分布于各种族群体之中，白人和黑人是其最大的受助群体。2000年受向贫穷宣战活动资助的学生在不同族群中的比例分别是：黑人37%，白人32.2%，西语民族19.4%，亚裔4.2%，美国土著人4%，其他族群1.8%。而他们在总人口中所占的比例依次是12.3%、75.1%、11.8%、3.6%、0.1%、7.9%。

向贫穷宣战活动计划主要包括继续升学计划、“天才选择”计划、“学生协助服务”计划、“教育机会中心”计划和“罗纳德·E. 麦克尼尔学士后成果”计划。其中，继续升学计划通过在课余、周末或暑期，在大学校园中为处境不利的年轻学生提供有关文学、写作、数学及自然科学等方面的指导，以帮助他们为上大学打好基础。“天才选择”计划是一种通过提供咨询服务、有关大学的入学要求、奖学金和各种财政资助等方面的信息，帮助6~12年级的学生更好地理解教育机会与选择的活动。“学生协助服务”计划是一种通过提供学术辅导、咨询服务和补习教育，帮助在读的家庭收入低的学生顺利完成大学学业并获得学士学位证书的活动。“教育机会中心”计划是一种旨在帮助家庭年收入低于2.4万美元的、未充分就业的工人选择大学或合适的财政资助计划的活动。“罗纳德·E. 麦克尼尔学士后成果”计划是一种通过提供研究机会和能力指导，帮助处境不利的学生从事大学教育工作和准备博士学位学习的活动。

②“国家先期干预奖学金”计划

该计划是由联邦政府组织实施的，旨在为为那些处境不利的学生及其家长提供经济刺激、学术支持、咨询服务和相关信息的州提供一定比例补助的学校经费。

③“获得先期意识为本科学习准备”计划

随着先期干预计划资助范围的扩展，1998 年高等教育法重新认证之时，国会设立了一项新的干预计划活动，即快速启动规划项目，用以替代奈斯普项目。按其资助对象的不同，快速启动规划项目主要包括两个组成部分，即州助学金和合作助学金。2003 年快速启动规划项目共拨款 2.93 亿美元为符合条件的学生提供为期六年的资助，其中有 1/3 用于州助学金，另外 2/3 用于合作助学金。州助学金致力于帮助学生克服接受高等教育的文化障碍（对高等教育了解不足、信息不灵及阶段学术准备不足）和经济障碍并提供资助。合作助学金则致力于为由一个或多个地方教育机构、一所或多所高等教育机构和至少由两个社区组织组成的合作团体提供资助。

在非政府赞助的计划中，私人组织、基金会、高校是其主要的发起者。其中，“我有一个梦想”，是美国最有影响力的一个私人先期干预计划活动。作为“我有一个梦想”的发起者尤金・兰，1981 年当他在其 50 年前就读的小学发表演讲时，得知其母校有 75% 的学生由于各种原因不能完成高中学业，当即承诺为当时就读于其母校的 61 位六年级学生支付学费，用以帮助他们接受某种程度的大学或职业教育。他资助这些学生的前提条件是他们必须完成高中学业。目前，全美有 27 个州在 66 个城市开展 180 项“我有一个梦想”计划的活动，为 13500 名学生提供帮助。“我有一个梦想”计划通过为低收入家庭的儿童提供长期的学习指导、建议和生活技能教育，确保他们实现教育和职业目标。该计划的受助者多集中在教学质量不高的学校就读，是一个由 12 ~ 16 岁来自低收入家庭的学生组成的群体。根据美国教育部 1994 年的调查，有 1/3 的高等学校至少开展了一项该类资助计划，帮助那些在学习上和经济上有困难的中学生扩大接受高等教育的机会。大学开展这种计划，一是为了避免未来的大学生基础太差，危及切身利益；二是因为大学对美国教育的状况本来就负有某种责任。据阿雷特公司1999年以来对尤金·兰最初资助的61名学生的跟踪调查，他们的高中毕业率为90%，大学入学率为70%，学位的获得率为40%。

（2）补习计划

根据1996年美国国家教育统计中心的调查，有78%的高校为1995年秋季入学的新生提供至少一门关于读、写、算方面的补习课程，少数民族学生集中的高校和两年制公立高校基本上为在校学生提供相关的补习课程。有29%的大学新生需要补习至少一门有关读、写、算方面的课程，特别是数学方面的补习课程。在接受补习教育的学生中，需要接受有关读和写方面补习教育的学生人数呈下降趋势，而需要接受数学方面补习教育的人数呈上升趋势。此外，需要接受补习教育的学生，一方面多是来自家庭收入较低并且年龄在24岁以上的大龄学生；另一方面，他们在各族群中的分布极不平衡。在需要接受补习教育的学生中，白人约占60%，黑人约占23%，西语民族的学生约占12%，他们中约有54%的学生是来自家庭年收入低于两万美元的家庭。

（三）失业群体的支持政策

1. 失业群体的培训政策

（1）“二战”后经济上升时期的“就业培训”政策

“二战”后美国面临两个重要的就业问题：其一，数百万归国军人的就业、福利问题；其二，20世纪六七十年代美国经济飞速发展，要应对因产业结构调整产生的大量传统产业工人失业的现象，还要为新产业的发展提供合格的劳动力。在这一时期美国政府制定的就业政策中，通过培训促进就业是其最重要的特点。

针对退伍军人的就业与福利问题，美国国会于1945年通过了《退伍军人就业法》，规定政府提供贷款，帮助退伍军人安家立业，并接受职业培训。该法案不仅避免“二战”后出现大规模的失业，还造就了几百万专门人才。

20世纪六七十年代是美国经济发展的“黄金时代”，其产业结构调整加剧，结构性失业严重。为此，美国政府出台了一系列旨在加强培训、促进就业的政策。1962年，美国政府颁布了《人力开发训练法》，强调职业训练的重要性，授权劳工部、卫生部、教育和福利部，在财政上支持并促进职业培训计划，以提高失业人员和就业不足劳动力的技术培训。根据这一法案，在3年内有40万～100万人接受培训，投入近3.7亿美元的经费。[①] 但这一法案将受训对象局限于成年男性，直到1963年出台的《职业教育法》，才扩大了就业培训的对象。1968年，美国通过了《职业教育法》的修正案，明确规定职业教育的主要目的是使失学者、失业者通过培训获得合适的工作。1964年通过的《经济机会法》，关于就业的内容包括职业队伍、职业训练和职业学习三个组成部分，将职业教育和培训作为社会反贫困战略的重要组成部分。

（2）经济滞胀时期的“鼓励培训”政策

20世纪70年代开始，美国经济进入“滞胀”状态，高失业率和通货膨胀并存，失业不断增加，通货膨胀恶性发展。当时美国社会面临两大问题：一方面，20世纪60年代推行的人力开发计划并没有帮助社会贫弱群体摆脱贫困；另一方面，大量普通学校毕业生在没有掌握基本职业技能的情况下进入就业市场，导致就业问题异常严重。

在面向全社会的失业问题上，美国政府加强了对就业培训计划的关注，把就业培训计划作为克服经济滞胀带来的就业困境的有效途径之一。

尼克松政府执政后着手改革社会福利政策，变救济性福利为工作性福利，提出家庭援助计划；实施就业培训计划，通过提高失业工人的技能以增强其寻找工作的能力，让贫困人群通过掌握技术获得工作来摆脱对公共救济的依赖。1973年，尼克松总统签署了《就业培训综合法》，向那些贫困、失业或即将失业的特殊困难群体提供支持。联邦政府拨款支持职业培训和青年培训项目，例如工作队计划和暑期青年就业计划等。

（3）经济转型时期的“合作培训”政策

20世纪80年代，美国处于“第三次产业革命”的浪潮之中，美国的

---

① John F. Kenndey: *Economic Report of President*, Washington: United States Government Printing Office, 1962, pp. 24 - 25.

企业面临国际竞争者的挑战，制造业萎缩，信息、服务业的地位日趋上升，美国经济处于转型时期。这一时期，新保守主义重新登上美国的历史舞台，通过减税、削减政府开支、放松对工商业的管制等措施，以求强化美国经济中的自由竞争，激励创新。受新自由主义思潮的影响，此间的就业政策也发生了较大的变化。

1982 年，里根总统签署了《职业培训合作法》，以取代 1973 年开始实施的《就业培训综合法》。该法的目的是："为低收入、无业和没有技术而又面临严重就业困难的青年和失业工人提供职业培训，帮助他们获得再就业所必需的基本技能。"① 它的主要特点体现在职业教育和培训的"有效性"和"合作关系"上。

《职业培训合作法》是由联邦政府、州政府和私有企业共同支持、发展和管理的。其主要执行机构包括：职业培训协调委员会、工业委员会等。② 提供的服务包括：为在校和校外青年提供整年的就业培训，帮助失业者了解各种培训和受教育的机会，为受培训者提供财政援助，根据当地劳动力市场的需要提供职业培训等措施。③

通过上述法令实施，政府不仅直接推动就业培训，而且加强了对职业培训工作的指导和监管。此外，通过工业委员会将企业与就业培训联系起来。企业不仅可以通过培训计划找到所需的员工，而且可以帮助规划和实施就业服务，让接受培训的人员更快更好地就业。这些措施不仅提高了职业培训的"有效性"，也加强了政府、培训机构、企业间的"合作关系"。

这一时期美国政府还颁布了其他旨在加强和促进职业培训的法案，包括 1984 年颁布的《帕金斯职业教育法》，该法案强调将资助重点转向提升培训计划、帮助困难群体，提高劳动力的技能，为促进就业服务；1987 年《无家可归者援助法案》批准劳工部设计和实施"无家可归者职业培训示

---

① Gordon, Howard R. D., *The History and Growth of Vocational Education in American Boston*, Allynand Bacon, 1999, p. 76.

② Gordon, Howard R. D., *The History and Growth of Vocational Education in American Boston*, Allynand Bacon, 1999, p. 76.

③ Gordon, Howard R. D., *The History and Growth of Vocational Education in American Boston*, Allynand Bacon, 1999, p. 76.

范计划”，其主要目的是支持和指导针对无家可归者的就业培训计划；1988年制定的《强化美国经济竞争力教育、培训法》提出职业培训改革的焦点在于“发展经济”，要把职业教育培训的对象扩大到社会的各个阶层，特别是把受过高等教育的、具有良好专业知识和技能的劳动力纳入职业培训中。

20世纪80年代是美国的改革期。在通过就业培训解决失业问题时，美国开始注重企业的参与，加强企业在就业培训中的作用；扩大职业培训的对象范围，通过整合普通教育与职业教育，将培训对象扩大到社会各阶层；关注培训的有效性，对培训效果进行监控。

（4）新时期的“就业服务”政策

1998年8月，克林顿总统签署了《劳动力投资法案》，其目的为“巩固、调整和改善美利坚合众国中有关就业、培训、读写能力和职业恢复的各种计划”①。《劳动力投资法案》提供的主要服务如下。

核心服务。《劳动力投资法案》规定了一站式服务中心必须提供给普通公众的12项核心服务，包括职业咨询、劳动力市场信息提供、最初的技能和服务需求评价等，并且强调消费者可以通过服务资源室和自动信息工具，实现此类服务。

增强服务。《劳动力投资法案》规定接受这类服务必须符合一定的资格，例如失业并且已经接受过至少一种核心服务，需要接受增强服务来实现就业等要求，这类服务主要包括综合性评价、个人就业规划、团体和个人咨询等。

培训服务。《劳动力投资法案》规定第三层次的服务为培训。由地方一站式服务系统提供的一系列培训包括：职业技能培训、在岗培训、技能再培训、创业培训、订单培训等。其目的就是在核心服务和增强服务无法满足求职者就业需求时，给他们继续提供培训和资助。

《劳动力投资法案》在全国建立起了系统、科学的劳工发展体系，包括由各级劳工投资委员会组成的管理体系和日趋完善的一站式服务体系，

① Workforce Investment Act of 1998.

体现了这一时期美国就业培训政策发展的主要趋势：整合服务体系、基于个人的需求、加强企业在就业培训中的作用、权力下放、加强青年就业计划等。但在各州的具体实施中还是遇到了需要改进的问题，例如：需要扩大、丰富核心和增强服务的种类，发展综合化的青年计划；有的学者认为《劳动力投资法案》追求的是一种工作第一位的理念，只注重让求职者能迅速找到工作，为工作而就业，容易忽视其他因素。

2. 失业群体的再就业政策

美国政府中促进就业的机构主要集中在劳工部。在美国劳工部，共设有25个办公室或局，其中有12个是关系保护和促进就业的。这些机构是：信息和公共事务办公室，负责为劳工部收集全面信息；弱小企业发展办公室，负责为弱小企业、妇女拥有工作提供咨询和服务，制定和检查劳工部的小企业政策、程序、评价；行政法法官办公室，负责主持对违反保护工人和公民正常劳动相关法规条款进行裁决的正式听证会；国际劳工事务局，在主管国际事务的副国务卿帮办领导下，负责劳工部的国际事务，帮助制定影响美国工人的国际经济、贸易和移民政策；劳资关系和合作计划局，负责为雇主、工会、学术团体、民间的第三方或其他团体提供改进劳资关系的技术服务；妇女事务局，负责制定有助于改善劳动妇女福利、工作条件和增加妇女就业机会的标准和政策；劳工部研究院，负责为全国劳工部门雇员提供培训和职业发展计划；行政和管理助理部，负责人事管理、行政服务和平等就业机会等行政政策；就业与培训署，承担相关就业服务、职业培训和失业保险的职责，下辖联邦失业保险机构，就业服务机构，职业调整帮助办公室，学徒和培训处，职业培训计划办公室，老年人社区服务就业计划、策略规划和政策开发办公室；养老基金和福利署，负责对美国近100万个养老金计划和450万个健康与福利计划进行管理；退伍军人就业和培训服务机构，负责退伍军人就业管理和培训服务项目；劳工统计局，负责收集、加工、分析和传播就业、失业、物价等相关的数据并努力使它的数据满足一定的社会标准。

除此之外，美国各州、县（郡）、市都有相应的就业服务管理机构。比如，加利福尼亚州设立了就业发展局，就业发展局通过提供服务来促进加州的经济发展，从而保持雇主、雇员和求职者的竞争力。又比如，马里兰州的蒙哥马利郡设有3个就业服务中心，为求职者提供就业和培训服务。在美国，还有为数众多的私立就业服务机构，比如我们在旧金山市参观的40小时职业介绍公司，其主要业务是提供“猎头”服务和劳务派遣，根据需要也提供直接的雇佣机会。此类公司只对雇主收费，对求职者是免费的。美国的就业促进政策，有以下明显特点。

其一，就业促进体系健全。美国已建立起以从联邦政府劳工部到各州、县（郡）、市的公共就业服务机构为主导，社会私营职业介绍服务机构为补充的完整就业促进体系，各级各类机构各司其职、各负其责，共同促进社会就业。

其二，就业促进平台技术能力较强。不论州、县（郡）、市公共就业机构，还是私营机构，都有完备的硬件和先进的信息网络支撑，雇主和求职者通过电脑终端，可以轻而易举地了解就业市场的需求和人力资源的详细资料，求职者寻求工作和雇主招聘人员都可以通过网络进行用工信息发布、求职人员简历发布、远程面试的及时对接，双向选择的成功率较高。

其三，建立了以就业为导向的失业保险制度。美国的失业保险制度从1935年开始建立，联邦失业税法规定，当前或上一年中，雇用一个以上的雇员工作至少20周，或任一季度支付1500美元以上工资的雇主，都应参加失业保险计划。联邦失业税以雇员年工资的头7000美元为征税基数，税率是6.2%。待遇给付包括联邦雇员失业补偿金和贸易调整补贴、工作日减少补贴等。但美国失业保险支付水平较低，美国崇尚个人奋斗，认为过高的失业保险福利会导致福利依赖，在多数州，一般情况下，失业救济期最长不超过26周，且失业救济的工资替代率最高不超过50%。与此同时，美国还从正反两面奖惩失业者，激发失业人员的再就业积极性。奖励措施包括提供求职补助、搬家补助、就业培训补助等；惩罚措施主要是取消那些依赖失业金，不积极寻找工作或拒绝合适工作的失业者的领取资格。

其四，具有完备的就业培训与服务。《劳动力投资法案》的颁布，使全国形成广泛的一站式就业服务网，发布大量免费的就业信息，为失业者寻找工作提供便利。银行为失业者和雇主开辟网上互动，减少求职过程中的交易成本。职业展望手册则为求职者提供职位要求、就业情况、薪酬待遇等信息，有助于提高就业效率。完备的一站式就业服务网络在失业者的再就业过程中起到了非常重要的作用。同时，在加强和保护劳动力的理念指导下，政府对就业培训给予极高的关注。

其五，对特殊群体的就业关爱有加。一是积极促进低收入群体就业。2009 年 2 月 17 日通过的《2009 美国复苏与再就业投资法案》中涉及的款项，有 825 亿美元是对低收入工人、失业者和退休人员的援助。二是强化退伍军人的就业服务。实施退伍军人再就业计划、伤残军人延伸计划、老兵劳动力投资计划，所有服役超过 180 天（不包括训练期）的军人、因公负伤军人、联邦承认的预备役军人、国家卫队成员及有资格的配偶都可享受到这项服务。三是实施刑满释放人员重回社会就业计划。以马里兰州蒙哥马利郡为例，该郡就业服务中心专设劳改处实施此项工作，通过“一站式”服务，服刑人员可以得到一份实质意义上的就业培训课程，包括职业发展、求职技巧等。

（四）黑人及退役军人的社会支持政策

1. 黑人贫弱群体的支持政策

美国政府黑人平等就业政策的形成经历了漫长的发展历程。在罗斯福当政时期，联邦政府才真正开始了以政府干预为手段消除就业领域的歧视性行为，实现了“就业问题政府化”①。1941 年，罗斯福颁布了第 8802 号行政命令，成立“公平就业实践委员会”，禁止在国防工业和政府部门的雇佣实践中实行种族、肤色等方面的歧视。虽然罗斯福时期的相关政策仍具有战时性质，缺乏长期性、稳定性，但罗斯福毕竟开启了美国政府推动平等就业政策之门。

在“公平施政”旗帜的引导下，杜鲁门政府开始“把公平就业实践立法视为恢复计划的不可分割的一部分”，并采取了一系列针对黑人问题的

① 王正文：《浅析罗斯福新政中的就业思想及措施》，《宁夏党校学报》2000 年第 3 期，第 56～58 页。

举措。《1946年就业法》规定："要求联邦政府采取措施实现充分生产和充分就业的目标。黑人的经济权利因而可以得到一定保障。"1946年，杜鲁门发布第9808号行政命令，成立"总统民权委员会"。该委员会在1947年提交了题目为《保障这些权利》的报告，肯定了联邦政府保障黑人民权的必要性，并提出了一系列建议。1948年，杜鲁门发布了第9980号和9981号行政命令，在联邦政府和军队中设立反歧视机制。1951年第10308号行政命令决定成立监督委员会进一步加强管理。共和党艾森豪威尔总统执政时期发布了两个行政命令，重申反种族歧视的要求，设立相应咨询机构。

在肯尼迪、约翰逊政府的战略中，就业问题占有重要地位。这种重视的法律依据是《1946年就业法》，其思想基础是"罗斯福新政"以来对联邦政府责任日渐明晰的认知，其实践基础是罗斯福奠定的政府干预模式，其现实的经济动因是经济发展对劳动力素质的新需求以及对劳动力资源的合理开发和利用。消除在就业领域对黑人等少数族裔的歧视，包括1961年肯尼迪发布的第10925号行政命令、《1962年人力开发与培训法案》、《1964年经济机会法》等。这些就业政策，使得作为"经济处境不利者"主要群体的黑人等少数族裔不同程度地受益。但黑人就业问题连带着复杂的历史根源和社会背景，仅靠上述一般性的反歧视就业政策不能消除对黑人等少数族裔的就业歧视。而黑人等少数族裔的就业和贫困问题不解决，民主党整体的经济战略目标就无从实现。

1964年7月2日，美国国会通过了民权法案，第七条明确禁止因种族、肤色、宗教、性别或民族来源而在雇佣、培训、晋升等方面实行歧视，设立平等就业机会委员会受理相关投诉以及调查、调解等。

约翰逊政府最终以总统行政命令的方式出台了"肯定性行动"，进一步补充和完善了平等就业政策。"肯定性行动计划"以1964年民权法案第七条为法律渊源，但它更具有可操作性，其规定更为直接和明晰，一定程度上弥补了民权法案的不足，表现如下。

（1）明确了在政府就业中实现平等是美国政府及其各部门的责任。第11246号行政命令第一部分"政府就业中的无歧视"规定：为所有合格的人在联邦就业中提供平等的机会，禁止种族、宗教、肤色或民族来源方面的歧视，在每个行政部门和机构中促进对平等就业机会的全面认识，是美国政府的政策；每个行政部门和机构的首脑应为此建立一个平等就业机会的积极计划；文职委员会应对此予以监督及提供领导和指导，受理申诉，发布必要的规则和命令。上述规定进一步明确了平等就业的责任人、监督机构和制度。

（2）强化了对政府合同承包商和分包商的管理机制。该行政命令明确规定劳工部部长对政府合同承包中实现平等就业负责管理和实施，制定相应的命令，包括接受和调查申诉，举行听证会，向司法部部长提出诉讼建议，取消、终止、延缓任何合同等。这些规定使劳工部部长对于政府合同商和分包商的管理、监督行之有效，对违反者能够采取有力的制裁行动。

（3）加大了对政府合同承包商和分包商的约束。该行政命令规定有关政府承包商的要求必须在合同中包括以下条款：承包商同意不因种族、肤色、性别或民族来源而歧视任何雇员或就业申请人，采取肯定性行动确保上述原则。承包商同意在显著位置张贴有关告示，在招工广告中对此予以明确声明。当承包商违反合同的非歧视条款时，合同可全部或部分地被取消、终止或暂停，甚至该承包商从事政府合同项目的资格可能因此取消。

“肯定性行动”是20世纪60年代美国政府反歧视就业政策的支柱，标志着美国政府黑人平等就业政策的初步形成。

2. 退役军人贫弱群体的支持政策①

（1）退役军人就业优先权政策

美国联邦法典第五部规定，联邦机构在委任竞争性或非竞争性、正式的或临时的文职官员时，符合条件的退役军人，相对于其他类型就业者，享有优先就业的权利。这种优先权被称为退役军人就业优先权。根据现行

---

① 廖国庚、刘宗胜：《美国退役军人就业优待政策及其启示》，《中国人才》2010年第16期，第33~35页。

政策，美国退役军人享有的就业优先权相当广泛，体现在多个方面、多个层次。

①退役军人在竞争联邦政府中的竞争性文职官员工作时享有优先权

享有额外加分优惠。根据美国现行法律规定，退伍军人在参加竞争性考试，竞争联邦政府中的竞争性文职官员岗位时，享有在考试成绩上额外加 5 分或 10 分的优惠。不过这种优先权是建立在一定的资格条件基础之上的。换言之，享有加分优惠的退役军人，必须符合联邦法典第五部有关规定，享有优先权资格。近年来，美国有关部门正在对退役军人优先权的资格条件进行完善。比如 2006 年国家防卫授权法案为决定到底谁应该被赋予退役军人优先权，对“退役军人”这个术语的外延进行了界定，联邦政府人事管理办公室也正在修改相关规定。根据美国现行法律规定，享受退役军人就业优先权总的资格条件：a. 已经满载荣誉（不是一般退役或带着耻辱退役）从海陆空三军（包括海军、陆军、空军、海军陆战队、海岸警备队）现役中退役。b. 不是军衔在少校以上的军事退休人员（残障军人除外）。c. 为国家做出过重大贡献或做出过很大牺牲，具体条件根据优先权类型有所不同。其中，被赋予 5 分优先权的资格条件是被授予过战功奖章或奖牌，或者在战争或军事行动期间服过役，10 分优先权授予有服役残障的退役军人或无法享受该权益的残障退役军人的家属。

在录用过程之中有优先被录用的权利。根据联邦法律规定，联邦机构在通过竞争考试录用文职官员时，坚持“三人规则”，即必须在考试分数最高的前三人中选择。但是，一个联邦机构不可以舍弃享有优先权资格的人选，也就是说，在考试竞争中进入前三名的享有优先权资格的退役军人，享有优先被录用的权利。但是，这种优先权是相对于非优先权资格者来说的，不适用于同样享有优先权资格的退役军人。

②符合条件的退役军人在联邦机构委任非竞争性文职官员上享有优先权

联邦调查局、中央情报局、邮电局等属于非竞争性服务工作的部门，在招聘人员时，尽管其与属于竞争性文职官员工作的联邦机构不一样，有一套自己的招聘员工的资格条件标准，不服从联邦法典第五部下的委任、薪水、等级分类规则，但是，它们必须遵守联邦法典第五部下关于退役军人就业优先权的规定，并由人事管理办公室监督它们执行该规定。因此，这些机构在雇用人员时，无论是采用竞争性考试，还是采用其他方法遴选人员，具有优先权资格的退役军人都能享有退役军人就业优先权。

③符合条件的退役军人在联邦机构招聘某些特殊岗位的雇员时享有绝对优先权

退役军人在竞争联邦机构工作岗位时享有优先权，不仅体现在面上，而且体现在点上，即某些特殊岗位的员工招聘。根据联邦法律的规定，无论是通过竞争性考试，还是通过其他程序委任守卫、电梯操作员、邮递员、管理人员等职位的工作人员时，只要有可利用的具有优先权资格的退役军人，就必须首先录用他们，只有满足他们的需求后，才能录取其他类型人选。

④符合条件的退役军人在联邦机构裁减人员时享有优先保留下来的权利

根据联邦法典第五部第 3501 款、第 3502 款的规定，联邦机构在精简机构、裁减人员时，需要对雇员进行保持力分等排序，排名的依据有四个因素，即任期、退役军人优先权、工作年数、工作成就。首先根据任期类型将雇员放到任期 I、Ⅱ、Ⅲ组，然后根据退役军人身份将雇员放到不同的亚类。在每一任期组中，有优先权资格的退伍军人都排在非退伍军人前面，是最后受减员影响的人。

（2）退役军人特别委任权政策

为了帮助退役军人顺利实现由军事生活向平民生活的转换，促进他们在联邦政府机构内就业和工作进步机会的最大化，美国以法律的形式出台了退役军人特别委任权政策，鼓励联邦机构使用特别委任权雇用退役军人。这些委任权包括退役军人重新适应委任权、30% 以上残障退役军人委任权、退役军人就业机会法案委任权，以及其他特别委任权。

①退役军人重新适应委任权

这种委任权是一种特殊权力，通过该权力，机构（如果愿意的话）可以不遵循竞争性考试程序将一个符合条件的退役军人委任到联邦政府职员总表 11 中的任何等级水平的职位上。被委任者在最初被雇用两年的时间里，成功完成规定的服务后，机构必须将他（她）转到一个长期的文职官员职位上。该委任方式无论对机构，还是对退役军人，都是一种便利的委任方式，但该项权力的使用完全是任意的。根据美国法典第三十八部“退役军人权益”第 42 章 4214 部分的规定，接受退役军人重新适应委任权的退役军人必须符合下列资格条件之一：a. 残障退役军人；b. 曾在战争期间在海陆空三军服过役，或在战役或远征中服过役，并因此而被授予战役徽章；c. 在海陆空三军服役时参加过一次美国军事行动，并因此被授予海陆空三军服役奖章；d. 过去 3 年之内退出现役的退役军人。同时还必须满足受教育条件，即接受过不少于 15 年的教育，同意参加培训或教育计划。

②30% 以上残障退役军人委任权

它是一种类似于退役军人重新适应委任权的特殊权力。这种委任权允许联邦机构临时或定期地将有 30% 以上（包括 30%）服役残障的退役军人委任到任何他（她）们适合的工作岗位上。在有一个满意的表现后，他（她）们可以在委任期间的任何时候被转换到一个职业的或具有职业条件的职位上。与退役军人重新适应委任权不同，该种委任权没有最大级别的限制。

③退役军人就业机会法案委任权

为给退役军人创造更多的就业机会，1998 年美国国会颁布了退役军人就业机会法案，要求联邦机构无论什么时候从机构外部招聘新成员，都必须允许符合条件的退役军人在功绩晋升程序下竞争已公告的空缺岗位，被选上的退役军人将获得一个职业的或具有职业条件的职位，但有一个试用期，需符合功绩晋升计划条件。退役军人就业机会法案实际创造了一种新的特别委任权，即委任权。之所以说它是一种特别委任权，是因为在对外招聘人员时，联邦机构可能滥用职权，导致仅向特权候选人（例如先前曾是文职官员的人）开放的限制性招聘公告不断增加，使退役军人等人员实际被排除在招聘的门外，而退役军人就业机会法案消除了这种制度障碍，实际授予了退役军人一项非退役军人群体不可利用的特殊权利，使他们实际拥有了比非退役军人群体更多的就业机会。享有委任权的资格条件：具有退役军人就业优先权资格，或退役时已服 3 年以上（包括 3 年）连续现役，并属于荣誉退役。

（3）政府采购优惠政策

为支持退役军人创办企业和拓展企业，美国联邦机构对退役军人拥有的小企业（退役军人拥有51%的所有权和控制权的小企业）实行政府采购优惠政策，即联邦机构优先采购退役军人拥有的小企业的产品。1999年，美国政府出台了《1999年退役军人企业家和小企业发展法案》，为联邦机构建立了一套政府采购标准，规定至少3%的基本合同资金要用于购买有服役残障的退役军人小企业业主的产品，退役军人事务部有专门部门负责监督、帮助其他联邦机构达成此项采购目标。

为了在支持退役军人创业方面发挥表率作用，负责退役军人工作的美国退役军人事务部还制定了一项更加优惠的自我强制执行的采购政策，并将政府采购优惠对象拓展到了非残障退役军人。该政策规定，退役军人事务部7%的采购资金用于购买有服役残障退役军人小企业业主生产的产品，10%的采购资金用于购买退役军人小企业业主的产品。

（五）其他重要的支持政策

1. 贫弱群体的权利支持政策

美国既有针对老年人、残障人、妇女等群体的专门立法，更有从总体上保障平等机会的综合性立法——《民权法案》。此外，在教育、就业、医疗、住房、信用、选举等领域，均有保障平等、反对歧视、保障贫弱群体权利的立法。联邦政府和州政府均设有相应机构负责执行相关法律，为贫弱群体提供服务和帮助。美国联邦政府有两个部是专门为贫弱群体服务的。一个是依照林肯“照料为承受战争之苦的退伍老兵以及他们的寡妇和孤儿们”的承诺而设立的退伍军人事务部。另一个是劳工部。美国针对老年人、残障人和妇女（儿童）等先天的贫弱群体，通过专门立法保障其权利。针对老年人和残障人群体，有《残障人法》《老年人与残障人投票无障碍法》《残障人教育法》等。针对妇女群体，除了在《民权法案》中强调平等权之外，还有《反怀孕歧视法案》等专门立法。针对儿童群体，除了教育方面确保平等权的立法外，1974年《儿童虐待预防和处理法案》，创设了对虐待和疏忽儿童的调查通报制度。

美国政府为贫弱群体设立了各种救助项目，政府部门主要负责项目管理，90%以上由社会非营利机构具体实施。美国大约有150万个非政府组织，其中相当大一部分致力和参与贫弱群体保护。比如，美国最大的战时退伍老兵组织——美国退伍老兵协会，1919年由议会许可设立，成员超过240万，50个州均有其组织机构，其代表退伍老兵参与和影响公共决策，争得了很多利益。比如，全美妇女组织，作为妇女代言人每年开展200多个反家庭暴力方面的项目。它与各州妇女组织是联盟关系，共同开展工作，游说政府，筹集反家庭暴力基金，开辟避难所等。美国儿童福利联盟是美国历史最久、影响最大的儿童维权组织，除了通过在全国50个州以及首都华盛顿拥有的700多个办事机构，向儿童及其家庭提供维权服务外，还致力于推动政府出台相关政策、倡导公益活动等来改善美国儿童福利状况。在美国儿童福利联盟及其他儿童维权组织的呼吁下，美国国会已于2008年通过《抚育联邦法案》。该法案不仅为被领养儿童卫生健康和接受教育提供了联邦法律的保障，还为21岁以下的青少年在离开家庭监护后成才发展提供了机会。

2. 贫弱群体的情感支持政策

美国目前有5000万家庭照料者正在为生活不能自理的老年人和其他家人提供长期照料服务，每年为国家节省3060亿美元的照料支出。面对老年长期照料需求的不断增长和家庭照料者面临的种种问题，美国联邦老龄署不断拓展其服务范围和视角，从经济和医疗保障过渡到长期护理服务，从仅仅关注老年人的福利扩展到兼顾老年人及其家庭照料者。2000年，美国国会通过《美国老年法》的第III~E修正议案——全国家庭照料者支持项目（NFCPS），这意味着家庭照料者的角色得到了社会和国家的认可。该法案的受益者除了为60岁以上老年人提供家庭照料的成年人，还包括照顾18岁以下未成年人的60岁以上的祖父（母）或其他长者及亲友。

（1）“全国家庭照料者支持项目”及其服务内容

根据全国家庭照料者支持项目的规定，各州与各地区的老龄机构负责全国家庭照料者支持项目的管理，与社区服务提供商共同合作，针对不同家庭的需求，为家庭照料者提供五类服务：信息服务、支持性服务、个人咨询、支持小组和培训、喘息照料以及补充性服务。除了喘息照料和补充性服务需要申请者具备一定条件之外，其他全国家庭照料者支持项目的服务都面向所有家庭照料者或者非亲属照料者。当家庭照料者需要服务时，直接与当地老龄机构联系便可得到指定提供商的服务。

地区老龄机构通过社区层面的信息宣传和入户指导，帮助老年人和家庭照料者了解他们可得到的各种利益和服务。支持性服务是以一对一的方式评估照料者面临的问题及其能力并帮助其寻求机会和服务，包括个案管理、转介服务和其他针对个体照料者的信息服务。个人咨询和支持小组为家庭照料者提供了一个向照料顾问或其他照料者同伴咨询和倾诉的渠道；照料培训则主要帮助照料者获得必要的照料技能。间歇护理服务是一种由国家购买的用于帮助家庭照料者获得暂时的放松和休息的临时性替代照料和生活安排服务，包括居家间歇照料服务，成人日间照料服务，由护理机构提供的间歇的、临时的或紧急的夜间护理服务。目前，全美约有4000个日间照料服务中心，大多数是非营利机构，主要提供医疗、精神和护理评估、咨询、体育锻炼、社会服务、工艺制作、日常生活功能康复等服务。此外，家庭照料者还可获得住房改建、紧急呼救系统、交通服务、法律服务和理财计划等辅助服务。

（2）“全国家庭照料者支持项目”的配套支持

美国联邦老龄署开展了一系列配套支持活动和项目，通过开展“全国性家庭照料者共同关注活动”、“国家家庭照料者月”活动以及一系列公共服务宣传，呼吁人们对家庭照料者的关注；通过不定期召开研讨会来了解老年人、照料者和国家老年服务网络成员的需求和建议，以便改进现有服务；召开全国性会议以推动家庭照料者政策和项目的变革，并促进机构间的信息交流。联邦老龄署还为国家老年服务网络提供了各种信息和技术支持，包括建立全国家庭照料者支持项目官方网站并提供及时的信息、邀请顶尖学者和服务专家讨论并发布相关研究结论、召开阶段性的个人和小组技术指导电话会议或在线会议、召开区域会议互通想法、开展合作、编制可供各级机构使用的项目资料如服务小册子等。联邦老龄署注重与其他联邦机构、私人机构、部落和社区的合作，例如与印第安人健康服务等机构合作开展土著老年人的家庭照料者支持服务等。

联邦老龄署通过资助大量应用性研究并将研究结果与实践服务相结合，为国家老年服务网络提供解决问题和制定决策方面的建议；坚持开展全国家庭照料者满意度调查活动以衡量该项目执行效果；开展一系列针对低收入照料者、少数民族照料者、男性照料者等特殊群体的服务技术和项目的培训。

四　美国贫弱群体政策的转型与发展特征

（一）政策理念：由歧视排斥到平等包容

美国立国之初制定的宪法中，大部分黑人被称为“五分之三非公民”，被剥夺了公民权。到19世纪，随着黑奴问题的突出，美国社会掀起废奴运动，经过四年南北战争的较量，美国黑人的政治地位开始出现变化。在南部重建时期，黑人通过宪法第十三、十四、十五条修正案和1866年民权法及各州新宪法，获得了公民权和选举权，黑人的政治和社会地位有所改善，甚至有少数黑人当选国会议员、副州长、州议员。但随后在白人种族主义者的反扑下，最高法院相继做出判例，合法地剥夺黑人选举权和实行种族隔离，尤其是在1896年普莱西诉弗格森案的判决中批准了“事实上的”种族隔离——“隔离但平等”的原则。

进入20世纪后，黑人建立起全国有色人种协进会，开始了有组织有领导的通过法院诉讼来争取平等权利的斗争，但成效很差。20世纪五六十年代，黑人通过直接行动，发动大规模的民权运动，先后使1957年、1960年、1964年、1965年和1968年颁布或修改的民权法，宪法第二十四条修正案获得通过，黑人取得了法律和事实上的平等权利。而20世纪70年代后，黑人在美国政坛的迅速崛起更令人瞩目，不但拥有迅速壮大的选举力量，形成了新领导层与新的政治协商机制，而且黑人当选官员人数不断增加。

美国政府采取措施解决歧视问题。从 20 世纪 30 年代到 60 年代，针对种族歧视现象，美国政府先后采取了一些措施来促进公平就业。比如，1941 年罗斯福政府颁布的第 8802 号行政命令，1961 年肯尼迪政府颁布的第 10925 号行政命令，1965 年林肯·约翰逊总统签署生效的第 11246 号行政命令，都禁止政府合同承包商“因种族、肤色、信仰及原籍而进行歧视”。尤其是约翰逊总统签署生效的第 11246 号行政命令，正式推出“肯定性行动”（Affirmative Action Program）计划，维护黑人等贫弱群体的权益。从 20 世纪 60 年代末至 80 年代初，政府和社会对肯定性行动态度积极，并且采取了大量措施来促进“肯定性行动”的顺利开展。虽然“肯定性行动”后来备受质疑，但它对贫弱群体具有重要意义，提高了贫弱群体的地位，甚至培育了贫弱群体的中产阶级。

（二）政策方法：由单一补偿性救济到综合发展性支持

美国最初的社会救助以现金发放为主，其他形式的救助尚未形成完善的制度，或多以慈善救助形式实施救助，如慈善超市等。虽然建立了低保、医疗、教育、住房救助以及消费性开支减免等制度，但大多集中在低保对象身上，少部分覆盖低收入人群，导致了低保对象“受益累加”现象，社会救助覆盖面有限，边缘人群救助问题日益严重。

美国贫弱群体社会救助制度建立的七十多年间，其法律制度共经历了四次立法高潮，社会保障法案经过了几十次的修改和扩充，社会保障的单行立法上百部，各州自己的立法更是不计其数。美国社会救助制度的每一次改革与调整，都有与其相适应的新法案作为支撑。在不断修改旧法和创立新法的过程中，美国的社会救助项目逐步增加并日益完善。

美国政府通过建立多个社会救助制度，构建综合化的贫弱群体支持体系，扩大社会救助覆盖范围和加强社会救助效果。但不同的制度本身是独立的，划定的准入资格是不一样的，覆盖的人群也是不一致的，比如食品券规定家庭收入低于联邦贫困线 130%，妇女、婴儿和儿童特别补充食品项目规定家庭收入低于贫困线 185% 等。在实施形式方面，近年来，美国开始采用现金给付、实物发放、服务供给、代金券或税收减免等多样化方式，针对贫困人群的不同特点和不同需求采用不同的救助形式。特别是食品券、教育券、住房券等形式，很多美国人比较认同，由于其目的在于解决贫弱群体在食品、教育、住房等方面的特定需求，救助资金使用效益高，较少出现资金滥用情况，比较好地克服了现金救助存在的弊端。总体上看，美国社会救助体系呈现制度和形式之间互相渗透、互为补充、有机统一的运行局面，是一个比较完善的覆盖各类不同贫弱群体，满足贫弱群体不同需求的综合、系统的社会救助体系。

（三）政策内容：由保障基本生存到促进发展

美国的贫弱群体社会救助属于典型的“补救型”福利，最初的目标被定为保护贫弱群体。主要体现在低标准、广覆盖。美国的贫弱群体社会救助制度设计考虑到了贫弱群体的种种需要，救助项目包括收入保障、住房保障、医疗救助、食品救助等 100 多项，内容涉及生老病残、衣食住行、学习工作等各个方面。但设计的项目多为低水平的救助，满足受助者最基本的生活需求。

近年来，美国社会救助政策变化的一个重要趋势就是尽量减少“福利依赖”倾向，一个重要的转变就是强制领取救济金者工作。如果救济金领取者不配合“工作”要求，州政府可以减少或是终止福利，而且工作时间要求也很高，成人领取福利者一般需要每周工作 30 小时，双亲家庭则需要每周工作 35 小时。为确保就业政策的执行，一方面联邦政府出台了一系列就业刺激计划，比如受助者参加工作后，仍然给予 6 个月的救助期限，直至收入高于贫困线 50% 以上才停止救助；参加工作的受助者工作收入 50% 可以豁免计入家庭收入等。另一方面，联邦政府规定州政府有责任协助领取贫困家庭临时援助福利的人遵守参加工作的规定，并将此作为联邦检查监督州政府发放社会救助资金的重中之重。如果州政府未能达到受助者参与就业标准，联邦政府将减少补助款。在其他食品券等救助项目中，也都对受助者参与工作做出规定。这一做法对增进公民责任、促进就业、自立发展，防止“养懒汉”等方面发挥了重要作用。

大幅度削减对贫困家庭直接的资金补助，鼓励和支持贫弱群体自谋生路，以工作换福利，从一种消极的国家补助过渡到比较积极的促进个人发展的方向。美国积极建立救助与就业相协调机制，鼓励受助者重新就业。在对贫弱群体提供就业服务和培训时，政府主管部门要加大扶持力度，强化民政、劳动、教育等机构之间的联动关系，利用各种资源，积极开发社会救助公益岗位，促进有条件的低保家庭重新就业。美国在关注受助者就业的同时，更重视为接近贫困边缘的人群提供就业机会，从而防止贫困人群的扩大。

（四）政策主体：由政府单一主体到社会多元主体

虽然美国政府加强社会福利功能，积极推动福利国家建设，政府社会福利开支大规模扩张，但并没有挤占非营利组织的生存空间，并没有导致非营利组织功能的弱化或被取代，相反民间非营利组织也同时取得了快速发展。一方面，政府社会福利职能定位明确，政府主要负责制定社会福利计划和政策、筹集资金等，具体实施福利项目由政府打包交由非营利性组织负责，包括受理申请、审核审批、发放救助款物、提供服务；另一方面，政府十分重视激励扶持慈善组织的发展。政府和社会组织的合作：一是降低了行政管理成本；二是培育了社会功能，逐步形成了政社合作的共治机制。

美国充分发挥民间组织在慈善、救助方面的作用，建立起牢固、和谐、有效的伙伴关系。美国从事慈善、救助的民间福利机构很多，政府、民间组织、福利机构以及公民个人之间已经形成了比较成熟的伙伴关系，加之慈善和志愿服务知识普及度很高，法制健全，社会救助已经不再是政府单方面的责任，而是实现了高度的社会化。

从资金来源上看，美国多数救助项目都由联邦政府和州政府共同承担资金，辅之以社会捐助，但以联邦政府为主导。从救助项目管理上看，联邦政府在救助项目设计和改革方面拥有决定性的权力，并通过设计项目和管理预算来发挥其在社会救助制度中的行政领导作用；州政府和地方政府则在项目执行和预算分配方面拥有很大程度的自主权，并允许运用地方税收来补充社会救助开支，有针对性地解决当地面临的特殊问题。从救助制度的运作机制上看，美国实行国家与私人并举、公办与民营并重的运作方式，实现运作载体的多元化。1996 年的福利改革更是提出由联邦向各州、由政府向私人分权，允许州通过与慈善组织、宗教团体或私人组织签订契约的方式来实施救助项目。如今，美国政府与相关的非政府组织、慈善机构、志愿组织及营利性社会福利机构已经形成了比较成熟的伙伴关系，共同编织救助网，承担社会救助责任。

五 美国贫弱群体政策的经验对中国的启示

美国扶持贫弱群体的相关政策已经有多年的历史，且日益完善，至今已成为美国政府实行“福利国家”方案的一项重要措施。对美国扶持贫弱群体的政策进行剖析可以为中国扶持贫弱群体相关政策的完善提供参考。

（一）完善保护和支持贫弱群体的政策体系

美国扶持贫弱群体的政策建立在社会立法的基础上，对贫弱群体的保障具有制度化、社会化的特征。扶持贫弱群体的政策应具有连续性，要有一个统一的管理部门，避免随机性、不连贯性，因此，对贫弱群体的扶持与保障逐步由行政手段为主向以法律手段为主转变，完善有关法律规范、制定一个政策体系是十分必要的。

贫弱群体应成为中国公共政策关注的重点对象。改革开放以来，中国走上了一条具有本国特色的现代化发展道路。但是，一方面社会结构的急剧转型带来了社会分层结构的迅速嬗变，贫弱群体这一特殊社会群体已逐渐浮出水面，并且规模正不断扩大；另一方面是经济发展了，相应的公共政策却没有跟上来，贫弱群体的社会保护问题已成为影响中国社会和谐发展的重要因素。尽管中国加大了对贫弱群体脱贫解困的支持力度，但在解决贫弱群体面临的某些制度性障碍方面的措施尚需完善，如城乡分割的户籍制度、进城农民工的权益保障、贫弱群体的教育与就业权利保障等。维护社会公平、保障贫弱群体利益应成为公共政策的重要取向。

（二）加强对最低工资标准的立法并提高最低工资的标准

美国在 1938 年出台的《公平劳动标准法》中规定，最低工资标准的调整以及范围的扩大，要通过立法来实现。经过立法程序及修正案，美国的最低工资制度才不断完善并发展起来。作为保障广大劳动者基本生存权的重要措施，最低工资制度在法律层面必须受到重视，应出台专门的法律，如《最低工资法》。通过法律制度的完善，增强最低工资制度的约束力。同时，再通过对《最低工资法》的司法解释及制定可操作性较强的实施细则等，对原有的内容进行修正和完善，从而能在民众当中形成全民关注劳动保障的认识。只有如此，才能缩小收入差距，维护社会的稳定与发展，保障贫弱群体的利益。

美国最低工资与平均工资的比率在 20 世纪 50 年代以后保持在 41% ~ 56%，之后逐步下降，不过在 2009 年仍保持在 39%。同时，美国的最低工资标准的调整有严格的规范流程，要充分征求劳动者、雇用者的意见。在目前中国实施的最低工资制度中，大部分最低工资标准和平均工资的比率基本在 20% ~30%，反映了中国的最低工资标准普遍制定得比较低。因而，要适当提高最低工资占平均工资的比例，调高最低工资标准，使最低工资标准能适应经济水平的变化，同时让劳动者享受到社会经济的发展成果，实现对中国贫弱群体的保护。

美国政府扶持贫弱群体的教育支出逐年递增，且注重把教育、培训与就业紧密联系在一起。单纯救济是不能从根本上解决贫弱群体问题的，要通过各种教育措施提高贫弱群体的素质，让其拥有一技之长，通过自身的努力和劳动真正摆脱贫困和弱势状态。其具体的做法有：在初等和中等教育方面，实行义务教育制，弱势家庭的学生免费就读并获得适当补助；在高等教育方面，美国各州设有州立大学，收费低廉，尤其对本州居民就读者，收费更低。另外，政府还通过给学生提供补助、贷款、组织勤工助学等方式提供资金援助，还有项目众多的奖学金、助学金制度，为弱势家庭的学生提供较为完善的帮助；在劳动者职业培训方面，基本目的是增强非技术工人的就业能力，促进经济结构转型过程中的劳动力结构转型。为此，政府大力兴办各种职业教育与培训，为求职者提供特殊服务，广开就业门路，促使有劳动能力的贫弱者出来工作，而不是仅仅以救济来生存。中国贫弱群体保护和支持可批判式借鉴上述经验。

（三）建立以就业为本的社会支持体系

美国贫弱群体政策一直围绕着促进低收入家庭就业的目标发展。自从20世纪60年代以来，美国政府采取多种途径解决福利依赖问题，改革也由原先温和渐进到较为激进。事实证明，就业才是脱离贫穷及寻求经济自立的成功之路。目前，中国对于低收入家庭的救助工作，一方面应加大扶持力度，确保基本生活需要得到满足；另一方面，也应更侧重于强化民政部门、劳动部门以及教育部门等单位之间的联动关系，使提供生活补助的同时，在低收入家庭与职业教育和就业服务活动之间建立建设性的联系。制定相关政策，逐步激励、促进有条件的低保家庭就业，建立起以就业为本的社会救助体系。

美国的失业保险政策不仅是一项单纯的保障劳动者失业后基本生活的政策，更是一项与促进再就业相联系的政策。其失业保险的领取前提条件之一是失业者有劳动能力和劳动意愿并且积极寻找工作，不得拒绝有关机构介绍的合适的工作。同时还扩大了失业救济金的使用范围，不仅可将其用于失业者的基本生活费用，还可将其用于职业咨询、职业培训、再就业担保金等用途，从而促进失业人员再就业。

（四）加强对贫弱群体展开就业培训的力度

贫弱群体在就业市场的竞争力较弱，其中一部分主要原因是其文化层次和技术水平偏低。要实现贫弱群体的就业，提高其自身素质和技能水平是一项重要措施，美国采取了一系列帮助贫弱群体就业的职业培训措施。通过立法或出台相应政策，设立或委托专门机构，提供资金，并针对不同职业要求或不同的贫弱群体来进行不同的职业培训项目，提高其就业能力。职业指导是政府部门或社会相关机构帮助就业贫弱群体进行职业选择并指导其为从事该职业而做准备的过程。其目的是为就业弱势人员提供就业咨询并为社会空缺岗位寻找适合的劳动力。美国重视贫弱群体的职业培训和职业指导，这在支持贫弱群体就业的过程中发挥着重要作用。

通过加强立法，保障贫弱群体接受培训的权利。美国历经多年的探索，已经建立一系列完整的法律法规来明确培训对象、内容等，确保就业培训的顺利实施。美国在就业培训方面的法律相当多，有整体上促进就业培训的法律，有针对不同的培训对象制定的法律，有在不同的时期，尤其是经济出现大的变化的时期，结合社会经济实际情况而制定的法律等。中国在就业培训上的法律法规尚需健全，应该建立一套涵盖就业培训各个方面、适合中国国情的法律法规体系，以促进就业培训的实施，对培训的结果加以认可与维护。

中国要重视培训在解决失业问题上的作用。就业培训在美国各个历史阶段的就业政策中都占据着非常重要的地位。中国需要更加突出培训在解决失业问题上的积极作用，制定相关的政策，在资金等方面提供更多支持。美国就业培训政策的重要发展趋势是提供全面的就业服务内容，充分尊重个人的就业需求和选择权利，提高个体就业的主动性和积极性。中国不仅要注重就业培训，还要为失业人员、求职者提供就业信息、职业咨询、个人职业技能评价等相关服务。不仅要注重企业的需求，还要针对不同的失业人群设计不同的就业服务措施，在提供就业培训的同时辅以相关支持性服务。

（五）保障贫弱群体享有平等的教育权

美国的教育补偿政策提倡均等化，根据每个学生的天赋为其提供充分受教育的权利，并对处于弱势地位或文化不利地位的孩子提供教育机会，使他们能够和其他孩子一样获得公平的教育。无论家庭、性别、民族、财产、宗教信仰如何，每位公民都应有公平地享有受教育的权利。首先，要考虑教育平等权利的实现，保障每位公民向上发展的通道，使其能够按照自己的愿望充分施展自己的能力。其次，要考虑获得教育机会的平等手段，主要包括贫弱群体享有和利用这个机会的资源、条件和方法。最后，排除自然禀赋的差异，使得具有类似天资的儿童，不再受家庭出身等条件限制，共同地享有一切智力开发、塑造、训练和发展，享受同样的公共教育资源，接受同等的高等教育机会。

（六）推进具有中国特色的反歧视政策的构建

美国贫弱群体支持中仍存在一定程度的歧视问题。种族歧视主要体现为黑人与白人的差别对待。据美国人口统计局一项统计，黑人在贫弱群体中所占比例是白人的3倍，失业率是白人的2倍，其受教育程度远低于白人。性别歧视表现为妇女受雇用的可能性低于男性，工资低于男性，尤其是黑人妇女，面临种族、性别双重歧视，处境更加困难。

从中国贫弱群体的现状看，后天的社会弱势人口问题比天生的弱势身份群体问题更为突出。失地农民、下岗工人、城市贫弱群体等贫弱群体，处于社会底层，受公共政策影响较大，他们比残障人、老年人、妇女、儿童等天生贫弱群体，有更强烈的不公平感和被剥夺感，是引发社会冲突的更深的隐忧。所以，平等权应该是目前中国贫弱群体保护和支持的重点。

推出具有中国特色的反歧视法规，落实和保障贫弱群体的社会权利，在法律、资源、组织和舆论等方面保障民众的合法权益，并通过政府的行政力量，逐步要求在学校招生、企业招聘、政府救助文件中，不得因户籍、性别、身体、种族、年龄、地域、宗教信仰因素而进行歧视。在推进具有中国特色的反歧视政策体系构建的进程中，要逐步建立相应的工作、监察机构，使贫弱群体的人格尊严和平等公民权利得到切实尊重和保护。

（七）保障贫弱群体社会参与的权利

贫弱群体普遍存在相对被剥夺感的心理，他们不仅在经济利益上处于弱势，而且在社会权利上也处于贫困和被排斥的状态。所以应本着缓解社会心理冲突、协调不同群体间的利益关系、促进社会整合的原则进行疏导。政府要广开沟通渠道，使人民群众特别是社会贫弱群体对社会问题、改革开放、利益分配、自身困境等事项和政策的建议、要求、批评等能直接与政府有关部门进行对话和沟通，建立让贫弱群体及其代表参与有关社会政策听证、决策的机制，增加社会政策决策的透明度。通过疏导和参与决策，公众心理和行为可调控在适当的水平，提高社会政策整体上的理性化程度，促进社会发展和公众心态不断走向成熟，为社会的整体稳定增加一个重要的“减压器”。

进一步加强公众参与，发展非政府组织作用，一方面为贫弱群体提供服务和支持，减轻他们的“相对被剥夺感”；另一方面鼓励贫弱群体参与和影响公共决策，监督政府公共管理。在确保现有渠道畅通的情况下，应进一步拓宽渠道，设置科学便捷、公开透明的程序，便于贫弱群体表达诉求，同时政府应主动听取和分析贫弱群体的诉求，及时调整公共政策，保持不同群体之间利益的均衡。

第三章

德国贫弱群体的保护与支持政策

德国很早就有关注贫弱群体的政策举措，在俾斯麦时期，就已经有针对矿工等高危贫弱群体的政策和制度，从20世纪五六十年代起，德国逐渐建立起覆盖全体国民的福利国家制度，艾斯平－安德森（G Esping－Andersen）将福利国家模式划分为三个类型：自由型福利国家、保守型福利国家和社会民主型福利国家[①]，而本章主要探讨的是欧洲大陆保守型福利国家的代表——德国在贫弱群体保护方面的政策和措施及其给中国的启示。德国依靠其完善的社会保障制度，再辅以针对贫弱群体的专门法和特殊政策，既保障其基本生活，又促进和支持其再发展，可以说形成了对贫弱群体比较科学和全面的保护体系。而当今世界各国已经由“阶级社会”进入“风险社会”，贫弱群体所面临的风险已不再仅仅局限于“财富分配”所导致的贫穷与冲突，而更多的是由于物质生产、组织生产和知识生产而“人工制造”的风险和灾难。[②] 因此，德国的贫弱群体政策主要针对的是由于社会因素（如政策、制度等）或突发事件的影响而形成的贫弱群体，具体包括离婚人士、失业者、疾病与残障人员、工伤者、社会和战争受害者以及少数族裔与移民六大群体。以政策功能为基础，本章主要从保护政策和支持政策两个方面来梳理德国贫弱群体政策的发展过程和主要特点，从德

---

① 〔丹麦〕考斯塔·艾斯平－安德森：《福利资本主义的三个世界》，商务印书馆，2010，第7页。

② 〔德〕乌尔里希·贝克：《风险社会》，译林出版社，2003，第22页。

国的改革实践来看，对贫弱群体的支持政策逐渐成为政策的重心，体现出积极可持续的政策取向，特别是在政策理念、政策方法和政策目标方面，其有益的理念、经验和做法值得转型期的中国学习和借鉴，中国需要在立足本国国情和历史文化的基础上，转变政策理念，调整政策方法，明确政府定位，加强社会参与。

一 研究的问题

（一）德国贫弱群体的含义

贫弱群体，也叫社会脆弱群体，在英文中称为 Social Vulnerable Groups。贫弱群体一般是指由于自然、经济、社会和文化方面的低下状态而难以像正常人那样去化解社会问题造成的压力，并由此陷入困境、处于不利社会地位的人群或阶层。由于贫弱群体是一个相对概念，因此目前还没有一个为人们所普遍接受的概念和标准，各国由于经济文化发展水平不同而对贫弱群体有不同的理解和划分。特别是在欧美等发达国家，由于其健全的社会保障体系，贫弱群体的概念相对较弱，一般只以不同的群体来命名和划分，如老人、儿童、残障人等，而很少以贫弱群体来整体概括某个群体。

在德国并没有比较统一的对贫弱群体这一概念的定义，由于欧洲一体化的程度较高，德国对相关概念的界定和说明一般参照欧盟的有关文件。联合国残障人保护的文件提到了贫弱群体的定义和概念，主要用 12 个核心指标来确定贫弱群体：有限的资源、相对增加的发病风险、母亲和孩子的死亡率、女性当家、儿童（有特殊需求）、老年人、年幼者、少数民族、流离失所的人、远离服务（健康医疗服务）、患有慢性病、残障，这就构成了对贫弱群体比较全面的定义框架。

在德语中，Schwache 译为弱的、脆弱的，Schwache 或 Gefährdete Gruppen 可以译为贫弱群体。从德文文献的检索来看，贫弱群体这一概念应用得并不多，在讨论贫弱群体保护时也多以处于贫穷弱小境况中的具体人群来讨论和分析，如老人、儿童、贫困人口和失业人群等。在德国，贫弱群体的概念比较模糊和宽泛，因此在这种语境下我们可以将贫弱群体界定为：在现代社会中由于各种社会风险遭受贫困、残障、工伤等丧失劳动能力或不能参与市场竞争或在市场竞争中处于不利地位的群体。[①]

（二）德国贫弱群体保护与支持政策的定义及区别

贫弱群体的保护政策一般是指政府采取的以保障贫弱群体基本生活，改善其生活状态为目标的政策和措施，以补贴和补偿等直接救助的手段为主；而贫弱群体的支持政策一般是在保护政策的基础上以激发其能动性，保护和促进其持续发展为主要目标的政策和措施。保护政策被喻为“输血”，支持政策被喻为“造血”，二者相辅相成，是当今世界各国在保护贫弱群体方面最主要的两种政策类型。但由于各国历史、文化、经济、政治等因素的不同，在贫弱群体保护方面的政策侧重点也不同，但大体上从保护政策为主向注重支持政策转变。

“二战”后，联邦德国进行战后恢复与重建，受福利国家等理念的影响，米勒・阿尔马克提出了“社会市场经济模式”，主张把市场经济的自由原则和社会的平等原则结合起来，认为“为每一个公民提供基本的生活保障是国家的重要任务，而超过这种基本保障的内容则应发挥个人创造性”[②]。在这一模式的影响下，德国修改并出台了一系列贫弱群体保护的政策和法律，如1950年的《战俘返家人员法》、《联邦养老金法》以及1953年的《严重残障人员法》等，为“二战”后德国的贫弱群体提供了较全面的保护，德国政府在基本的社会保障的基础上，对于贫弱群体的保护政策强调国家和政府的责任，资金主要来源于国家财政，尤其是对于那些国家和社会因素造成的贫弱群体，如战争受害者，国家直接给予补贴和赔偿。而贫弱群体支持政策的产生则主要是由于高福利的保护政策实施以来产生了一些负面影响，如沉重的财政负担和养懒人的现象，尤其是在贫困人口和失业人群的保护上，只“输血”不“造血”，使得这些贫弱群体缺乏持

① 姚玲珍：《德国社会保障制度》，上海人民出版社，2010，第2页。

② 戴卫东：《德国LTCI及其改革》，《卫生软科学》2007年第1期，第29～31页。

续发展的能力。针对这些问题，近年来，德国在保护贫弱群体基本生活和权利的基础上，对社会保障体系和相关的法律法规进行改革，可以说在贫弱群体政策上呈现出了明显的转变。

为了厘清德国贫弱群体政策转变与发展的规律和脉络，审视其成效与不足，从而更好地借鉴其经验教训，需要我们对德国与中国贫弱群体政策的内容、理念、发展历程等进行系统地梳理与比较。在此基础上，为中国贫弱群体政策的制定与改进提出有针对性的建议，以期更好地解决中国贫弱群体的生存与发展问题，减少社会矛盾，促进社会和谐。

二　德国贫弱群体的保护政策

由于本文讨论的贫弱群体是非自然状态下形成的贫弱群体，即在社会和经济的发展过程中由于政治、经济、社会等因素所形成的处于相对不利地位的群体，因此在论述德国的贫弱群体保护政策时，结合德国的具体情况，我们将德国的贫弱群体分为六大类：遭遇家庭变故贫弱群体、失业群体、疾病与残障群体、工伤受害者、社会和战争受害者以及少数族裔与移民。

（一）对遭遇家庭变故贫弱群体的保护政策

家庭作为最小的社会单位承载着很多功能和责任，是缓解社会冲突、维持社会稳定的基础。但是现代社会一些意外和突发事件会冲击和破坏家庭的稳定，如离婚、丧偶、家暴等，使得其中的当事人成为贫弱群体，为保护由家庭变故而形成的贫弱群体，德国政府采取了一系列的保护政策来保障这部分人群的权益。一般的家庭变故可分为离婚、丧偶、家暴、因伤病致残致贫等，其中针对疾病和贫困的政策会在后文单独讨论，在这一部分我们主要讨论离婚和家暴这两种情况中的贫弱群体保护政策。

1. 德国对离婚家庭中贫弱群体的保护政策

德国为了保护离婚中处于弱势的一方，建立了离婚扶养制度，保证其离婚后能够继续维持正常水平的生活，离婚后的一方不能自行维持生计的，依照一定的条件可以向另一方请求扶养。为了既保证公平正义又能保障离婚贫弱群体的基本权利，德国在立法上对离婚扶养制度的原则、请求条件和请求期间、扶养金数额等做了详细的规定。

第一，《德国民法典》规定离婚扶养制度采用“自我责任原则”。要求离婚后的任何一方都应当自行维持生计，只有确实无力依靠自己维持生计的，才可以依据规定请求另一方支付扶养费。判断配偶一方能否自行维持生计的标准是其所得收入和所拥有的财产能维持原有的生活水平，如果能则不得请求扶养，否则才享有扶养请求权。除此之外还有“儿童利益最大化原则”，将照顾未成年子女作为请求扶养的条件之一，并且可以因照顾子女而请求适当延长离婚扶养的期限。这一原则不论是对单身母亲还是单亲儿童都起到了重要的保护作用。

第二，该法典对离婚扶养的请求条件和请求期限做了比较详细的规定，其中在保护离婚贫弱群体基本权益方面有以下几点规定：一是离婚配偶中的一方如果因照顾和教育原夫妻二人的子女而难以维持正常生活的可以向另一方请求扶养，扶养请求权的期限一般是子女出生后三年内，但在对照顾子女的情况、职业状况、婚姻存续时间的长短等因素进行考虑后，可以适当延长扶养请求权期限。二是离婚配偶一方因年老而不能就业工作的，可以在离婚时和终止对共同子女的照顾时请求另一方进行扶养；也可以在因疾病、残障或因无业而请求扶养的要件丧失时基于年老而请求扶养。三是离婚配偶中的一方因为生病、残障等不能就业工作的，可以请求另一方扶养。四是即使离婚配偶中的一方没有上述情形的，但离婚后经过自己的努力仍不能找到适当的工作维持基本生活的，仍可以无业为由请求另一方进行扶养；如果其依靠自己的收入仍不能维持基本生活的，可以请求另一方补足其需求和收入间的差额。[①] 可以看出，德国的离婚扶养制度在请求条件和请求期限上充分考虑了弱势的一方可能存在的各种情况，在公平的前提下尽可能地保护在离婚中处于弱势的一方。

---

① 何文骏：《离婚抚养制度研究》，西南政法大学硕士学位论文，2011，第 11 ~ 12 页。

第三，德国的离婚扶养制度对扶养费的支付标准也进行了规定，主要有三种认定方式：一是根据婚姻生活状况来决定。在夫妻双方中只有一方工作的情况下，依据该方的收入来确定，在夫妻双方都从事工作的情况下，依据双方的总收入来确定。在此基础上，结合双方婚姻存续时间的长短、受扶养方对家务的料理情况、受扶养方照顾共同子女的情况以及双方的工作情况等因素来综合考虑具体应支付的扶养费数额。二是“按照适当的生活需要来计算”。在第一种认定方式有失公平的情况下一般采用以适当的生活需要来计算的标准，适当的生活是指不奢侈浪费的情况下不可或缺的且一般不低于结婚前的生活水平。在这种情况下，支付扶养费的一方支付标准降低，扶养期间也随之缩短。但如果双方的共同子女单独或主要由受扶养一方照顾，即使存在有失公平的情况也不会适用这一规定。三是在合乎公平的限度内进行支付。当支付人支付能力不足时，只需在考虑双方的需要以及职业与财产状况的情况下，支付合乎公平限度的扶养费。[①]

德国的离婚扶养费是持续性地给付，直到受扶养方获得工作或再婚为止。这一规定使得配偶一方不至于因离婚而陷入生活贫困化的境地，充分保障了处于弱势地位的离婚配偶一方的生存利益。

2. 德国对家暴受害者的保护政策

德国保护家暴受害者的政策和措施主要有两大方面，一是立法保护，二是由家庭事务部主持的以反家庭暴力为主题的活动。

大陆法系典型国家的家庭暴力立法，分为两种模式：一种是有家庭暴力单项立法的模式，另一种是无单项立法的模式，德国属于前者。德国对家庭暴力的防治，除了单项法《暴力保护法》外，还有民法典和刑法典等的相关规定。由于家庭暴力的普遍性和严重性，为了保护家暴中的贫弱群体，德国于 2006 年 6 月 19 日通过了单行法——《暴力保护法》，其立法“旨在支持和保护受家庭暴力影响的人的安全”。德国《暴力保护法》规

① 杨晋玲：《德国法律中关于离婚后的扶养制度及其借鉴意义》，《学术探索》2007 年第 4 期，第 58 页。

定，家庭暴力是指在有亲属关系的夫妻或同居者之间发生的暴力犯罪，无论他们是否已经离婚或已经长期脱离关系。[①]

德国的《暴力保护法》规定受害者可以向民事法庭申请保护令，对其共同生活的住所进行隔离，并禁止施暴者接触甚至靠近住所。申请保护令的条件：①涉及暴力行为（人身、健康以及自由权的侵犯）；②受到暴力威胁和恐吓（人身、健康以及自由权的侵犯）；③受到盯梢（频繁跟踪和骚扰）。当受侵害人身处危险境地时，警方可以采取诸如10天之内禁止侵害人进入共同生活的住处，包括房屋周围近距离的范围，并且禁止其回到这个区域。[②]

在德国，为了保护家暴中的贫弱群体，除了《暴力保护法》外，在其民法典和刑法典中也对家庭暴力的防治有所提及。《德意志联邦共和国基本法》规定："婚姻和家庭受国家秩序的特别保护。"[③]《德国民法典》对于在分居的情况下的婚姻住宅规定："被申请的配偶一方不法地和故意地在身体、健康和自由上侵害另一方，或不法地以此种侵害或生命的侵害相威胁的，原则上必须将共同住宅交付被侵害方单独使用。仅在无继续侵害或不法胁迫之虞时，住宅的交付请求权才能得以排除，但因行为的严重性，不能合理地期待受到侵害的配偶一方与配偶另一方继续共同生活的除外"。[④] 除此之外，《德国刑法典》还规定：如果不满18岁之人或因残障、疾病而无防卫能力之人是行为人的家庭成员，行为人对其实施虐待行为，或恶意地疏忽其照料义务，以致损害被害人健康的，处6个月以上10年以下自由刑。

综上所述，德国在防止家庭暴力的立法上，以单项法《暴力保护法》为主，以民法和刑法等法律为辅来保护家暴中的贫弱群体。

除立法保护外，德国的家庭事务部还主持了数项研究以及以反家庭暴

---

① 德国《暴力保护法》，http://www.thueringen.de/imperia/md/content/tsk/ab/faltblatt_h__usliche_gewalt_chinesisch.pdf，2015年1月20日。

② 李春斌：《〈反家庭暴力法（征求意见稿）的域外经验〉——大陆法系典型国家涉家庭暴力立法的考察报告》，《山东女子学院学报》2015年第2期，第48~49页。

③ 陈卫佐译注《德国民法典（第二版）》，法律出版社，2006，第423页。

④ 陈卫佐译注《德国民法典（第三版）》，法律出版社，2010，第427页。

力为核心主题的活动，并在全国建立了很多妇女避难所，同时还联合其他的政府部门和民间组织和机构，采用立法、服务、教育宣传等方式在全国范围内开展保护和爱护妇女，反对家庭暴力的活动。

（二）对失业群体的保护政策

德国为了保护失业群体建立了完善的失业保险制度，对不同阶段的失业群体予以不同的保护与支持。其中保护政策主要体现在失业阶段的失业救助体系，在手段上主要采用保险金救助，包括失业保险金Ⅰ、失业保险金Ⅱ以及其他补助津贴（见图 3－1），来满足失业者及其家人基本的生活需要。

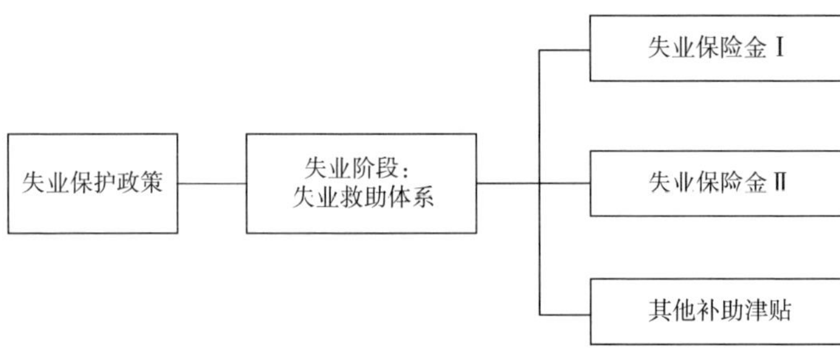

图 3－1　德国失业群体保护政策

资料来源：自制。

1. 失业保险金Ⅰ

失业保险金Ⅰ是互助性或者基金性质的，主要由雇主和雇员共同分担，其领取群体主要是那些缴纳了保险金的群体，失业保险金Ⅰ的支付标准根据失业者失业前缴纳保险费的多少、持续时间的长短以及家庭未成年扶养人数等因素来确定。德国失业保险是一种强制性义务保险，要求所有职工参加，但是失去工作能力的人、长期失业的人以及周工作时间低于 18 小时的人员等不需要缴纳失业保险费。自 2006 年 1 月 2 日起，德国的失业保险金Ⅰ向一些不被他人雇用的群体开放，如自由职业者和在家照顾家人的人，都可以自愿决定是否继续参加保险，体现了一定的灵活性和对失业贫弱群体的照顾和保护。

失业保险金Ⅰ的支付标准有两个指标，分别是失业者失业前每月税后工资和是否有孩子。如果失业者是独自一人，则可以领取每月税后收入的60%；有孩子需要抚养的失业者可以享受税后收入的67%。并且失业者领取的失业保险金Ⅰ免征个人所得税。

失业保险金Ⅰ领取的期限根据失业者失业前五年中保险费累计的期限和个人年龄来确定（见表3－1）。

表3－1　失业保险金Ⅰ的支付标准

失业前五年中保险费累计的时间（月）	年龄（岁）	失业保险金领取的最长时限（月）
12	—	6
16	—	8
20	—	10
24	—	12
30	50	15
36	55	18
48	58	24

资料来源：Federal Ministry of Labor and Social Affairs，"Unemployment Benefit"，2013。

除此之外，按照德国的法律，失业者在享受失业保险或失业救济期间，还自动享受医疗和护理康复的保险金，失业者在医疗护理方面所应支付的保险金部分，由德国的联邦劳工局来承担。另外在失业前已经缴纳过养老保险的和在失业期间发生意外事故的，其失业期间的养老保险费和在指定医院和医生处接受检查和治疗的费用，都由联邦劳工局承担。

2. 失业保险金Ⅱ

失业保险金Ⅰ主要针对的是参加失业保险的人群，属于失业保险制度中的保护措施。失业保险金Ⅱ属于失业救济制度，也叫失业救济金Ⅱ，是对失业保险金Ⅰ的重要补充，其目的是让那些无权享受或不能继续享受失业保险金的失业者得到经济救助，来获得足够的生活费用维系自己的家庭。

失业保险金Ⅱ保障的对象是所有15～64岁，有工作的意愿和能力但是当前的收入和资产无法维系自己和家人基本生活的个人及其家属，其中还包括15～25岁，需要通过救济金来维持生活并完成学业和实习培训的年轻人，或是因为存在身体或精神上的缺陷无法工作的人，以及因为照顾三岁以下的孩子和瘫痪的家人而被迫放弃工作的人等。失业保险金Ⅱ保障的对象相对比较广泛，只要是有合理原因失业的都可以根据自身的情况来申请。

失业保险金Ⅱ的支付标准与失业保险金Ⅰ不同，前者的支付数额主要依据失业者实际的家庭收入状况和需要的帮助来确定。一般情况卜失业保险金Ⅱ足以支付个人日常的基本开支，如食品、住宿、交通、水电等的花销，同时还包括单亲家庭的父母抚养25岁以下子女的开支和配偶的必要支出。除此之外，地方政府还会为失业者提供集中住处，并负责支付水电、取暖等费用。

除此之外，德国政府还会给失业者额外的住宿和取暖补贴。对于领取很多年失业保险金的失业者，当其不能领取失业保险金Ⅰ而领取失业保险金Ⅱ时，为了使其适应收入的减少，政府还会在其领取失业救济金开始的头两年发放一笔过渡性补助，但并不是所有的失业者可以领取这种过渡性的补助。失业保险金Ⅱ的具体支付标准见表3－2。

表3－2　2015年德国失业保险金Ⅱ的具体支付标准（平均水平）

家庭成员					
单身个人和单亲父母	6岁的孩子	7～14岁的孩子	15～18岁的孩子	19～25岁的孩子	18岁及以上的伴侣
399欧元/月	234欧元/月	267欧元/月	302欧元/月	320欧元/月	360欧元/月

资料来源：Federal Ministry of Labor and Social Affairs，"Social Security at Glance 2015—Basic Security Benefits for Job－seekers"，2015。

3．其他补助津贴

德国政府为了保护弱势的失业者，除了上述两种失业保险和失业救助外，还设立了一些特殊情况和时期的失业补助政策，主要有：短期津贴、季节性停工的短期津贴和破产津助。

短期津贴政策的主要目的是通过支付津贴来弥补用工成本，从而减少在经济萧条时期可能发生的失业。短期津贴发放的标准是以和正常工作时的收入相比由于工作时间减短而造成的收入降幅为基数，在此基础上乘以一定的比例来发放。其资金来源主要是雇主预先缴纳的基金，并由当地的就业办公室来补足缺口。

季节性停工的短期津贴政策主要是针对一些特殊行业的从业者，如建筑和园艺行业的工作者，这部分群体会季节性地处于失业状态。为了保障这些行业从业者的基本权益，当地的就业办公室每年会给这些行业的雇员发放季节性停工的短期津贴。

破产补助是为了保护由于雇主破产而没有得到所有应得收入的雇员。就业办公室负责支付破产企业雇员的社会保险支出和失业保险费，并且将要连续支付三个月的破产补助和保险费。

（三）对疾病与残障群体的保护政策

在现代社会疾病和残障对于个人和家庭都是一个不小打击和负担，各国对疾病和残障群体的保护与支持也一直是贫弱群体保护的重点，德国也不例外。对于疾病和残障群体，以及可能因此受到影响的亲属，德国建立了非常完善的医疗保险体系来保障这一类贫弱群体的基本权益，并尽可能保障其继续发展的能力。德国对疾病与残障群体的保护政策主要依托医疗保险制度，以强制性法定医疗保险为主、自愿性私人医疗保险为辅，再加上特殊人群医疗服务计划，为疾病和残障贫弱群体提供了多层次的保护和多样化的选择（见图 3－2）。

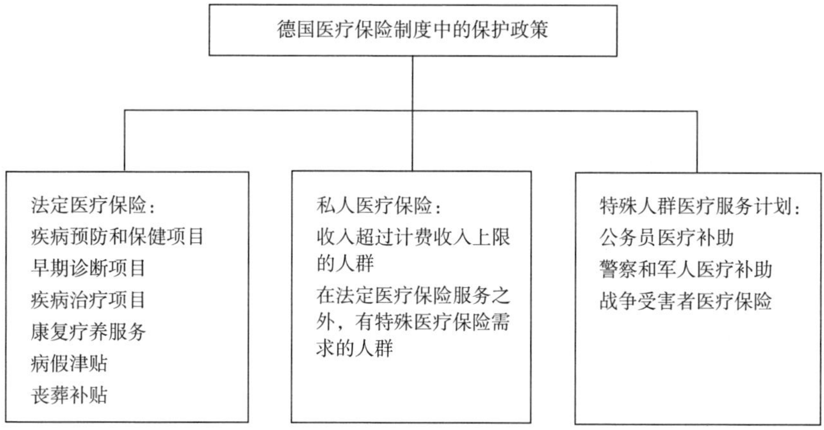

图 3－2　德国医疗保险制度中的保护政策

资料来源：自制。

1. 法定医疗保险

德国的法定医疗保险并不是仅仅为特殊的贫弱群体专门设立的，而是为德国绝大多数的国民提供全面的、基本的医疗保险服务。虽然该保险并不像其他的贫弱群体保护政策只针对特殊人群，但也算是覆盖了这一类贫弱群体的保护措施。法定医疗保险参保者主要是税前收入不超过义务界限的人群，且具有强制性，凡是收入低于准入基线的都必须强制参加法定医疗保险。

除此之外，德国的法定医疗保险还有连带参保政策。只要法定医疗保险的参保人在德国拥有住处或长年在德居住且没有超过月收入上限的，其配偶和子女可以作为连带参保人被纳入家庭联保，不需要再额外支付保险费。对于残障子女的家庭还有额外照顾的政策，其家庭联保在一定条件下不会设置年龄界限。

德国法定医疗保险的保障项目有以下几个方面。

（1）疾病预防和保健项目。包括保健知识、疾病预防、疫苗接种等方面的咨询服务。

（2）早期诊断项目。定期进行体检，以便尽早识别如糖尿病、心脏病、癌症和循环系统以及肾脏系统疾病等重大疾病，参保人从35岁起，每两年接受一次糖尿病、肾病和心血管疾病的检查，男性从45岁开始、女性从20岁开始进行防癌检查。

（3）疾病治疗项目。包括门诊治疗、住院治疗、牙医治疗以及各类药品、急救和辅助用品等的提供。

（4）康复疗养服务。为病后和有疾病征兆的群体提供疗养和康复等方面的服务。

（5）病假津贴。当由于生病或治疗而影响正常的工作时，可以根据具体的情况申请病假津贴，六周以内的由雇主负责发工资，六周以上，由疾病基金会按照工资的70%～90%发放津贴，但三年内同一疾病的疾病津贴的领取不得超过78周。

（6）丧葬补贴。如果参保人去世，可获得一定的丧葬补贴，通过家庭联保的参保人去世的丧葬补贴要比独立参保人低一些。

2. 私人医疗保险

私人医疗保险是法定医疗保险的重要补充，主要是为那些收入在私人医疗保险准入基线以上，且有更高的医疗服务需求的人员提供的险种。德国公民可以根据一定的条件自由选择参加法定医疗保险还是私人医疗保险，或是在参加法定医疗保险的基础上，为了得到更全面的医疗保险服务而同时参与这两种医疗保险。在一定程度上弥补了法定医疗保险的不足，给那些需要更高医疗服务的贫弱群体提供了一定的选择和保障。

私人医疗保险所面向的保障人群主要有五大类。

（1）已经退休的大学教授、教师以及政府部门的公务员等不在法定医疗保险范围内的群体。这类群体中若是出现疾病和残障等情况需要治疗，政府部门会支付50%～70%的医疗服务费用，其余费用由其参加的私人医疗保险来支付。

（2）不在法定医疗保险承保范围内的私人个体经营者（农民等曾经属于法定医疗保险承保范围的人除外）。

（3）医生、牙医、药剂师等医务工作者。这类人群在职业初期就不受收入上限的限制来购买私人医疗保险以替代法定医疗保险。他们在遇到疾病和残障等情况时，可以获得所参加的私人医疗保险的保障和赔付。

（4）被排除在法定医疗保险之外、收入超过计费收入上限的群体。针对这一群体的政策仍然要分三种不同的情况，第一种是第一次参加工作或是刚从国外归来两个月内收入就超过法定医疗保险的计费收入上限的，这类群体在接下来的三个月期限内可以选择加入法定医疗保险或私人医疗保险；第二种情况是在最近的一年或是五年中的两年内参加了法定医疗保险，但由于工资上涨而超过计费收入上限的。这种情况下，他们也可以在法定和私人医疗保险之间自由选择；第三种情况就是55岁以下已经参加私人医疗保险，而且保险期限大于五年的，由于收入或收入上限的原因而被免除资格的，需要重新参加法定医疗保险，55岁以上的可以不受这一限制自由选择一种保险方式参保。

（5）已经参加了法定医疗保险，但有更高的医疗服务需求而法定医疗保险又无法满足的群体，也可以参加私人医疗保险以享受更高级的医疗服务。这类群体可以享受自己参加的私人医疗保险所提供的服务，如单人病房、高级医师等不在法定医疗保险承保范围的项目。

3. 特殊人群医疗服务计划

针对警察、公务员和战争受害者等特殊人群，德国制定了特殊人群医疗服务政策，给予这些人群福利性医疗服务待遇，由政府从预算中拨出专门资金来支付这些特殊人群的福利性医疗费用以使他们享受到特定的医疗服务待遇。除此之外，这类特殊人群还可以在一定的条件下自愿参与法定医疗保险或者私人医疗保险，满足其对特殊人群医疗服务计划之外的医疗服务项目的需求。法定的医疗保险计划还覆盖学生、农民、手工业者以及残障人，对于没有收入或者收入很少的家庭成员，德国还有共济的医疗保险来予以保护，不需要他们支付保险金。

综上我们可以看出，德国的医疗保险制度并没有特别突出的专门针对疾病和残障等贫弱群体的保护政策，而是给予大部分国民中可能出现疾病和残障等需要医疗服务的人群比较基础和全面的医疗保障，同时又针对不同收入情况和特定职业的人制定了更加具体的政策，来满足不同群体对于不同水平的医疗服务的需要，兼顾了效率、公平和自由。

（四）对工伤受害者的保护政策

德国每年都会发生许多由于工作原因而直接或间接引起的工伤事故，此外每年还有不少职业病案例和校园意外事故，给事故的受害者及其家人的未来生活带来十分不利的后果。为此德国设立了工伤保险制度，并制定了详细的政策和措施来保护工伤事故的受害者，以保险的形式由德国各行业工伤事故保险联合会以及公共部门的保险机构来负责保护参保人的职业安全和健康。除此之外，德国的工伤保险对于所有被雇用者都是免费的，由雇主依照法定的义务为其员工缴纳工伤事故保险金，而且德国的工伤保险坚持社会共济的原则，保险的费用和事故责任不由当事企业全部承担，而是由整个行业雇主集体来承担。德国对于工伤受害者的保护政策具体有：暂时性伤残补助金政策、永久性伤残补助金政策、医疗费补助政策、遗属抚恤金政策以及信息监督与披露体系。

1. 暂时性伤残补助金政策

对于由于工伤而需要暂时停止工作进行治疗和恢复的事故受害者，在停止工作最初的六周可以得到雇主发放的全额工资，超过六周之后，雇主停止发放工资，转而由工伤保险联合会来发放事故伤残者补助，额度为伤者受伤前个人净收入的 80%，直到伤残者身体康复或领取养老金为止，但康复期间所获得的所有补助的总和不能超过伤前的个人净收入。另外，暂时性伤残补助金领取的最长时限为 78 周。工伤受害者可以在身体恢复和职业培训期间获得一笔额外的过渡性补贴。

2. 永久性伤残补助金政策

永久性伤残补助金政策主要针对的是那些由于工伤事故或职业病而完全丧失劳动能力的受害者，对于这类受害者工伤保险联合会将会无限期地给受害人发放补贴金，补助额度为受伤前个人净收入的 67%，直到受害者领取养老保险金为止。对于只是部分伤残，且部分丧失劳动能力超过 20% 的受害者，德国的工伤保险联合会会根据能力丧失程度，在全额永久性伤残补助金的基础上乘以一定的比例来发放补助金。

当伤残程度达到 90% 时，受伤者可以得到永久性伤残补助金全额的 90%；当伤残程度达到 80% 时，可以得到永久性伤残补助金全额的 80%；而当伤残程度在 20% ~80% 时，可以得到永久性伤残补助金全额的 67%。当达到严重伤残时（丧失一半以上的劳动能力），且又没有工作和其他保险金补贴和保护的工伤受害贫弱群体，可以在按上述标准得到相对应的伤残补助金的基础上，再得到最长时限为两年的 10% 的补充补贴。

3. 医疗费补助政策

对于事故中的受害者，其在治疗和康复过程中的医药费、治疗费、机械设备费以及职业康复和家务帮手费等，无论其伤残程度的轻重和康复期的长短，工伤保险联合会都会帮其支付。

4. 遗属抚恤金政策

对于在工伤事故中死亡的受害者，其婚配遗属可以得到连续三个月的，相当于死者生前月收入 67% 的抚恤金。此后根据死者遗属的不同类型和情况有不同的补助政策。

（1）婚配遗属超过 45 岁，或者残障以及需要照顾孩子的，可以得到连续 24 个月的，相当于死者生前收入 40% 的抚恤金。

（2）对于死者有离婚史而有不止一个配偶的情况，如果死者的伴侣都满足第一种情况中的条件，则他们可以同时领取 24 个月的相当于死者生前收入 30% 的抚恤金。但如果死者的遗属收入超过一定的标准，其得到的抚恤金也要相应地减少。

（3）死者子女不超过 18 岁的或是在校学习或接受培训不超过 27 岁的，可以得到死者生前收入的 20%，如果是失去双亲的遗孤则可以获得死者生前 30% 的收入，但补助金最高不得超过死者生前收入的 40%，直至死者子女满 18 岁或是结束在校学习或培训。

（4）对于不满足上述要求而无法领取遗属抚恤金的遗属，在这种情况下死者遗属可以获得受害者事故发生前 40% 的年收入补助金，并在遗属中进行平均分配。

（5）若工伤事故中的死者其父亲或母亲或者一位祖父母还健在的，则这些人可以得到死者生前年收入的 20%，如果这些亲属都还健在，则他们可以共同获得死者生前年收入的 30% 作为抚恤金。但所有遗属抚恤金加起来不能超过死者生前收入的 80%。

5. 信息监督与披露体系

德国建立了一套事故报告制度。根据要求，雇主必须在事故发生三天之内以书面或电话的形式将情况报告给工伤保险机构。除此之外，医生在治疗工伤受害者时产生了医疗费用而需要报销费用时，也要向工伤保险联合会报告这一事故，以此来达到监督的目的。德国健全的对工伤事故的信息监督与披露体系，有利于帮助和促进受害者及时足额地得到赔付和补偿，促进其尽早地治疗和康复，能够尽快回到工作岗位，自立自强，也是德国保护工伤受害者的一项重要手段。

（五）对社会和战争受害者的保护政策

由于特殊的历史原因，德国为社会和战争受害者制定了一系列的制度、法律和政策来对其进行保护和支持，这是德国在贫弱群体保护方面十分突出且与其他国家不同的地方。对社会和战争受害者的保护政策既包括对战争受害者的补偿和救助，又包括对因暴力犯罪而受到伤害的人的救助与赔偿，政策覆盖的对象有以下几类：一是战争受害者；二是遭受暴力犯罪伤害的德国公民；三是在兵役或民警服务中受到伤害的人；四是由于接种疫苗而出现健康问题的人；五是由于政治原因而入狱并因此健康受损的受害者；六是在德国统一社会党统治时期，被非法判决入狱而造成永久残障的人。具体的保护政策主要有三项：对纳粹受害者的赔偿政策、对纳粹强制性劳工的赔偿政策以及对犯罪受害者的补偿政策。

1. 对纳粹受害者的赔偿政策

德国在1945年和1950年分别通过了专门为纳粹受害者制定的《人权和私有权法》和《战争受害者联邦救济法》，其中规定由政府来负责对战争的受害者及其亲属遗眷进行赔偿；在1956年德国又出台了《赔偿受纳粹迫害者联邦法》以及《赔偿受纳粹迫害者联邦补充法》两项法案，赔偿纳粹受害者，包括现已居住在国外的原受迫害者，若其已经离世，其继承人或者相关的组织可以领取赔偿；德国于1957年又制定了《赔偿受害人类别和原则法》，明确赔偿类别和原则；德国统一后在1992年制定了《联邦德国对纳粹占领区受害人赔偿法》，其赔付的范围包括“因种族、宗教、意识形态等原因遭受纳粹迫害者，并导致健康受损、个人自由被剥夺、经济和专业发展受阻、个人财产受损者”①。

除此之外，德国还设立了一个负责赔偿和提供帮助的基金会，帮助那些遭受迫害的犹太血统但又不再信仰犹太教的人、由于作品的原因而受到纳粹迫害的学者和艺术家以及那些因为和纳粹受害者有一定关系而受连累受到迫害的人。

2. 对纳粹强制性劳工的赔偿政策

在德国纳粹统治期间，一些大公司使用过强制性劳工，很多犹太人被

① 姚玲珍：《德国社会保障制度》，上海人民出版社，2010，第353页。

迫在这些公司企业服劳役。德国总理施罗德上台后，政府决定开始全面赔偿战时的强制性劳工，并在2000年出台了《赔偿基金法案》，还成立了基金会，由德国的政府和企业捐赠100亿马克的资金，来对被德国奴役过的劳工进行赔偿，弥补其受到的损失，保护其基本的权利。

3. 对犯罪受害者的补偿政策

对犯罪受害者的补偿最早开始于英国，其在1964年率先颁布了《犯罪伤害补偿法》，其中规定对由于社会因素遭受犯罪伤害的受害者，弥补和赔偿其精神和身体上的各种损失，并对在犯罪行为中无辜死亡的受害者家属给予金钱补偿。此后，德国也开始了对犯罪行为中受害者进行补偿，并于1976年正式颁布实施了《犯罪受害者补偿法案》。该法案规定对德国境内或是飞机和船只上的犯罪受害者进行赔偿，但其赔偿范围仅限于法案实施后的暴力犯罪行为中的生理伤害这一种类型。

在1993年，德国又对以前的法案进行修改，并出台了《犯罪受害者补偿法案第二次修订法案》，扩大了对暴力犯罪中受害者的补偿范围，并将在德国合法居住一定时间的外国人也包括其中。

除了上述三种保护政策外，德国还有一系列相关的政策和法规，对符合条件的受害者的补偿和救助进行了详细的规定，基本上覆盖了保险金的所有范围，如医疗保险金、康复保险金、抚恤金、残障人补贴、长期护理和康复服务支出补贴等，依托德国的社会保障制度，对这一类型的贫弱群体予以全面的保护。

（六）对少数族裔与移民的保护政策

在当今世界的大多数国家中，少数族裔和移民在人口中所占的比例都相对较小，与占人口大多数的族裔和本土居民相比处于相对弱势的地位，尤其是由于人口相对较少，其在整个国家中的话语权也相对较弱。因此，对少数族裔和移民基本权益的保护是各国贫弱群体保护的一个十分重要的方面，甚至会直接影响一个国家的繁荣与稳定。

德国目前主要有四个少数民族，几个世纪以来他们一直生活在德国，享有德国国籍。但同时他们也拥有自己独特的民族语言和文化，他们分别是丹麦人、弗里斯兰人、吉卜赛人以及索布人。在德国，这些少数民族享有来自联邦和州政府的特殊保护和支持政策。除此之外，德国目前也是一个移民国家，尤其是2015年的难民潮，更是使德国境内的实际移民数量达到新高。联邦统计局统计的数据显示，目前德国境内约有1100万的外国移民，超过了总人口的10%，因此德国对于外来移民的保护政策也越来越得到政府的重视。

1. 德国对少数族裔的保护政策

东欧剧变，冷战结束以后，欧洲曾经出现过十分严重的少数民族问题。保护少数族裔的权利对欧洲大陆的稳定、安全以及和平显得日益重要，为此，欧洲各国尤其是欧盟及其成员出台了一系列的法律和公约来共同面对少数族裔的保护问题。德国作为欧盟的重要成员，虽然也出台了一些具有本国特色的少数群体保护政策，但其最主要的还是以欧洲和欧盟制定的、各成员共同遵守的各项公约和条款为主来对本国境内的少数族裔进行保护。在少数民族的保护问题上欧洲体现了明显的区域性特征，德国在这一问题上明显地受到区域少数民族保护政策的影响。因此，德国的少数族裔保护政策主要包括欧洲少数民族保护条约和德国特有的少数民族保护政策。

（1）欧洲少数民族保护条约

《欧洲人权公约》（European Convention on Human Rights）规定了少数族裔保护的核心原则："禁止歧视"原则，"应当保障人人享有本公约所列举的权利与自由。任何人在享有本公约所规定的权利与自由时，不得因性别、种族、肤色、语言、宗教、政治的或者是其他见解、民族或社会出身、与少数民族的联系、财产、出身或者其他地位而受到歧视。"①2000年又通过的公约第十二议定书进一步提出了"普遍禁止歧视原则"："1. 享有法律所规定的人和权利应当在没有基于任何理由（例如性别、种族、肤色、语言、宗教、政治上或其他观点、民族或社会起源、与少数民

① European Convention on Human Rights: Yearbook of the European Convention on Human Rights, Volume 1 (1958), Hague: Martinus Nijhoff, 1959.

族的联系、财产、出身或其他地位等）的歧视的情况下得以确保；2. 任何人都不应当受到来自任何公共部门的、基于如第 1 款中所提到的任何理由的不利歧视”[①]。

在德国的少数民族群体只要认为国家或政府违反和侵犯了其在公约中所规定的权利，就可以向法院提出申诉。其主要执行机关是欧洲人权法院，在审理的过程中遵循“对席审查”和“友好解决”的程序，也就是说，申诉人和德国政府的代表都要出席接受询问，双方还可以以友好协商的方式达成和解。如果在审理的过程中少数民族的申诉者胜诉，那么德国政府需要在三个方面履行义务：一是支付赔偿金，赔偿申诉人因受到歧视和侵害而产生的物质损失。二是采取“个人措施”，为受到歧视和侵害的少数族裔贫弱群体恢复名誉、消除不良影响。三是德国政府要全面修改在案件中所依据的相关法律或是执法惯例，以此来防止类似案件的再次发生。

《里斯本条约》规定：“联盟建立在尊重人的尊严、自由、民主、平等、法治原则以及尊重人权，包括少数民族成员人权的价值观基础上。这些价值观为成员国共同目标，旨在建立一个多元化、非歧视、宽容、公正、团结以及男女平等的社会。”[②] 可以看出，和《欧洲人权公约》相比，《里斯本条约》的相关精神与其一致，但在相关的内容上更加详细。

除此之外，欧盟颁布的一系列消除对少数民族的歧视，促进平等就业的保护政策和法规也是德国所遵守的保护少数民族基本权利的重要手段和措施，如反对性别歧视的《平等待遇指令》，反对种族和国别歧视的《种族就业指令》，反对基于遗传特征、残障、宗教等原因进行就业歧视的《就业框架指令》以及实施平等待遇原则，禁止在教育、就业和社会保障

① Protocol to the Convention for the Protection of Human Rights and Fundamental Freedoms: Yearbook of European Convention on Human Rights. Volume 43 (2000), Hague: Kluwer Law International, 2001.

② Union E: Consolidated Version of the Treaty on European Union. Consolidated versions of the treaty on European Union and of the treaty on the functioning of the European Union: Office for Official Publications of the European Communities, 2010.

等公共产品供给方面的种族和少数民族歧视的《种族平等待遇指令》[①]。

（2）德国特有的少数民族保护政策

在德国主要生活着四个少数民族，虽然在较长的一段时间里他们一直在德国生活，拥有德国国籍，但同时他们也拥有自己独特的民族语言和文化。他们分别是丹麦人、弗里斯兰人、吉卜赛人以及索布人。在德国，这些少数民族享有来自联邦和州政府的特殊保护和支持政策。

德国的丹麦人大多聚居在北部的石勒苏益格－荷尔斯泰因州，并主要集中在德国与丹麦的边界城市弗伦斯堡。为了保护丹麦人的基本权益，德国允许其拥有代表自己的党派，即南石勒苏益格选举联合会。德国政府还允许丹麦人在德国发行用丹麦语编辑的报纸"弗伦斯堡通知书"（Flensborg Avis），以此来帮助保护和强化他们的民族文化。除此之外，他们拥有自己的图书馆系统，并建立了本民族的私人教育体系，这些教育体系不仅促进了其语言的学习和保留，还满足了他们对于语言和文化的需求。

生活在德国下萨克森州的弗里斯兰人被称为东弗里斯兰人，他们保留了大量包括语言在内的本民族文化传统。但由于受外民族文化入侵的影响，弗里斯兰语正面临消失的危险。为了保护这一部分少数族裔的民族语言，2004 年在德国新的弗里斯兰法律正式生效，以法律的形式保证弗里斯兰语在公共场合的使用。

吉卜赛人是德国另一个十分重要的少数民族，他们拥有自己的语言，并且十分擅长音乐，音乐在其民族文化中扮演着重要角色。"吉卜赛人十分恪守民族传统，刻意与社会主流文化保持距离，因此曾被视为异教徒和'二等公民'，在纳粹时期遭到种族屠杀"[②]。为了维护本民族利益，他们在1982 年建立了吉卜赛人联合会。2012 年，石勒苏益格－荷尔斯泰因作为第一个联邦州将吉卜赛人作为少数民族这一事实通过法律确定下来，具有十

---

① 焦传凯：《后冷战时期欧洲少数民族保护机制的特点及不足》，《西南民族大学学报》（人文社会科学版）2011 年第 4 期，第 7 页。

② 《不可忽视的力量——在德国生活的少数民族》，人民网德语视界，https：//mp. weixin. qq. com/s? __ biz = MzA3NTE2NzI2Ng == &mid = 202955634&idx = 3&sn = 9b55e97cfa7d7c442b2e1059be50b3df&3rd = MzA3MDU4NTYzMw == &scene = 6#rd，2015 年 1 月 14 日。

分重要的历史意义。

在德国东部位于柏林、德累斯顿、易北河与奥德河之间的劳其兹（Lausitz）地区，生活着一个具有大约1400年历史、人口约10万的德国少数民族——索布族。[1] 在历史发展的过程中，索布族形成了独特的文化、语言和民俗习惯。随着19世纪工业化过程的开始，索布人陷入德国文化的汪洋大海，导致会说本族语言的索布人大量减少。在第二次世界大战中，希特勒更是试图从肉体和心灵上铲除索布民族，于是索布族无论是文化还是精神等方面都受到摧残。第二次世界大战后，随着德国民主进程的推进，索布人的状况得到改善。1948年，萨克森州议会决定颁布法律保护索布族居民的权利。此后，直到1958年，大批促进民族文化生活的索布族机构应运而生：索布教师进修学院、索布民族研究所、索布十年制学校等。

如今，德国联邦政府颁布实施了一系列保护少数民族文化特性的法律，为了保持和促进索布族文化的发展，"多莫维纳"还组织了各种活动，建立了索布博物馆、索布剧院、索布出版社、索布艺术家联合会以及索布研究所等机构。除此之外，德国联邦政府和勃兰登堡以及萨克森两个州的州政府还联合成立了"索布人民基金"，每年会拨付给索布族1600万欧元的补贴来促进索布族的文化事业；从1995年开始，每两年还会举办一次国际民间文化节，邀请波兰、捷克等十多个同属于斯拉夫文化圈的国家来交流如何保护少数民族文化，并扩大少数民族文化的影响。

2. 德国对移民的保护政策

到目前为止，在德国的历史上共有三次规模较大的移民潮：第一次是20世纪60年代末到70年代初的外籍劳工及其亲属的大量涌入；第二次是80年代末90年代初的移民潮；第三次是2015年叙利亚难民涌入所引发的最新的移民潮。目前德国的移民人口已经超过总人口的10%，是名副其实的移民国家，和本土居民相比，移民在语言文化、本土的适应、教育水平

① 《德国少数民族——索布族》，聚风尚，http://www.jufengshang.com/news/germany/article－2156197.html，2015年7月1日。

和专业技能等方面大多处于劣势地位，为此德国政府出台了一系列的政策和法规来保护移民贫弱群体的基本权利，主要包括移民医疗保障政策、移民工伤事故与职业病保险政策以及移民失业保险政策。

（1）移民医疗保障政策

该政策主要针对的是在德国工作的外国移民。根据“国民待遇原则”，他们及其家庭与其他在德国工作的人一样，也可以同样享受所有德国的医疗保障。比如弥补因疾病而导致的收入减少或中断的现金津贴，以及用于直接支付药物和住院治疗费用的非现金津贴。但这些医疗保障政策所支付的费用的总额不得超过实际治疗的花费。

（2）移民工伤事故与职业病保险政策

该政策主要针对的是德国移民中跨国流动的雇员和自由职业者，如果这部分人群在德国遭遇了工伤事故或者患上了职业病，可以得到现金和实物两种类型的福利补贴和补偿。近些年，德国工伤事故保险部门越来越关注国际流动劳动者的保护问题，该部门与国际社会保障组织、职业健康安全组织和各国的工伤事故保险机构联合起来，共同促进跨国流动劳动者的保护与实践的发展。为此，德国工伤事故保险部门还下设了一个外国联络办公室，负责保障外国公民在德国境内发生工伤事故后的医疗服务。除此之外，外国联络办公室还与其他国家的外联办公室签署了行政协议，以确保各项政策和法令的顺利实施，并负责将所用必要的信息提供给保险公司和工伤事故保险机构等相关方，还对在德国出现工伤事故的国外公民的医疗护理等服务进行一定的监督。

（3）移民失业保险政策

在德国，就业问题一直是威胁国外移民在德国立足并发展的一个重要问题，据统计，由于受教育程度低且缺乏专业技能，德国境内的外国移民失业率达20%，远高于德国10%的平均失业率。因此保护德国失业移民的失业保险政策就十分的必要和关键。德国政府给予居住在德国的外国公民与本国公民相同的参加失业保险的权利，凡是在德国居住的外国公民参加德国的失业保险的，“其家属居住在其他协约国并且所申请的失业津贴与家属人数有关时，则其家属也被视为居住在德国；若申请的失业津贴与个人的历史工资有关，则参考申请人最后一份工作的工资”①。

除此之外，对于居住在德国的季节性失业工人和边境失业工人，他们有权利选择享受德国的失业补偿金，也可以选择获得其本国的失业补助。如果处于完全失业状态的边境工人在德国投保，将会被纳入德国的失业保险计划中，以此来保护移民中失业工人的基本权益。

三　德国贫弱群体的支持政策

目前德国对于贫弱群体的保护不仅仅停留在保障其基本生活的保护政策，更重要的是在此基础上还出台了一系列能够保护其继续发展的能力的支持政策，从而使其能够在社会竞争中与其他竞争者保持相对平等的地位，而不必总是依靠国家和社会的补贴和救助来维持生活。

（一）对遭遇家庭变故贫弱群体的支持政策

1. 对离婚家庭中的贫弱群体的支持政策

在前文我们已经提到德国主要通过离婚扶养制度来保护离婚家庭中的贫弱群体，并在法律中做了详细的规定来确保各种条件和情况下处于弱势一方的权益。除了保护政策外，为了能够促进离婚家庭中弱势一方的持续发展，避免其依赖受扶养权而不努力工作和生活，离婚扶养制度还制定了一些支持政策，要求离婚后的配偶任何一方应当自行维持其生计：“离婚配偶有义务从事与其年龄、教育、健康状况以及婚姻关系存续期间相当的工作；如果离婚配偶有能力获得适当的工作所需的学历文凭，则其有义务接受教育、培训和进修，以获得相应的文凭而进行工作”。

除此之外《德国民法典》还规定：离婚配偶一方如果因为婚姻而导致其未能接受或者中断接受教育培训，而该教育培训又为维持其基本生活的工作所需，在此情况下，可以请求另一方支付相应的生活扶养费和教育培训费用。如果被扶养的一方人为地制造自己的贫困，那么另一方有权拒绝或在

① 姚玲珍：《德国社会保障制度》，上海人民出版社，2010，第374页。

时间上限制其扶养费的数额。这些支持政策都是在保护政策的基础上为了保护贫弱群体的发展能力，避免因懒惰、不思进取而产生过度依赖的情况。

2. 对家暴受害者的支持政策

德国对家暴受害者的支持政策主要通过家庭事务部来制定和实施，为了能够预防家暴，减少因各种因素导致家暴行为的发生，德国家庭事务部建立了家庭咨询中心，为妇女提供更多心理、就业、家庭问题等各方面的指导和帮助，帮助妇女更好地处理好家庭事务，减少家庭矛盾和各种问题，从而减少家暴发生的概率，并在家暴发生后使受害者能够寻求到积极有效的帮助。

除此之外，联邦家庭事务部还通过间接资助和政策扶持的方式，充分利用各种途径和宣传渠道来保护妇女的权益，反对家暴，为促进家庭和谐，减少贫弱群体遭受家暴的概率创造良好的文化和氛围。

（二）对失业群体的支持政策

德国对失业群体的支持政策奉行的理念是摆脱传统的不断提高保护水平的做法，消除过度的保护政策所带来的负面影响，从而降低整体的失业保护水平，在保证失业人员基本生活的前提下充分促进再就业。德国对失业群体的支持政策主要体现在失业者求职阶段的帮助与扶持，如职业咨询与就业指导政策、职业技能培训政策、鼓励自主创业政策和扶持再就业政策（见图 3－3）。

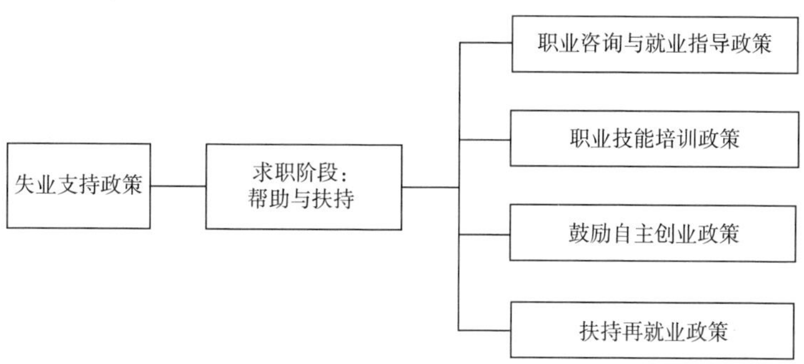

图 3－3　德国失业群体支持政策

资料来源：自制。

1. 职业咨询与就业指导政策

职业咨询与就业指导政策主要由当地的就业指导中心来实行，既帮助失业的求职者更好地选择适合自己的职业，又为公司和企业及时反馈就业信息，引导雇员和雇主双方客观地评估自己的需求和市场形势，从而促进就业，降低失业率。

对于求职者，就业指导中心主要有三种方式帮助和促进其就业。第一种是提供求职信息和提供实习机会，就业指导中心根据求职者的能力和专长并结合就业形势，给其提供求职信息和建议或者提供有利于未来工作的实习和就业机会。第二种是提供经费补助和支持，就业办公室会为失业的求职者提供必要的求职和培训等经费上的支持，每年最高补偿 260 欧元的求职费，帮助求职者承担参加招聘会、求职会等所花费的交通费、住宿费等。第三种是发放“就业安置代币券”，补贴那些在私人职业介绍所寻找工作的人。

对于用人单位和企业，就业指导中心会为其提供就业市场上的信息，并调查企业的用人需求，鼓励失业者通过学习和培训满足空缺职位的需要。除此之外，还会给企业因雇用和培训新员工所产生的费用和成本提供一定的经费资助和补偿。为了促进失业者就业，鼓励雇主雇用失业者，就业指导中心会给予雇主一定的贷款优惠和补助，补助最长可以发放两年，最高补助因雇用新员工而产生的各种费用的 60%。[①]

综上所述，我们可以看出德国的职业咨询与就业指导政策，在鼓励和促进就业上十分灵活多样，在主体上既帮助求职者又补贴用人企业，既为求职者提供就业信息和机会，又帮助用人单位减少用人成本，提高其积极性。在落实的途径上，既有官方的职业介绍所提供帮助，同时也给予私人职业介绍所一定的补助来促进就业，可以说提供了多方面多渠道的职业咨询和就业指导帮助。

2. 职业技能培训政策

德国失业群体保护政策的重心逐渐由失业救助转为职业促进，其中

---

① 姚玲珍：《德国社会保障制度》，上海人民出版社，2010，第 272 ~ 273 页。

非常重要的一项措施就是增强劳动者就业能力的职业技能培训。德国的职业技能培训共分四个层次，对于处于不同层次的失业者采取不同的政策来鼓励其通过职业技能培训提高职业技能，从而更好地找到合适的工作。

职业技能培训共分为能力测试、求职申请和面试技能培训、初级培训和高级培训这四个层次。其中前三个层次主要由当地的就业办公室来支持和组织，并提供例如参加课程、考试以及差旅和失业保险等各项费用的资助，甚至还包括由于参加培训而不能照看孩子的看护费补贴，可以说十分的人性化。第四个层次——高级职业技能培训主要针对的是通过初级培训，需要进行较高难度的、专门的技能培训的求职者。一般是由用人单位和外部的培训机构来组织，政府部门给予各项经济资助来进行鼓励和支持，以保证求职者在受训期间的各项生活开支能够得到补助。

对于没能参加企业组织的高级职业技能培训而选择商业培训机构的培训课程者，只要能通过正规的职业技能考试，也可以得到就业办公室的资助，并且对于取得优异成绩的学员给予特别的教育奖励。

3. 鼓励自主创业政策

鼓励自主创业是德国政府提供就业支持的又一项重要措施。想要自主创业的失业者，可以提交一个经营策划书，由德国的行业协会进行评估和审核，并对可能出现的各种问题提供咨询和建议，帮助创业者更好地开展事业。一旦通过审核，创业者可以得到优惠的融资和注册资金的支持，或是得到一定年限的税费的减免优惠以及官方的广告信息服务。

此外，为了鼓励失业者自主创业，德国政府还设立了创业资助金，只要是年龄未满65岁的自主创业者，在创业之初就可以申请领取就业办公室的创业资助，并在创业之初的9个月中得到失业保险金和社会保险费等的生活补助。同时，为了支持自主创业者更好地发展，只要有适当的理由和需要，创业者还可以申请购买设备等固定资产的资金资助。

对于愿意雇用失业者的自主创业者，其可以根据雇用失业者的人数得到资助，从而降低创业初期的用人成本，在鼓励创业的同时还带动其他失业者就业，可谓一举两得。当地的就业办公室会根据雇员的工资和人数对自主创业者支付一定额度的补助，补助最长的时间为一年，具体的资助类型和数额见表 3－3。

表 3－3 德国对自主创业者雇用失业人员补助的具体标准和额度

雇员类型	大学或者同等教育程度的雇员	参加过高级职业技术培训的雇员	在专业职业培训机构培训的雇员	不符合前三种类型的雇员
每月最高补助	1300 欧元	1200 欧元	1100 欧元	900 欧元
补充情况	各地就业办公室可根据当地情况和雇员工资情况，在上述标准的基础上上下浮动 10%。 如果雇员参加就业促进计划，涉及培训材料费等费用，可每人每月另补助 300 欧元。			

资料来源：见姚玲珍《德国社会保障制度》（第七章“德国失业保险制度”），上海人民出版社，2010。

4. 扶持再就业政策

德国对于失业群体还设立了各项经济资助，扶持失业者再就业。这些资助主要包括：搬家津贴、年轻工人组合津贴、迁移补助金和给予地方政府的建设资助等。

搬家津贴针对的是由于雇主的原因被迫搬家而导致收入降低的雇员，搬家津贴一般由雇主支付，但如果出现不足可向劳资联合会申请，由当地的就业署来补足。在员工搬到新的工作地点后，用人企业要提供给他们适应新环境、提高工作技能的机会，当地就业办公室会给予进行员工培训的雇员或雇主 50% 的培训费补贴，最高每人 2500 欧元。

年轻工人组合津贴针对的是雇用 25 岁以下的年轻失业者的雇主，根据不同类型的年轻工人发放给雇主不同额度的补贴，来帮助年轻的失业群体就业。对于接受过职业技能培训的年轻工人，用人企业可以得到最长 12 个月的工资性组合补助，补贴额度的范围是年轻雇员工资的 25%～50%，最高每月不超过 1000 欧元。雇用没有接受过职业培训且过去失业超过 6 个月的年轻失业者的雇主，可以得到一笔培训性质的工资补助，补贴额度相当于年轻雇员工资的 50%，总额也不超过每月 1000 欧元。

迁移补助金是给那些到新的地方去参加招聘，但又缺乏路费和其他费用的失业者的补贴。符合这一类型的失业者可以向就业办公室申请，获得补贴衣物、看护孩子以及交通住宿等费用的补贴。补贴金包括：①1000 欧元的无息过渡性贷款；②一笔置装费 260 欧元；③离家求职的旅行津贴、家务津贴和安家津贴。

地方政府的建设资助是联邦劳动和社会事务部为了促进失业人群再就业而发放给地方政府或公共机构的建设资助，包括对用于改善失业人群的住宿和医疗条件的基础设施的资助，以及改善环境，给予雇用失业者的用人单位和企业或者特殊行业的雇主和雇员的各种资助等等。

（三）对疾病与残障群体的支持政策

德国对疾病与残障群体的支持政策也主要依托德国的医疗保险制度体系，主要包括长期护理保险中的法定长期护理保险以及私人长期护理保险，二者都属于义务保险（见图 3－4）。

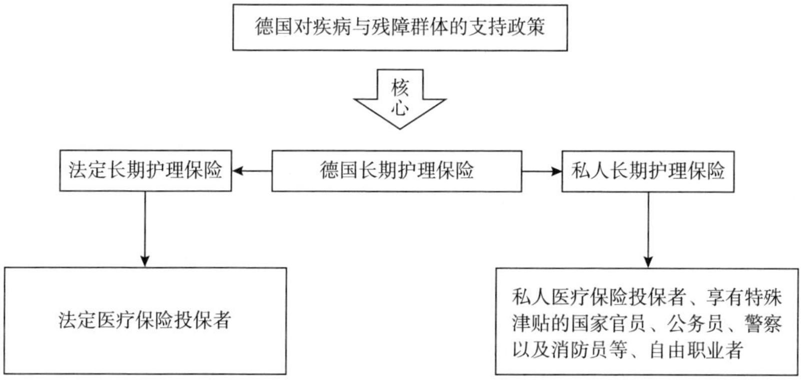

图 3－4　德国对疾病与残障群体的支持政策

资料来源：自制。

德国法律规定“护理保险遵从医疗保险”，不论是参加法定医疗保险还是参加私人医疗保险的个人，都必须再参加护理保险，参加这两种医疗保险的人都要从相对应的法定医疗保险机构或私人医疗保险机构加入一项护理保险。德国的长期护理包括对慢性疾病和伤残人士的护理以及为失去自理能力的贫弱群体提供支持性的日常护理服务。但是，应该指出的是，德国实施的长期护理保险并不是对全体国民的所有护理需求提供全面的保障，而是向病人以及服务提供者，如家庭成员、亲戚朋友和专业护理人员等提供经济上的补助，来减轻社会福利的负担，其保护和服务的对象有明确的限制和要求。德国《社会法典》对有资格享受长期护理保险的人群做了明确的规定：只有那些因身体、智力或是精神疾病以及因残障而无法完成日常事务，且可能持续的时间超过六个月，需要大量护理服务的群体才可以享受长期护理。因此，相对于前文提到的医疗保险的基础性和全面性，长期护理保险政策更具有针对性和专门性。

除此之外，之所以将长期护理保险归入支持政策中，是因为长期护理与医疗诊治和护理不同，前者的重点是“尽最大可能长久地维持和增进患者的身体机能，提高其生存质量”，为了提高被保险人的生存能力，在没有疾病的情况下也同样可以选择护理保险。德国的长期护理保险政策满足贫弱群体支持政策的基本特征。

德国的长期护理可以根据被护理者的意愿、可及性以及需求状况分为两种：家庭护理和住院护理。

1. 家庭护理

德国的家庭护理还可细分为家庭自配人员护理、护理机构上门服务或者前两种相互结合这三种。

第一种：家庭自配人员护理，是既可以由被护理者的家庭成员来负责，也可以请外来的邻居、义工等来提供服务。享受长期护理的人可以每个月从护理保险机构那里获得一定的货币补偿来支付护理人员的费用，但第一种类型的家庭护理服务提供的人员所得的报酬较低，只是补偿而不是按照市场原则发放工资报酬，主要是体现家庭护理优先的理念，鼓励家庭成员和外来的邻居和义工等帮助承担护理工作。

第二种：护理机构上门服务，又被称为实物偿付和门诊护理服务。这种类型中的被护理者或其家属不能直接获得保险机构的资金，而是由保险机构与被护理人事先找好的上门服务的护理机构直接进行结算。

第三种：就是前面两种护理方式的结合，被护理者享受的长期护理由家庭自配人员和护理机构上门轮流提供，原则和标准各自与上文两种家庭护理方式相一致。

2. 住院护理

住院护理又可以细分为完全住院护理（full - time institutional care）和半住院护理（part - time institutional care）两种。住院护理由正规的护理机构提供专业的护理服务。但想要接受完全住院护理的人必须接受医疗机构的专门审核，处于极高强度护理级别的人除外。半住院护理主要针对的是没有达到完全住院护理的级别而又没有足够的家庭护理的人群，这类人群可以选择一天中的某个时段去护理机构接受护理，在护理过程中产生的医药费、护理费等由保险机构来支付，其余产生的如食宿费等其他费用则由其自己来承担。

（四）对工伤受害者的支持政策

德国十分重视工伤受害者事后康复，不仅要使遭受工伤的员工尽快恢复健康，还要进行职业能力培训和心理辅导来帮助其重新健康地回到自己的工作岗位。德国的康复政策包括三个方面：医疗康复、职业康复和社会康复。

1. 医疗康复

“医疗康复”就是要通过最及时和有效的医疗手段帮助工伤贫弱群体尽快恢复健康。对于工伤事故的受害者，其治疗过程与一般的医治过程不同，会有一位工伤医生全程负责伤者的检查和治疗，并将伤者的情况报告给行业联合会，行业联合会会对事故发生的原因、情况等进行统计和事故研究，为以后工伤和职业病的预防与保护提供经验和资料，促进相关安全法规的完善以及安全隐患的排查，减少工伤发生的次数。

2. 职业康复

职业康复主要是通过综合的手段来帮助受伤的雇员重回工作岗位。在事故发生之后，伤员会得到行业联合会的多种帮助，如与医生和家属一起制定帮助伤员恢复的康复计划，并帮助其进行康复训练。除此之外，还会根据伤残者的个人喜好和身体情况以及先前的工作和潜在的能力和素质，综合利用医学治疗、运动训练、体能测试以及职业指导与培训等手段，帮助工伤贫弱群体恢复劳动能力，实现其重返工作岗位或再就业的愿望。

对于不能完全康复的工伤贫弱群体，联合会还会帮助他们寻找新的工作，并对其进行再就业前的免费职业培训，还会为其自身和家属提供各种生活补贴和培训费用补贴等。

3. 社会康复

遭受工伤的贫弱群体不仅仅是身体受到伤害，其心理和精神也会受到一定程度的影响，为了帮助其摆脱事故的阴影，重新进行正常的社会生活，行业联合会还会根据“社会康复”的要求为其提供心理咨询、家政服务和康复训练。除此之外，为了促进其更好地恢复和保护其独立自主发展的能力，行业联合会还会给予工伤受害者改善其生活环境和条件，以便更好地恢复和生活的补助，如出资帮助其设计和改建住房，资助其购买经过特殊改装的汽车等。对参加体育运动会的工伤人员，政府还会给予一定的路费补助。

（五）对社会和战争受害者的支持政策

对于社会和战争受害者，凡是满足前文中所提到的各项保护和支持政策条件的，都可以得到相应的补偿和服务，虽然具体的要求和补偿的细节可能略有不同，但得到扶持和帮助的政策类型基本一致，如医疗服务政策、基本抚恤金政策等，在这里主要想说明一下，德国对社会和战争受害者的两种支持政策，分别是就业促进政策和复健服务政策。

德国政府为了帮助社会和战争受害者进入社会、重返社会或在合适的岗位上继续工作，制定了专门的就业促进政策，在战争中和暴力犯罪中受到伤害的人可以在就业促进期间获得一笔赡养费或者过渡性的补贴，以弥补其因遭受伤害而丧失独立发展能力的损失，使其能够继续在社会上独立而有尊严地生活。

除此之外，德国政府还会提供复健服务和其他的一些特殊福利补偿给那些因作战而伤残的贫弱群体，如为盲人提供的每月大约 130 欧元的出行补贴和导盲犬以及车辆改装方面的补助等。职业复健主要包括咨询、求学和职业训练等服务和帮助，促进这一类贫弱群体重新康复、适应新的生活，并帮助其改善生活质量。

（六）对少数族裔与移民的支持政策

1. 对少数族裔的支持政策

德国对少数族裔的支持政策也主要是通过与欧洲其他国家缔结区域性少数民族保护条约来完成的，其主要目的是促进德国乃至整个欧洲范围内的少数民族文化、宗教和语言等方面的发展。具体的条约和政策主要有《少数民族保护框架公约》和《欧洲区域性或少数人语言宪章》，形成了对少数族裔文化的维护和发展机制。

（1）《少数民族保护框架公约》中的支持政策

1995年欧洲委员会制定了《少数民族保护框架公约》，该公约是少数民族保护的综合性公约，对少数民族权利的保护进行了比较全面的规定。虽然公约重申了对少数民族个体成员的权利保护，但其内容更重要的是对少数族裔群体特征和文化的保护和促进。其中的第四条规定："为促进少数民族和多数民族的成员之间在政治、经济、社会和文化生活领域中全面而有效平等采取一切必要措施。"[①] 该《公约》还对少数民族在文化、语言、传统、宗教、教育、文化遗产和传播媒体方面的保护和发展做了规定，其中包括促进少数民族成员维护和发展本民族文化，鼓励文化间的对话和包容的精神；采取相应的措施维护和促进少数民族在使用现代传播媒体中的权利和自由；在政府和少数民族之间的接触和交流过程中尽可能使用少数民族的语言，以促进其民族语言的保留和传承；采取措施鼓励在教育和研究领域中对少数民族历史、文化、社会、语言以及宗教等各方面的研究和理解；采取措施对教师进行培训，并提供更多针对少数民族的教学书籍和资料，促进不同民族的学生和教师之间的交流与沟通，尽可能为其提供平等的教育机会和权利；积极创造有利于少数民族有效参与社会、经济、文化生活以及公共事务的环境和条件，特别是在与少数民族相关的公

---

① Framework Convention for the Protection of National Minorities: collected texts (5th edition), Strasbourg: Council of Europe Publishing, 2008.

共事务中，要保证其具有合适的话语权和参与权。①

（2）《欧洲区域性或少数人语言宪章》中的支持政策

《欧洲区域性或少数人语言宪章》主要针对的是拥有本民族语言的少数民族在语言上的权利和发展的问题。除了明确规定少数民族语言的使用和发展受到保护外，宪章还包括一系列的支持少数民族语言发展的政策，在社会生活的多个方面为少数民族语言的使用和发展提供了条件，如在现代的司法程序上为少数民族提供司法诉讼等方面的翻译和解释，以促进其更好地融入现代社会体系中；在教育方面，同样有一些政策来保障少数民族学习和使用本民族语言的权利和自由，如少数民族学生可以自由地选择那些使用少数民族语言来进行教学的课程或者班级；除此之外，在现代的职业培训等与个人职业发展密切相关的方面，也要尽可能地提供少数民族语言的教学和服务，以便更好地促进少数民族成员在就业等方面取得更好的发展。

2. 对移民的支持政策

2006 年德国联邦内政部长朔伊布勒认为："移民不再是我们的问题，我们的问题是移民的融入。"② 这番话说明德国的移民政策由基本的移民权利保护政策向促进移民融合的支持政策转变。德国对移民的支持政策主要有三个方面：一是政策理念的转变以及相关报告和法律的发布等；二是《移民法》中融入课程政策的设定；三是具有政治象征性的政策和措施。

（1）移民政策理念的转变以及相关报告和法律

德国的移民支持政策和移民融合理念也是经历了一个复杂且困难的发展过程。在 21 世纪之前，德国一直没有一个统一的且被广泛认可的移民支持政策和移民融入理念，德国的政党对于移民融入政策也进行了激烈的争论，而真正全面而完整的移民融入政策理念来自 2001 年移民事务独立委员

---

① 廖敏文：《欧洲保护少数民族框架公约评述》，《民族研究》2004 年第 5 期，第 10 ~ 17 页。

② Sigrid Baringhorst, Uwe Hunger, Karen Schönw alder: Staat und Integration: Forschun gsperspek ti ven zur polit ischen Intervention in Integration sprozesse von MigrantInnen, in SigridBaringhorst/Uwe Hunger/Karen Schön walder (Hrsg.), PolitischeSteuerung von Integrationsprozessen. Intentionen und Wirkungen, Wiesbaden: VS Verlag für Sozialwissenschaften, 2006, p. 9.

会的研究报告，不再将移民视为威胁和不安定因素，而是视为“德国经济与人口变化以及社会文化多元化的需要”[①]。报告提出：新的移民融入政策应该将主体社会和移民双方的需求都纳入考虑范围，而且国家对融入的干预也不应该仅限于眼前，而是要以更加长远和广阔的视野来看待。报告还对移民融入政策的目标进行了说明和阐述，提出要在“尊重文化多样性的前提下，实现移民对于社会、经济、文化和政治生活的平等分享”。这一目标的实现不仅需要移民自身具有融入的能力和动力，如语言能力等，还需要国家来创造条件，“促进和要求”（fördern und fordern）是实现目标的主要手段[②]。

德国2005年生效的《移民法》，经过2007年的修订引入了对新入境的移民参加融入课程的义务及其惩罚机制的相关规定，体现了上文提到的“促进和要求”的原则。2007年德国政府又出台了《国家融入计划》，德国总理默克尔将移民融入作为关键任务，并表示开发移民潜力有利于促进德国的社会聚合和未来经济的发展。并且这项融入计划还明确划分了联邦、州和地方政府以及相关社团的责任，从教育、语言和劳动力市场等多个领域阐述了移民融入的现状和目标，并制定了总体的促进措施。

2010年出台的德国《联邦境内融入方案》在2007年提出的融入计划的基础上提出了更加细化的方案，在目标上与之基本相似，但在具体的内容上将重点集中在了语言和教育领域的融入上，并提出了促进融入课程的具体措施，如在整个教育体系中实施语言促进政策。

（2）《移民法》中的融入课程政策

前文已经提到语言融入是促进移民融入的重要前提，为此，德国移民事务独立委员会在参考瑞典和荷兰的移民融入经验后，于2001年提出了在移民入境之初就提供语言融入机会的具体措施。德国在2005年生效的《移民法》中采纳了这一建议，规定“具有长期在德逗留意愿的新迁入移

---

① 郑朗、伍慧萍：《新世纪德国移民融入政策及其理念分析》，《德国研究》2010年第4期，第16~17页。

② Unabhä ngige Kommission, Zuwanderung, Zuwanderunggestalten, Integration fördern. Bericht der Unabhän gigen Kommission, Zuwanderung, S. 2001, pp. 199 - 202.

民除非拥有免除资格，否则必须参加630小时的融入课程，其中语言课程600小时，国情教育课程30小时（主要介绍德国法律制度、历史和文化）。对于不具备德语语言知识的新移民，《移民法》规定了参加融入课程学习的义务，拒绝参加融入课程或者在初始阶段就放弃学习的新移民将面临拒绝延长居留许可、减少社会福利给付等惩罚措施。对于已入境的移民，也可以申请融入课程的学习”。

《移民法》中对设置课程的目的进行了规定：使移民拥有“在日常生活一切事务中无须第三方帮助和中介而能够独立行动”[①] 的能力，通过加强移民个体的独立性来消除其对社会福利的依赖。《移民法》还规定了参加融入课程的义务及惩罚措施，目的是在移民入境之初就通过引入竞争和危机意识来促进移民的融入，减少未来可能发生的各种融入问题。

德国政府在2007年根据《国家融入计划》中关于融入课程的改进建议，对女性移民和青少年移民还有文盲等群体进行了课程调整，将其语言课程的课时延长到900个小时。在结束学习后移民还要通过语言方面的测试才可以成功毕业，确保了语言课程的学习质量和效果。

（3）政治象征性的政策和措施

除了上述具体的政策和措施之外，德国政府还制定了一系列具有象征意义的政策和方案，以此来凝聚社会对移民融入的共识，创造社会氛围，鼓励和动员移民更好地进行社会融入。例如2006年在联邦总理府召开的第一届融入峰会，德国各级政府的代表和其他移民团体以及宗教团体都参加了这次峰会，其中大约1/3的与会人员具有移民背景，这次峰会的主要目的是制定国家行动计划，以此来向人们展示对于移民参与国家和公共事务的讨论与规划的认可和重视，虽然实际效果并不显著但有十分重要的象征意义。除此之外，另一项象征性的措施就是德国伊斯兰会议的召开。由于政治和历史原因，德国的穆斯林移民一直备受关注，人们对于穆斯林移民的问题一直争论不休。在此背景下，德国内务部在2006年组织召开了第一

① Gesetz zur Steuerung und Begrenzung der Zuwanderung und zur Regelung des Aufenthalts und der Integration von Unionsbürgern und Ausländern，1 § 43. Integrat ionskurs.

届德国伊斯兰会议，希望能通过交流和对话来促进穆斯林移民在德国的社会融入问题。这些政策和行动虽然象征性的意义大于实际作用，但仍然给德国移民的融入创造了更多的机会，也促进了德国社会各界对于移民融入问题的理解和参与，为移民贫弱群体更好地在德国被接受、融入和发展创造了条件。

四　德国贫弱群体政策的转型与发展特征

德国对于贫弱群体的保护经历了一个不断发展变化的过程，由最初的教会和民间组织自发地救助贫困群体，逐渐地发展到政府和社会组织共同为贫弱群体提供最基本的救助，再到后来“二战”后建立起覆盖全体国民的健全的社会保障体系，一直到近些年对贫弱群体保护政策进行改革，由保护为主向侧重支持转变，由传统社会政策转向“积极型社会政策”。德国根据本国的实际情况和世界发展的趋势，不断调整和完善针对贫弱群体的各项政策，发扬本国“互助共济，共同责任”的精神和原则，形成了以社会公平和社会安全为核心的贫弱群体保护体系，其转型与发展的过程主要体现了以下几个特点。

（一）政策理念：由注重保护权利到强调权责统一

社会政策的核心问题是将利益分配给谁，而政策理念则体现了国家和政府对于利益分配的总体原则，一般与国家的文化与传统观念紧密相关。德国虽然受到了英国“从摇篮到坟墓”式的福利国家思想的影响，也曾出现了一些“福利病”。但在德国，社会市场经济模式深入人心，德国政府在制定贫弱群体保护政策时，特别注意对经济效率的影响。在强调“互助共济，风险共担”的基础上，注重政策在促进经济效率和维护社会公平上的作用，既不能使人们的进取精神减弱，也不能对效率和市场机制的运行造成消极影响。

在德国，国家和政府在保护贫弱群体方面承担着主要的责任。保护贫弱群体的各项资金一半以上是由政府拨款，但对于贫弱群体的保护也不是一味地强调他们的各项权利，因为这样可能造成新的不公平，也容易削弱贫弱群体的进取心和自立精神。德国的社会政策在保护贫弱群体的同时也十分重视权利和义务的统一，处于弱势地位的一方在享有各项权利并受到各种保护的同时，也要承担相应的责任，特别是对自己负责和承担对家庭的责任，强调“无责任即无福利”，鼓励个人对自己负责，培养社会责任感。特别是在20世纪七八十年代福利国家受到冲击后，德国越来越强调公民要“自己为自己负责”，凸显“自助”而非“施舍”的核心理念。德国的社会保险制度也体现了权利与义务相对应的原则，即公民只有履行了缴纳社会保险的义务，才能享受到相应的收入补偿的权利。

除此之外，由于社会政策的再分配功能日益陷入危机，即英国《伊丽莎白济贫法》开创的那种通过社会再分配来应对贫困和其他社会问题的范式缺陷日益暴露，这种政策逻辑使得许多发达国家公共财政和金融危机频发，“福利依赖症”和“养懒汉”现象日益严重，因此，德国在就业政策上也通过以“工作的福利”取代“没有工作的福利”的方式来减少由于过度保护而使人民的进取精神丧失现象的出现。在社会保障方面也要求政府、企业和个人各自承担相应的责任，而不再沿袭单纯政府出资的供养型社会救助制度，更加侧重强调“无责任即无权利”，注重权利与责任的统一。

（二）政策方法：由被动补偿保护到积极赋能开发

1986年德国的社会学家乌尔里希·贝克在其著作中提出了“风险社会”[①] 的概念，指出了后工业时代与传统社会风险机制的不同，由“财富分配”所导致的风险和灾难更多地转化为“人工制造”的社会冲突与灾难。而传统的对贫弱群体进行补偿的策略已经不足以应对后工业时代的社会风险。德国传统的福利观念将贫弱群体保护政策视为政府为保障公民福利而采取的救济措施，但是面对新的社会风险，这种救助的策略和路径并没有真正有效地解决各种社会问题，贫弱群体的弱势地位依然很难摆脱。

---

① 〔德〕乌尔里希·贝克：《风险社会》，译林出版社，2003，第22页。

有学者指出，“物质财富的匮乏只是贫穷之表象，更为本质的是参与机会的匮乏”[①]。经济合作与发展组织国家的一些研究报告更是指出“穷人未能成功地参与到劳动和社会之中……贫穷和不平等是社会缺乏效率的表现，它表明社会正在浪费人力资源、机会和生活的可能性”[②]。

基于社会风险的转变和传统社会政策的缺陷，德国开始对本国的贫弱群体保护政策进行改革，在政策方法上发生了明显的改变，放弃了传统的补偿保护策略，而是更多地注重对社会成员进行积极的赋能开发，改善贫弱群体的发展条件。从德国贫弱群体保护政策演变的历程中可以看出，20世纪70年代以来，德国越来越重视对贫弱群体的支持政策，对现有的政策进行改革，尽力消除保护政策中消极保护和过度保护的现象，加入了更多的支持政策和措施，来促使贫弱群体实现自我的发展。比如德国实施的对失业者进行的培训和再就业政策，为促进就业提供服务与管理，其中的就业监管措施强制失业者参加招聘面试和为参与新的工作岗位而设置的技能培训，对于拒绝接受工作机会的人员进行制裁。除此之外，还为不同的社会贫弱群体设立了有针对性的就业促进方案，以激活就业的方式来达到消除贫困和社会排斥的目的。[③] 除了失业群体外，德国对其他贫弱群体的保护政策也出现了积极赋能的取向，如帮助工伤受害者积极康复重返工作岗位的措施、为提高移民社会融入能力的各种政策和法规等。这些政策方法上的转变都体现出了一个特点，那就是全面提升贫弱群体社会参与的能力、意愿和机会，改善其发展条件，而非单纯地对其进行被动的保护和补偿，也不仅限于改善发展条件不足而导致的贫穷和不幸。在政策路径上，从以往的补偿和应对型的路径转向“对个体进行社会投资——促使其潜力最大化，从而成为自给自足和独立自主的社会成员”的政策路径。

---

① 胡位钧：《社会政策的“积极”转型：OECD的经验及其启示》，《复旦学报》（社会科学版）2010年第5期，第100页。

② OECD, Extending Opportunities: How Active Social Policy can Benefit us All (Paris: OECD, 2005).

③ Tergeist, P., D. Grubb: Activation Strategies and the Performance of Employment Services in Germany, the Netherlands and the United Kingdom, OECD Social Employment and Migration Working Paper 42, 2006.

（三）政策目标：由保障基本生活到促进社会融合

对那些由于种种客观原因而不能参与到市场竞争中的贫弱群体，进行一定的保护是德国社会市场经济体制的基本要求，而德国传统的“互助共济”精神也要求政府对贫弱群体进行保护，其首要目标就是改善其生活状态，保障其基本生活能够维持，生存权利不受侵犯。随着社会经济水平的不断提高，人权保护和社会保障等领域的思想和理论也不断发展，特别是风险社会理论、社会排斥理论的提出，以及 20 世纪 80 年代以来的新社会运动，都从很多方面改变了人们对于贫弱群体保护的观念。对贫弱群体的保护也不再仅仅局限于维持人的生存和给予经济援助，而是要注重人的发展和权利的实现，促进贫弱群体的社会融合，减少其在社会上遭受到的歧视和不公正待遇，使其能够与其他社会成员一样有尊严地自主发展。

20 世纪 70 年代以来，欧洲福利国家日益受到冲击，特别是由此引发的劳动力市场的就业问题和收入分配差距日益显现的问题，逐渐成为影响德国社会融合的关键因素，给德国社会和经济的发展带来负面影响。因此，德国需要通过改变社会政策来变革社会福利的资源分配原则，提高社会成员的社会参与，促进贫弱群体的社会融合，解决福利国家危机。在贫弱群体保护政策上，德国从 20 世纪 90 年代开始，在完善本国失业保险制度的基础上，逐渐从较为单纯的转移支付转为以工作福利为导向，以此来激活就业，促进社会融合；在社会救助制度方面，德国也经历了一系列改革，将“确保公民生存尊严和实现社会团结作为社会救助政策的重要原则”①，改变了以往单纯的政府出资供养型的社会救助政策，努力促进失业者重新融入劳动力市场。此外，对于其他贫弱群体，如外来移民和残障人等，德国也制定了多项政策措施来减少社会歧视，帮助其更好地融入社会，而不再仅仅是为其提供最基本的生活补助。比如 2007 年出台的针对外来移民的《国家融入计划》，从教育、语言和劳动力市场等多个领域阐述

① 江树革、费多丽：《公平可持续发展实现路径的德国经验研究——社会市场经济下德国福利制度改革的背景、理念和思考》，《马克思主义与现实》2015 年第 4 期，第 148 ~ 153 页。

了移民融入的现状和目标。又如针对工伤和残障群体的职业复健计划，为其提供咨询、求学和职业训练等服务与帮助，促进这一类贫弱群体重新康复、适应新的生活，并帮助其改善生活质量，更好地融入社会。

五　德国贫弱群体政策的经验对中国的启示

他山之石可以攻玉，德国经过多年的实践和改革已经形成了对贫弱群体比较完善的政策体系，在对贫弱群体的保护和支持方面积累了丰富的经验，值得转型中的中国学习和借鉴。但我们不能只看政策内容而忽略其文化背景和发展历程，盲目效仿很容易出现“水土不服”。我们要根据中国的历史背景和文化基础来思考德国贫弱群体保护与支持政策背后的意识形态、发展逻辑、政治基础以及可能产生的问题。结合前文所论述的政策内容和发展变化趋势，德国对贫弱群体保护与支持政策在政策理念、政策目标以及政策方法等方面都可以给中国的贫弱群体政策制定提供一定的启示和借鉴。

（一）推动理念转型，强调权责统一

德国贫弱群体保护和支持政策的理念源于德国的历史和文化传统，从早期的行业互助到后来的“社会市场经济模式”都显示出德国的“法团主义”传统。一个国家对待历史文化的态度以及其民族性也必然会影响政府的政策，因此德国在贫弱群体政策的理念上也就会体现出这些特点，总结起来主要有三点：一是强调“社会共济，风险共担”，国家、企业和个人各自承担相应的责任；二是注重家庭，强调权利和义务相结合；三是注重效率、公平和自由的平衡。这些特点有着深厚的文化传统和社会共识，我们需要根据中国的实际情况有选择地借鉴。

1. 转变政策理念，培养社会共识

德国在贫弱群体的保护与支持政策上始终体现出“社会共济，风险共担”的原则。根据不同的情况，国家、企业和个人各自承担相应的责任，对处于弱势地位的特殊困难群体，特别是因为社会、政治等因素造成的贫

弱群体，由国家来承担救济的责任，而对于其他可能造成社会成员处于困难境地的各种社会风险则由各种社会保障制度和社会保险来抵御，而这些社会保障和社会保险则体现出了共同责任的原则，政府、企业和个人在责任机制中对贫弱群体的保护理念、制度模式、保障水平、改革方式和政策效果等多个方面都会产生直接的影响。德国的这一理念有着深厚的传统和广泛的社会支持，这种风险共担的传统一方面可以减轻全部由政府负责的沉重负担，另一方面也为贫弱群体保护与支持政策的顺利实施提供了很好的社会基础，这为我们思考如何将本国的社会政策和社会文化传统相结合提供了有益的启示。

与德国相比，中国在贫弱群体政策方面依然存在差距，特别是在政策理念上，依然是以国家保护为主。在中国传统文化中的“扶危济困”意识观念影响下，一方面造成了政府和社会对贫弱群体保护的认识停留在保障基本生活的供养阶段；另一方面也使得贫弱群体被动地接受政府和社会对他们的“施舍”，从而产生依赖。权责统一的社会共识依然没有建立起来，一方面，面对社会风险，贫弱群体不是依赖政府的救助就是依靠自身的力量勉强维持，权利和责任没能得到很好的统一；另一方面，政府在政策上也缺少对贫弱群体激励和支持的意识，传统的保障基本生存的理念依然没有转变，使得贫弱群体很难自力更生，自主发展。与德国相比，中国的贫弱群体政策在理念上权责统一的意识不足。因此，转变政策理念，立足中国的文化传统，培养权责统一的社会共识，使中国的贫弱群体政策理念能够有坚实的社会基础，这是我们在借鉴德国经验的基础上应该认真思考的问题。

2. 注重效率、公平和自由的平衡

德国的社会政策深受“社会市场经济”模式的影响，注重将自由原则与社会的平等原则相结合，“为每一个公民提供基本的生活保障是国家的重要任务，而超过这种基本保障的内容则应发挥个人创造性”，这一理念在德国被广泛接受，因此在贫弱群体的保护与支持政策中体现了对效率的促进，对公平和自由的维护，如促进失业群体再就业政策，逐步减少对长期失业者的补助；疾病和残障人士在选择医疗救助时享有一定自由选择的空间等政策和措施。这一理念对于防止过度福利、过度保障很有帮助，使社会政策和经济的发展能够相匹配，在保护贫弱群体的同时保证效率。除此之外，还在一定程度上兼顾了社会公平和个人的自由。

与此相比，中国的贫弱群体保护政策在效率、公平和自由的平衡方面还有待进一步提高，虽然近年来中国在贫弱群体政策方面开始进行改革，尤其是精准扶贫政策，越来越注重扶贫的效率以及社会公平，并且开始针对不同个体的实际情况开展有针对性的帮扶措施，但是从整体上看，特别是在政策的具体实施过程中，由于情况的复杂性和行政成本等原因，还是很难平衡好效率、公平和自由的关系，存在着为了完成上级的任务指标而不顾客观事实强制推行的做法，使得政策的理念和价值被扭曲，损害了效率，阻碍了个体自主发展，德国的经验值得我们在制定贫弱群体的相关政策时好好思考我们的政策理念和价值。

（二）转变政策方法，注重赋能开发

1. 转变政策方法，发挥政策的“造血”作用

从德国贫弱群体保护政策演变发展的历程中我们可以看出，20 世纪 70 年代以来，德国越来越重视对贫弱群体的支持政策，对现有的政策进行改革，尽力消除保护政策中消极保护和过度保护的现象，加入更多的支持政策和措施，来促使贫弱群体实现自我的发展，政策目标发生了比较明显的转变，由保护转向支持，越来越注重社会政策的“造血”作用。这一转变固然与德国的经济发展和全球的大环境有关，但也揭示出了当前世界对于贫弱群体保护政策改革和发展的趋势，可以说给我们指明了方向。

与德国相比，虽然中国对于贫弱群体的保护在水平和范围上都有差距，还谈不上保护过度，但其政策改革的方向依然值得我们关注。目前我国的贫弱群体政策依然是以保护为主，对贫弱群体的扶助手段依然是以各种直接补贴为主。虽然近年来已经有了一定的转变，提出“扶贫更要扶志”等口号，但是传统的补贴保护政策路径并没有发生根本改变，有待于在借鉴德国等发达国家先进经验的基础上进一步深化改革，明确贫弱群体保护政策的改革变化趋势，避免其他一些国家出现过的问题，在制定中国

的贫弱群体政策时能够有一定的预见性，以期能够更好地发挥政策的“造血”功能。

2. 注重保护贫弱群体的各项社会权利，促进权利公平

德国贫弱群体保护在政策目标上的另一个比较明显的变化趋势，就是由以前的保障贫弱群体的基本生活向保护贫弱群体的各项社会权利转变。这一转变与经济的发展和社会的进步有很大关联，“仓廪实则知礼节，衣食足则知荣辱”，在基本的生活有保障的基础上，对于贫弱群体的保护就越来越注重对其各项社会权利的保护，对于贫弱群体的判定也不再仅仅是根据物质生活的匮乏与否，心理、精神状态、发展的能力、获取资源的能力等各种其他层面的因素越来越受到关注，因此在政策上也就会发生变化。德国对于贫弱群体的保护就体现了这一点，在保障贫弱群体基本生活需要的基础上越来越关注其其他层面社会权利的满足。

中国作为发展中国家，在社会保障制度和贫弱群体保护政策方面起步较晚，对贫弱群体的保护还处在比较低的水平，虽然近年来中国加大了对贫弱群体保护的法律与政策投入，但从党的“十八大”提出的“权利公平”的角度来看，中国的贫弱群体在社会经济生活各个领域中的参与度以及公民权利的实现程度依然不足，政府和社会需要为贫弱群体提供平等参与社会经济生活的制度和社会环境，破除以往补贴保护的政策路径依赖，注重对贫弱群体的赋能开发，保护贫弱群体的各项社会权利，促进权利公平。这样一方面可以减少各项救济金的支出，另一方面也使得贫弱群体成为新的巨大的人力资源。

（三）明确政府定位，加强社会参与

1. 优化政府职能，明确政府定位

政府职能的有效发挥，是贫弱群体政策高效顺利实施的基础。政府在贫弱群体保护上既不能仅仅扮演“守夜人”的角色，从而使得贫弱群体在社会竞争中处于极度不利的地位，也不能仅仅依靠市场和社会提供的民间救助，因为这样很难覆盖到所有贫弱群体。在这一点上，德国政府职能清

晰，定位明确，政府负责政策的制定和对政策的实施进行监督，起主导作用，而各种社会组织和机构负责具体的事务和政策的执行。与中国不同，德国政府在贫弱群体保护上虽然发挥着坚实后盾的作用，但政府并不大包大揽，政府职能的发挥是有限度的。德国政府在这方面只负责为贫弱群体保护立法，出台各种政策来进行宏观上的引导，以全面系统的法律和监督机制保障政策的实施，对社会组织的工作进行监督，政府对自身的职能定位十分清晰，避免了政府机构臃肿庞大造成的低效率以及资源的浪费，也有利于减少贫弱群体对政府的依赖。

与德国相比，中国政府职能改革的时间尚短，正在逐渐向服务型政府转变，政府的职能还有待进一步优化，政府的定位也有待进一步明确，但在贫弱群体保护方面，德国给我们提供了很好的借鉴。一方面以政府为主导的定位与我国国情比较符合，能够发挥中国特色社会主义市场经济体制的优势；另一方面，政府职能有限发挥也符合中国建立有限政府的改革发展的方向。但与此同时我们也应该看到，德国完善的法律体系和监督机制是政府职能有效发挥的保障，在这一点上中国与之相比依然存在较大的差距，需要在优化政府职能、明确政府定位的基础上加强相关的法律体系建设。

2. 加强政府购买，鼓励社会参与

德国政府发挥主导作用却不负责具体的事务，但是并没有因此降低政府在贫弱群体保护上的责任，这与德国发达健全的社会组织和非营利机构体系密不可分，由他们来负责大量的具体事务，为保护和支持贫弱群体的生活和发展提供很好的支撑和服务，政府通过购买服务的方式与社会组织以及市场之间形成了很好的分工合作关系，共同推进贫弱群体保护与支持政策的实施与落实。

而中国在贫弱群体保护方面还是以政府保护为主，特别是在基层政府层面，依然承担着大量扶贫助残的任务，一方面由于专业性不足，对贫弱群体的帮扶效果较差；另一方面也加大了基层政府的行政负担，使得政府职能的发挥受到影响。借鉴德国的经验，结合近年来中国推进政府购买和鼓励社会参与的改革趋势，在贫弱群体保护方面中国应该通过政府购买的方式将具体的事务交由专业的社会组织和机构，既有利于发挥社会组织的专业性优势，也有利于精简政府机构，减轻行政负担。通过鼓励社会参与的方式，形成政府—市场—社会的良性互动，更好地改善贫弱群体的生存状态，促进其自主发展。但与此同时我们也应该清醒地意识到，中国的社会组织和机构不论是在数量还是在能力上都与德国存在较大的差距，不能过急地将具体事务交由社会组织，而是应该在大力培育和扶持社会组织发展的基础上稳步地让渡出去，以免由于社会组织能力不足，社会参与发展不充分，而使得承接不力，影响贫弱群体政策的执行。

第四章

法国贫弱群体的保护与支持政策

法国作为欧洲大陆国家的典型代表之一，也是较早建立社会福利制度的国家之一，其高福利、高保障的社会福利制度一直备受关注。而法国的贫弱群体政策则具有明显的保守型福利国家的特点，具有很高的保护水平和人性化的理念与措施，而本章主要探讨的就是法国的贫弱群体政策发展变化的特点和改革趋势及其给中国的启示，涉及贫困群体、失业群体、疾病与残障群体、工伤受害者以及少数族裔与移民五大群体。经过系统梳理后发现，法国贫弱群体政策近些年的改革趋势体现出了政策重心由保护向支持的转变，体现在政策理念、政策内容和政策方法等方面，逐渐构建起发展型福利制度。法国贫弱群体支持政策的价值理念在于不仅着眼于眼前利益，还注重长期投资，增强贫弱群体的自我发展能力。法国政府在对传统的保障对象提供津贴补助、设施建设、服务项目的同时，着重增强社会成员的自我发展能力，促进人的全面进步。受历史因素的影响，法国行业保护的特征十分明显，体现出鲜明的本国特色。但与此同时，这也对法国福利制度的改革产生了很大的阻力，造成了一定的社会动荡。可以说法国的贫弱群体保护政策及其改革发展的过程，既为我们提供了先进的经验和有价值的借鉴，也为我们提供了需要警惕和谨慎对待的教训与挫折，特别是在推动理念转型、统筹政策内容以及转变政策方法方面值得我们认真思考，有选择地学习和借鉴。

一 研究的问题

（一）法国贫弱群体的含义

在法语中 Groupes vulnérables 译为贫弱群体，是一个相对性的概念。在法国，政府和一些学者倾向于以脆弱性来定义贫弱群体，例如在政府的一些文件中贫弱群体被定义为："在安全的环境下由于年龄、性别、种族、经济条件、社会、生理、心理等因素而处于不利的地位，或是由于暴露在武装冲突，内战，社会局势紧张，人道主义灾难，激烈的暴力环境等危险因素中而处于不稳定情况下的人群。"① 而一提到脆弱性人们就会想到那些比较容易受到伤害的群体，如妇女，年轻人、少数民族以及其他在语言和宗教方面处于贫弱地位的群体。除此之外，还有一些研究和报告对贫弱群体的特点给出了比较概括性的定义，认为贫弱群体的含义虽然在不同的国家有不同的内涵，但其中最重要的特点是对年龄、性别、种族和地位的定义，认为贫弱群体"较少参加行使公共权力、很少获得或占有公共资源，也很少对公共财富的分配产生影响，很难维持生存和自我发展"②。

由上文的两个定义我们可以看出，法国将贫弱群体按产生的因素分为两种大的类型，一种是在安全环境下，由于个人因素、社会经济条件等处于不利地位的群体；另一种是暴露在不安定的环境中而处于危险境地的群体。可以说前者是在正常的社会秩序中由于个人因素和社会经济条件而在竞争中处于不利地位的人，后者则是在非正常的社会环境中暴露在危险因素下的人。除此之外，法国对于贫弱群体的特点倾向于从公共权力的行使和公共资源的占有来进行界定，并且不仅关注贫弱群体维持生存，也关注其自我发展。

① GROUPES VULNÉRABLES，http：//www. operationspaix. net/67 - resources/details - lexique/groupes - vulnerables. html，2009.

② Groupes vulnérables - CiSocH - Europa，https：//webgate. ec. europa. eu/fpfis/mwikis/aidco/index. php/Groupes_ vuln% C3% A9rables，2016.

欧盟在《保护贫弱群体——欧洲人权框架》中也提到了一种对贫弱群体的定义："贫弱群体被定义为那些由于年龄、性别、身体和精神状态等因素，或者由于社会、经济、民族或文化环境而导致的在司法系统以法律认可他们之前很难充分行使自身权利的群体。以下可能是构成脆弱性的原因：年龄、残障、属于土著居民或少数民族、迫害、移民和国内的流离失所、贫困、性别和自由的剥夺"①。这一对贫弱群体的定义比较全面系统，而且从法律和司法的角度指出了贫弱群体的特点是难以充分行使自身权利，结合在法国的语境下对贫弱群体的定义我们可以看出，作为欧盟成员之一的法国在贫弱群体的界定和定义上与欧盟有很高的一致性。

（二）法国贫弱群体保护与支持政策的定义及区别

法国的贫弱群体政策经历了一个由特殊到普遍、由单独分散到系统综合、由保障基本生活到促进持续发展的复杂过程。法国对贫弱群体的保护最早可追溯到中世纪，法国的宗教当局就曾设立"主宫医院"来接纳收容那些社会贫困群体和残障人。到了启蒙运动和大革命时期，人们的民主自由思想觉醒，政府也越来越关注社会贫弱群体的保护，开始制定一些零散的保护贫弱群体的政策和法规。但是这一时期的政策数量比较少，且覆盖范围十分狭窄，都是一些针对少数特困群体的救助政策，也大多是依靠发放食物或暂时提供住处等比较低水平的保护。这体现出法国贫弱群体保护政策的特征——以保护贫弱群体最基本的生存为主。

在经历"一战"和"二战"后，法国受到战火的破坏，为了恢复和重建，保护受到战火伤害的民众，再加上受到福利国家思想的影响，法国开始建立起覆盖范围比较广泛的社会保障制度，逐渐将一些专门针对贫弱群体的保护政策也纳入整个社会保障体系中。特别是随着法国国力的不断恢复和进一步发展，社会保障制度也愈加全面和完善，法国成为高水平的福利国家，对贫弱群体的保护政策也从特殊针对到普遍覆盖，由单独分散到

① 100 Brasilia Regulations Regarding Access to Justice for Vulnerable People, www. osce. org/odihr/68082, 2016.

系统综合。这一时期的贫弱群体保护政策日益健全和完善，但是贫弱群体及其保护不再突出，转为注重保护全体国民权利的公平和平等，因此法国贫弱群体保护政策可以定义为从各个方面保障个体在遭遇到现代社会生活中的各种风险时，能够基本上维持自己的正常生活的各项政策。高福利、高保护是这一时期法国贫弱群体保护政策的最大特点。

但是随着20世纪七八十年代法国经济的衰退，以及高福利带来沉重的财政负担，法国政府又开始转变思路，对于贫弱群体的政策由以保护为主向以支持为主转变。特别是在解决失业群体的失业问题时，法国政府出台了一系列促进再就业和鼓励创业的政策，以此来减少这些贫弱群体对福利和补助的依赖，减轻政府的财政负担，促进贫弱群体的独立自主与持续发展。到目前为止，法国政府对贫弱群体的支持政策除了保护其自主独立发展的能力外，还重视社会对贫弱群体的接纳以及他们的社会融合等问题。法国的贫弱群体支持政策既保障其基本权利，又尊重和维护其自由发展，符合现代社会的精神和发展要求。可以说支持政策是对传统保护政策的发展与改进，在原来保护的基础上增加了更为积极的政策取向，二者具有明显的区别。

二　法国贫弱群体的保护政策

按照法国的标准，其贫弱群体包含的种类很多，但本文的研究聚焦在社会风险因素造成的贫弱群体的保护政策，据此本文将要讨论的贫弱群体包括：贫困群体、失业群体、疾病与残障群体、工伤受害者、少数族裔与移民五大类。

（一）对贫困群体的保护政策

在法国，贫困和社会排斥问题成为当今公众关注的焦点，尤其是贫困，有超过90%的法国人将贫困列为个人首要担心的问题。[①] 为了保护生

① 白澎、叶正欣、王硕：《法国社会保障制度》，上海人民出版社，2012，第271页。

活贫困的贫弱群体，使其能够维持基本的生活，法国政府采取了一系列的行动和措施来救助贫困人群。

目前对于贫困水平的确定由于各个国家的经济发展水平和其他各种因素的影响还没有一个统一的标准，对于贫困的定义目前只有欧盟官方给出的关于穷人的定义："由于拥有的物质、文化和社会资源过度匮乏，而被其所在成员国最低可接受生活方式（标准）排除在外的人群"[①]。国际社会将贫困一般分为绝对贫困和相对贫困两种，法国一般使用相对贫困线作为划定贫困人口的标准，将贫困线定为法国国民中等收入的50%或60%，贫困线会随着国民收入水平的提高而逐步上升。

造成贫困问题的原因主要来自社会和个人两个方面："一方面是社会所提供的能带来经济收入的机遇不充足，导致人们难以就业或者所获得的劳动收入无法维持正常的生活水平；另一方面是个人主观上不愿意通过劳动获得收入摆脱贫困，或者是丧失了劳动能力。"[②]

为了防止贫困问题进一步恶化，保护贫困人群的基本生活，法国政府采取了一系列反贫困政策，如非全工劳动者的补偿政策、住房保障政策、就业团结收入政策、最低工资制度等。

1. 非全工劳动者的补偿政策

非全工劳动者的补偿政策是为了补偿劳动者工作时间不足而引起的低收入问题，主要面向的人群是那些从事不固定工作或者非全职工作的劳动者。那些虽然拥有全职工作，但其工作方式属于间断性的人群同样被包括在补偿政策中，这些非全工劳动者在（单位时间）报酬相同的情况下最容易遭受贫困。

非全工劳动者的补偿政策面向低收入人群发放补偿津贴，追加的补偿以其所从事的劳务收入为基础，但其更多考虑整个家庭的收入水平，另外需要抚养多少个孩子也是一个很重要的因素。但是补贴金额会因为收入水

---

① 1984年12月19日欧洲部长会议。

② 彭璐琪：《法国贫困问题及政府对策研究》，对外经济贸易大学硕士学位论文，2011，第3~6页。

平而有所差异，所有的补偿对象每年要进行一次收入的申报。

2. 住房保障政策

法国政府在 1995 年提出了一项“贝瑞索计划”，是一项主要针对最贫苦人群的紧急援助计划，短期内建造了 20000 栋房屋用于社会援助计划。之后法国又出台了一系列与之相辅相成的法律和政策，其中让·路易保罗①提出了一个国家级别的参与计划，兴建大量的住房并优先把这些住房分配给那些贫困的无住房人群，这些住房就是通常所说的低租金住房。除此之外，生活贫困的人群还可以在社会救助的名义下得到社会收容及社会再融入中心提供的短暂的居住，并尽可能地找到自己的自主住房。

由于贫困个体的实际情况和面对的困难差异很大，为此法国政府出台政策大力促进建立社会经济伙伴关系，以此来动员社会多方力量帮助贫弱群体解决住房问题。

除此之外，各省还要制定各自的行动计划，即针对特困人群的省级住房行动计划来落实对贫困群体的帮助。这一计划是以省为单位来进行规划的，其目的是通过与承租者、出租人以及社会团体联动性的合作方式提高补充性及适应性住房供给。② 特困人群的省级住房行动计划将受助者分为两类：第一类是那些认识到自己经济困难，不能维持自己住所开支的人；第二类是那种已经存在很长时间且存在社会融入困难的人群。法国政府的住房计划优先考虑那些没有住所、受到没有住所的威胁或是住在卫生条件比较差的人群。法国政府多次提高对房屋出租人的经济补助，鼓励住房的所有者将所拥有的房屋出租给那些贫困人群，并改善其居住环境。另外各种非营利组织、协会以及社区服务中心等各类组织都参与到租赁中介中，给特困群众提供一定的经济援助。

对贫弱群体的住房补助由住房互助基金（FSL）来进行拨付，拨付金额由被补助者的收入决定，补助方式分为三种。

---

① 让·路易保罗（Jean - Louis Borloo）：法国政治家，人民运动联盟成员，曾任瓦朗谢讷市市长，法国就业、社会团结和住房部部长，法国经济、财政和工业部部长。

② 白澎、叶正欣、王硕：《法国社会保障制度》，上海人民出版社，2012，第 290 页。

第一种是财政补贴，主要包括针对特困人群的房租补贴和其他各种开支保证金、借款和津贴等，以帮助担保房租的支付以及迁居和修缮的费用，另外还对困难人群迁入新居后的水费、电费、电话费等进行清算，以帮助其维持基本生活。

第二种是为房屋的债务进行担保或是承担房屋修缮费用，主要包括房屋的修缮和保护。

第三种是面向社会的辅助救济，帮助特困人群得到住房并进行相关的维修。

3. 就业团结收入政策

就业团结收入政策是法国政府在保护贫弱群体政策中最具代表性的措施，被看作法国反贫困斗争中的一项总政策。法国政府从 2008 年开始在部分地区试行就业团结收入政策，于 2009 年 6 月 1 日开始在法国本土普及。该政策的目的主要有三个方面。

一是“提高生活在社会底层家庭的购买力，以职业收入和家庭构成为标准，向收入较差的受薪者提供补充性收入”；

二是“鼓励积极就业，保证失业者在重新就业时在一段时间内可兼领工资和部分补助金，以避免其收入下降”；

三是“消除社会排斥，保证受惠者有合适的生存手段，分担最贫困者的生活负担”。①

就业团结收入补助金包括两个部分，一个是取代最低社会救助补助（融入社会最低收入补贴和单亲家长补贴）的基础就业团结收入补贴（RSA socle），由各省负责筹集这部分资金，对于缺乏生活资料的特困群体来说，这是一项保证基本生存的最低收入来源。另一个就是取代融入社会的鼓励措施（就业奖金、再就业奖金）的在职就业团结收入补助（RSA activité），对于贫困的劳动者来说，这是劳动收入的一种补充。

法国政府规定的就业团结收入补贴的计算方法是用补助金的全额扣除

① 彭璐琪：《法国贫困问题及政府对策研究》，对外经济贸易大学硕士学位论文，2011，第 28～29 页。

被补助者月薪的38%，受益者每个月的总收入相当于全额补助金加上工资收入的62%。对于有工作但是工资收入很低的人，他们将以这种方式来领取补助，但补助金会随着工资的增多而减少；对于没有工作的社会最低收入补贴的领取者，他们则可以领取全额的就业团结收入补助金。

就业团结收入补助金融合了多种救济手段，是一项综合性的措施，简化了以前多种救济方案并行的方式，提高了救助的效率和效果。除此之外，还扩大了救济贫困人口的范围，对贫困现象很有针对性，为贫弱群体提供一项补充收入的同时还减轻了政府的财政负担。

4. 最低工资制度

最低工资制度在法国拥有较长的历史。早在1950年法国政府就规定了行业最低保证工资（SMIG），但是由于通常情况下物价水平增长要比平均工资增长快，所以其按照物价水平来计算额度的方式不能使行业最低保证工资的领取者实际购买力得到增强。为此，法国政府在1970年进行改革，建立了现行的行业最低工资制度。这一制度的优点就是以工人基本时薪的实际购买力的增长为基础来计算最低工资，从而避免了最早实行的最低工资制度的缺陷和不足。

法国的最低工资标准每年都会进行重新地划定，根据物价上涨的水平和工资的实际购买力水平来调整。截止到2011年，法国的最低时薪标准达到了9.00欧元。尽管最低工资标准并不是严格意义上的贫弱群体保护政策，但其在反贫困方面有着十分明显的作用，保证了在通货膨胀的情况下，工资的实际购买力不至于大幅度下降，在一定程度上保证了低薪劳动者的实际生活水平不下降。但是近年来，法国政府为了防止企业因为最低工资标准的上涨而负担过重，减缓了最低工资的上涨速度，以此来鼓励企业雇用更多员工，促进就业。

（二）对失业群体的保护政策

法国自20世纪70年代的石油危机之后，失业率就一直处在较高的水平，年平均在9%左右，在西方发达国家中属于高失业率国家。法国政府为了维护社会稳定，保障失业群体维持最基本的生活，建立了失业保险制度，对满足补偿条件的失业者进行失业补助。法国对于失业贫弱群体的补偿又分为两种制度，一种是协议保险制度，另一种是社会互助制度，这两种制度的管理都由全国工商业跨行业就业联盟来负责，并且由其下属的工商就业协会（ASSEDIC）机构来划转对失业者的失业补贴。

1. 协议保险制度

法国的协议保险制度起源于1958年的跨行业协约，主要涉及缴纳失业保险金的私人企业雇员以及一部分国家企业雇员，他们可以在失业的时候领取失业保险金以维持最基本的生活，但不包括未被雇用的劳动人口。享受失业保险金需要满足以下条件：一是有一定的工作年限，至少要在职工作六个月；二是正式注册并且在积极寻找工作的求职者；三是不享受退休金；四是身体状况良好；五是非自愿性失业，如被解雇或者是由于长期合同到期而失去工作。而特殊情况下的辞职，如没有报酬的工作或者是配偶工作迁移而引起的辞职等也被包括在其中。

法国失业保险金的领取标准主要看整个失业补助以及失业前的工资水平，通过计算一年的平均月工资来计算出发放标准。“一般低薪人员开始领取的失业金相当本人月工资的75%左右；高薪人员失业金标准不得超过其本人月工资的57.4%”①。还有年龄和工作年限也会影响失业保险金的数额，按年龄可分为小于50岁的、大于50岁和大于58岁的失业人员，超过一定的工作年限就可以提前退休，工作年限越长，失业金领取的标准就越高。

失业保险基金的资金缴纳主要由雇主和雇员双方来共同承担，缴纳标准按照员工毛工资的8.48%来收取，由雇主承担其中的5.13%，雇员个人承担3.1%。另外，为防止企业倒闭，雇主还需再缴纳0.25%。但是进入21世纪之后，法国对这一标准不断进行调整，总的趋势是降低保险缴纳的数额，从2007年1月1日起，法国的失业保险金严格按照6.4%的比例来进行征收。

2. 社会互助制度

法国的社会互助制度是由国家来进行经营和管理的，与失业保险制度

---

① 佚名：《法国失业保险制度简介》，《劳动安全与健康》1999年第4期，第50页。

相比处于从属的地位。该制度主要包括四种补助：特殊团结补助、等同于退休金的津贴、暂时性失业补助、职业教育结束补助。

特殊团结补助保护的失业群体是那些50岁或50岁以上的，不能享受失业保险的失业者，特殊团结补助为这一类失业贫弱群体提供一种制度援助。该补助领取的条件是失业者必须在最近的10年中至少工作过5年，只有达到这一条件的失业者才有资格领取特殊团结补助。法国的特殊团结补助标准每半年就会更新一次，2008年的补助金额是每天补助14.74欧元。

等同于退休金的津贴保护的目标人群是那些在60岁之前至少缴纳了160个季度的强制养老保险的失业者，该津贴是法国政府在2002年开始设立的。该补助以失业者的核定收入为主要依据，让满足申请条件的失业者在退休前享受最低收入的权利。等同于退休金的津贴在形式上是对社会特殊团结补助以及最低收入保障的一种替代，是重返就业岗位津贴的一种有效的补充形式，每月的补助金额可以达到950欧元。

暂时性失业补助所保护的失业贫弱群体仅限于几个特殊类型的失业者，如有前科的罪犯或是收容站的被收容人员等贫弱群体。该补助从2006年11月16日开始逐渐取代以前的“融入社会津贴”，该补助平均每月补助310欧元，以一年为补贴的期限。而对于保护对象中的收容站的失业人员，法国政府还需要对其申请和领取的资格进行评估和审核。

职业教育结束补助所针对的人群也比较特殊，只针对那些虽然经过学习和培训获得资格认证，但在实际的求职过程中仍然出现就业困难的群体。职业教育结束补助每天发放26.01欧元的补助给这类存在就业困难的失业者。

法国政府通过针对普通失业者的失业保险制度以及比较有针对性的、专门面对特殊失业群体的社会互助制度来实现对失业贫弱群体的保护，每一种津贴和补助政策都有清晰明确的资格要求和金额标准，且大多会根据社会的发展而定期调整，对失业贫弱群体起到了比较全面的保护作用。

（三）对疾病与残障群体的保护政策

因疾病和残障导致的贫弱群体一直是世界各国保护的重点。疾病和残障除了给病人本身带来身心的伤害之外，对其治疗和照顾还会给个人和家庭带来经济和财务上的风险和负担。在法国，医药和保健服务的价格对于一般的国民来说比较高昂，如果没有国家和社会共同来抵御疾病和残障的风险，那么个人在面对这些风险时就很容易陷入困境而成为贫弱群体。为了体现福利国家的优越性，既使国民在患病时能够得到及时的治疗，又帮助其承担一部分医疗费用，使其降低到患者有能力支付的范围之内，法国政府建立了一套完善的疾病医疗保险制度。这套制度虽然不是专门为疾病和残障的贫弱群体而设立的，但也起到了对疾病和残障等原因导致的贫弱群体的保护作用，是法国最基本的一项保护国民健康的制度，体现了互帮互助、抗病救灾的合作精神。法国的疾病医疗保险主要分为两大类，一是基本医疗保险，二是补充医疗保险。

1. 基本医疗保险

法国的法律规定在法国领土上居住的国民有义务参加疾病医疗保险，目前法国的基本医疗保险已经覆盖全体国民，其补助方式主要有两种：一是非现金补偿，即与疾病相关的医疗开支部分的补偿；二是现金补偿，即因疾病耽误工作而造成的阶段性工资损失的补贴。主要补贴的项目有普通医疗费用的赔付、工资收入损失补偿以及残障抚恤金等。

（1）非现金补偿

对于非现金补偿，法国根据受保护者的不同设立了享受这一补偿的不同的前提条件，如表 4－1 所示。

表 4－1　被保险人享受非现金补偿权利的前提条件

被保险人	需要满足的条件
雇员	从享受医疗服务的那天起，如果满足以下条件中的其中一项即可享受该补偿： ——在一个月（公历月）或者连续三十天之内，工作时间超过 60 小时，或者在该时间段内至少缴纳相当于 60 倍按每小时最低工资标准计算的保险费用。 ——在三个月（公历月）或者连续三个月之内，工作时间超过 120 小时，或者在该时间段内至少缴纳相当于 120 倍按每小时最低工资标准计算的保险费用。 ——在一个公历年内，工作时间超过 1200 小时，或者在该时间段内至少缴纳相当于 2030 倍按每小时最低工资标准计算的保险费用

续表

被保险人	需要满足的条件
临时工/季节工	在没有满足一般性规定的情形下，假使临时工满足以下条件中的其中一项也可享受该项补偿： ——在一年之内工作时间超过800小时； ——在一年之内至少缴纳了相当于2030倍按照每小时最低工资标准计算的保险费用
首次工作的人	该补贴适用于已工作三个月的新毕业生；在三个月之后，为期三个月的新时期内，假如满足以下两个条件，被保险人也可享受该项补偿： ——年龄小于25岁； ——已经工作至少60个小时，或者自工作开始到目前已缴纳相当于60倍按照最低工资标准计算的保险费用
待业人员	——接受就业中心补助的待业人员：在其有权利领取救济金的时期内可以无条件享受该项补偿。 ——未接受就业中心补助的待业人员：从其工作合同截止之日算起，一年之内有权利享受该项补偿
学生	在学校注册时，所有学生必须按照社会保障制度要求购买学生互助保险。学生互助保险的参保方式根据年龄有所不同： ——16～20岁：免费参保； ——20～28岁：非免费参保。 如果该学生从事补偿性的社会活动或工作，或者他已经成为社会保险的被保险人，他就有权利免除参加社会保障制度规定的学生保险
犯人	在其监禁期间，无条件享受该项补偿制度
其他类型	退休金或者养老金领取者、提前退休人员、领取工伤保险的被保险人（伤残程度达66.66%以上）、残障人补助金领取者、单亲补助金领取者，都可以无条件享受该项补偿

资料来源：见白澎、叶正欣、王硕《法国社会保障制度》，上海人民出版社，2012，第148页。

除了表4－1列出的人群外，对于那些不具备享受非现金补偿权利的，但是与被保险人存在一定事实关系的群体，在满足一定的前提条件下也可以获得一定的医疗补偿，如被保险人的配偶、子女、直系亲属以及其他姻亲等。

医疗补偿发放的有效期一般为一年，但是如果出现死亡或者无力维持正常生活的情况，这一补偿的有效期可以适当延长。对于子女少于三个的个人或家庭，其有效期延长到家中最小的孩子成长到三岁为止，对于那些需要抚养三个以上孩子的个人或家庭，其医疗补偿的有效期没有界限。这一规定对于那些家庭中的主要劳动力出现疾病风险的家庭成员来说是一项有力的保护政策，以免出现因病致贫、家庭破裂的情况。

在非现金补偿中，法国对药物费用、住院费用以及个人承担的医药费用及其补助比例等都有明确的规定。其中，药物费用的补偿比例根据药物的种类不同而有所区别。在法国药物主要分为三大类：重大或重要药品、中等或弱性药品以及轻度药品，前两种药物的费用可以得到医疗保险的补偿，而第三种则不能。补偿的比例要根据药物的治疗效果以及受到的医疗服务而定，对于那些针对严重传染疾病和治疗瘫痪的不可替代的药品，可以全额报销；对于医疗服务中心所界定的重大的或属于重要类别的药物，可以报销65%；界定为中度的或是弱性药品的，可以报销35%；而对于被界定为中性药品的则只可以报销15%。

住院费用的补偿比例根据病人所在医院的性质和类型来确定，其中在公立医院或是协议私立医院住院的投保人，其住院费用的80%由社会保险来承担，并直接由结算中心进行支付，个人只需支付剩下的20%以及一些特殊的住院服务项目等的开支和费用。而那些在协议之外的私人医院住院的投保人则需要自己先垫付住院费，再由医疗保险补贴其中的80%。除此之外，对于一些特殊的住院群体，法国的医疗保险报销全部的住院费用，如住院超过一个月的病人（一个月后的费用全部报销），享受工伤残障补助者、残障群体、领取退休金的残障鳏寡以及患有长期传染病的病人等。

法国社会医疗保险中医药自理的部分也会根据具体的情况而有所差别。根据协议的规定，在很多情况下一些特殊的病人的医药费用会得到100%的补偿。除此之外，法国还设立了医疗豁免制度来对除住院期间的治疗药物外的所有治疗药物、辅助医疗行为和医疗卫生运输过程中产生的费用进行一定程度的豁免，每人每年的最大豁免限额为50欧元。

（2）现金补偿

现金补偿主要是对疾病或者事故导致的薪酬受损来进行补偿的一项保险政策，主要包括每日现金补助和雇主发放的补充补助金。被保险者可以根据医生的证明来确定领取现金补偿的时限。被保险人需要满足的前提条件的具体情况见表 4 －2。

表 4 －2　被保险人享受现金补助的前提条件

被保险人	满足现金补助的条件
雇员	现金补助针对的是那些因疾病停止工作的雇员，根据时间长短，分为低于或者高于六个月两种情形： ——停止工作时间低于六个月： 在中断工作的前六个月，该雇员已经缴纳至少 1015 倍依据每小时最低工资标准计算的保险费用；或者在停止工作前 90 天，在三个月的公历月份内已经工作了至少 200 小时 ——停止工作时间超过六个月： 一方面，自停止工作的那天起已经注册登记至少十二个月；另一方面，该雇员在停止工作之前的十二个月内，已缴纳至少 2030 倍依据每小时最低工资标准计算的保险费用，其中前六个月需达到 1050 倍。或者该雇员在停止工作的前十二个月内，已经工作至少 800 小时，其中前三个月工作时间超过 200 小时。
就业中心领取津贴的待业人员	现金补助可以给予那些领取失业金的人员，包括在取消失业金的十二个月之后
权利人	所有受益人保留一年因疾病、生育或者残障、死亡而领取现金补助的权利，直到他结束以上状况为止

资料来源：见白澎、叶正欣、王硕《法国社会保障制度》，上海人民出版社，2012，第 157 页。

每日现金补助是按照日工资对因病停工而导致收入受损的参保人进行补贴，补贴的时间一般为停止工作后的第四天一直到重新开始工作的第三天，但其最长补贴时间是有限制的，普通疾病的最长补助时间为停止工作连续超过三年，补助的总额不能超过 360 个现金补助日；慢性病的现金补偿则按日计算，若被补助者重新返回工作超过一年，则其补助支付的时间可以重新进行计算。每日现金补助的金额为日基础工资的一半，其最高额为社保中心规定的年度总额的 1/720，但如果领取补助金的个人需要抚养三个以上的孩子，那么他可以从停工后的第 31 天开始另外再领取补助金的 2/3，但不得超过社保中心规定的年度最高限额的 1/540。

除此之外，雇员在满足一定的条件时还可以得到雇主发放的补充补助金，一般从停工后的第七天起开始发放，其计算的方法主要依据两个步骤，首先在前 30 天，如果员工被判定可以继续工作，那么他可以领取

90%的净补偿，而在30天之后，则可以领取2/3的补偿额。对于那些在企业工作超过五年的老员工，该补助发放的时间期限可以延长10天。

2. 补充医疗保险

在法国，居民基本上参加了疾病医疗保险，可以为疾病和残障群体承担大约2/3的医疗费用，但是由于法国的医疗费用十分高昂，剩下的1/3自付费用对于一些经济条件不好的家庭和个人来说仍然是十分沉重的负担。为此，法国除了必须义务参加的疾病医疗保险外，还设立了自愿参加的补充医疗保险。这种补充医疗保险主要由补充医疗保险机构来承担义务医疗保险外需要自理的那部分医药费，可以使投保人在生病时避免出现沉重的经济负担。法国目前有90%以上的人参加了补充医疗保险，这使得法国的很多医疗服务机构不会因为费用问题而把很多需要医疗服务的国民拒之门外，尤其是那些患有眼病或者牙病，但因高昂的费用无法得到治疗的患者。

法国的补充医疗保险必须由投保人事先和保险公司签订保险合同并按照要求缴纳保险金，然后保险就会在十天后生效。除了个人参加补充医疗保险外，也有一些公司和企业为企业职工缴纳补充医疗保险，但其种类对于普通职工来说没有什么选择的自主性。

在法国的各种医疗保险的医疗费用支付中，77%由基本医疗保险来支付，而补充医疗保险大约支付12.5%，国家救助补助会支付1.5%，剩下的9%主要由个人来承担。

另外，法国还有专门针对残障群体的保护政策，如补偿津贴、家务援助、收容费用以及社会补助金等。法国对残障群体的保护政策经历了由最初的注重帮扶救助逐渐到承认残障人有获得补偿权利的过程。

法国大革命时期的制宪会议第一次提出了国家有救助残障人的义务的原则。1889年又在巴黎通过了一份残障人救助的宪章，随后一系列的残障人救助法律又得到通过，如1905年的《老年人、残障人和不治之症患者救助法》等。

从20世纪上半叶开始，法国政府对于残障群体的保护政策逐渐从承担救助义务转向保护残障人获得补偿的权利。如1919年问世的“一战”伤兵残障等级评估表，就是用来确定残障抚恤金额度的；还有1939年成立的法国残障人联合会，以集体行动来促进残障人保护事业的发展；“二战”后法国还建立了社会保障制度，来保障所有的职工在遭遇疾病和非工伤事故而失去“收益能力”时可以维持基本的生活。

法国还在其《残障人权利平等法案》中规定：“只要是残障人，在其未成年或失业状态下，国家即有义务根据其残障程度分别按月给予一定的津贴和补助，以保障其基本生活能够接近或达到社会平均水平。”① 残障群体中残障程度在80%以上的，可以得到每月不低于700欧元的津贴，比450欧元/月的最低生活保障金标准要高出一部分，以保障他们的正常生活。除此之外，法国还设立了许多特殊的单项津贴制度，如对残障人日常生活所需的用来消除或减轻障碍的各种工具器具（轮椅、假肢、导盲犬、助行器等）费用的支持和补偿，甚至还对残障人搬家设立特殊的补贴政策，并对存在经济困难的残障人予以单独的生活补助津贴。

2005年2月11日，法国出台法律规定了残障人有权利自由选择自己的生活方式和生活地点，并设立了社会补助金以及多项政府计划来进行人道主义扶助以及适合残障人的住宅改造和车辆改造等服务，提高残障人的居住水平。

（四）对工伤受害者的保护政策

从法国贫弱群体保护和社会保障的发展历史来看，法国的贫弱群体保护政策最早针对的就是遭遇工伤和各种职业病风险的贫弱群体。法国一开始推行可归罪性推定，就是指很多的事故和职业病都是由工作引起的，那么受害者就会认为这些是雇主的过错，从而在受到工伤和职业病伤害时会控诉雇主，并要求得到赔偿。但是后来这一补偿机制愈发变得不够公平公正，法国政府开始对全面赔偿机制进行改革，并且为了清晰明确地界定工伤贫弱群体，对工伤概念本身的界定从2003年起也进行了一系列的调整。

① 任占斌、丛向群、段小蕾：《英法残障人社会保障和服务工作考察》，《残障人研究》2011年第1期，第58页。

首先，在法国的《社会保障法》中将工伤定义为“不论什么原因，所有的雇主以及工作人员为一个或者多个雇主工作时，在工作地点发生的事故”（《社会保障法》L411－4）。其次，在2003年4月，法国的最高法院给出的工伤定义：“工伤是由一个事件或者一系列事件在工作时间、在一定的地点引起的，它的结果导致有形的伤害，而不论这种伤害或者病变在将来的哪一天会表现出来”。[①] 可以看出法国在对工伤的定义上越来越严谨，同时也考虑到了在从事工作的过程中可能存在的对员工将来的健康的影响，这样在制定关于工伤和职业病贫弱群体的保护政策时，就可以比较清晰明确地划定责任，从而使受害者能够得到及时的治疗和补偿。

在法国，为了保护个人在受到工伤和职业病的伤害时能够得到及时的救助和保护，公司和企业被强制要求进行工伤缴费，以确保发生事故和意外伤害，受害者能够从雇主那里得到赔偿。除此之外，法国还建立了工伤补助金制度，为工伤贫弱群体提供全套的医疗服务，主要包括医疗补助和资金补助。

1. 企业的工伤缴费

法国的企业工伤缴费虽然是强制性缴纳，但并不是单一固定的缴费模式，而是考虑到各种公司的实际情况不同而分为三种定价模式。

第一种是“固定式”模式，或叫作“真实价格”模式，主要针对的是那种人数在200人及以上的规模较大的公司或企业。这种模式在制定计费的标准时要考虑该公司或企业在最近三年内所发生的工伤和职业病的频次以及其治疗的成本，个体化的特征比较明显。

第二种是“混合式”模式，主要针对的是雇员人数在10～199人的中型规模的公司或企业，以整个行业的缴费比率为标准来确定工伤缴费的基准额度，在此基础上再根据每个公司和企业的具体情况进行一定的调整，具有一定的灵活性。

第三种是“集体式”模式，针对那些人数少于10人的小型公司或企业，这一模式与前两种模式不同，工伤缴费以公司内的各种不同的职业活动来确

① 白澎、叶正欣、王硕：《法国社会保障制度》，上海人民出版社，2012，第295页。.

定，而定价的比率由政府的法令来决定，并在行业专家的指导建议下确定各种类型的职业活动的具体缴费数额，这一模式的职业性特征比较突出。

2. 工伤补助金

法国对于工伤群体的补助政策既包括医疗补助，又包括工伤资金补助。其中的医疗补助主要是对工伤受害者的各种治疗费用进行补偿，如各种手术费用和药物费用、各种医疗器械等的使用费、因治疗而产生的交通费用以及丧葬费用和病人的转移费用。如果需要住院进行治疗，则其费用标准参考病人所居住地区最近的医疗机构的公示费用。最后，为了帮助伤者进行恢复，还会在病人结束治疗后承担一定的温泉疗养费用。法国的工伤医疗补助几乎覆盖了医疗过程中可能产生费用的各个环节，甚至包括一定的康复疗养费用，可以说福利水平很高。

除了医疗补助外，法国还为工伤受害者设立了工伤资金补助，主要是针对伤者因工伤或职业病而无法进行工作所造成的损失来进行补偿。工伤补助金根据伤者的情况不同而采取不同的补贴方式，主要分为按天补助和一次性补偿。按天补助针对的是短期内无法恢复工作，但可以在一段时间内恢复的患者，他们可以得到因工伤事故而无法从事劳动工作整个期间的损失的补偿，从遭遇工伤而停止工作后的第一天起开始计算，一直到其重新恢复工作为止。按天补助的标准为，前 28 天按照其工资的 60% 进行补助，从第 29 天开始，以后每天按照其工资的 80% 进行补助，直到其康复为止，前提是没有彻底丧失劳动能力，可以在短期内康复。

如果因工伤事故而丧失了劳动能力，则采用一次性补偿的方式来进行支付，根据伤者丧失劳动能力的程度的不同又略有区别，对于丧失劳动能力在 10% 以内的伤员，社会保障机构会一次性发放给伤者补助金；对于丧失劳动能力超过 10% 的伤员，社会保障机构会以每年发放年金的形式来向受害者进行补偿。补偿的额度随着伤残程度的提高而增加，如果工伤受害者需要第三方陪护服务来协助自己的生活，那么补偿的年金还会再增加 40% 。对于因工伤事故去世的受害者，其继承人可以得到工伤赔偿，一般可以得到死者工资 40% 的年金补偿。如果死者属于离异家庭或者分居家庭，还会有特殊性的安排来对其家属进行补偿。

（五）对少数族裔与移民的保护政策

在法国的人口构成中，有80%以上的人口是法兰西人，构成了法国的主体民族。除此之外，还有“东部法德边界的阿尔萨斯人、西北部布列塔尼半岛的布列塔尼亚人、地中海科西嘉岛的科西嘉人、南部东比利牛斯省的加泰隆人和西南部西法接壤地区的巴斯克人等”少数民族，也在总人口中占有不小的比例，而他国移民如阿拉伯人、非洲裔黑人、欧洲裔、亚裔等也有不小的数目。可见，法国既是一个多民族国家也是一个移民国家。

但是法国在对少数族裔和他国移民的问题上一直坚持其“共和模式”，即强调所有公民对法国和法兰西民族的认同，强调社会群体的一致性、同质性、一体化，避免刻意地区分民族和宗教。这种模式存在很多弊端，忽视了少数族裔和移民的一些需求和权益，特别是其在保留和发展本民族语言、文化和宗教信仰等方面受到了限制和同化。再加上经济、政治和种族歧视等多种因素的影响，法国的穆斯林裔、非裔和亚裔等移民，在法国的社会生活中缺乏平等感。2009年巴黎大学的一份调查结果显示，“在条件相当情况下，求职者带有阿拉伯裔或非裔等姓氏的简历要比带着法国主体民族姓氏的简历，所获得的回应次数少五倍以上”①。可以说法国的少数族裔和外国移民在其国家和社会中处于相对弱势的地位。

但是近年来，法国面对日趋复杂和严重的民族和移民问题，在原来“共和模式”的基础上有所宽松，出台了一些有利于保护少数民族和移民贫弱群体的政策。

早在20世纪50年代，法国政府为了安置外来移民，特别设立了专项资金，在城市的郊区为他们搭建了一些简易房屋和廉租房屋以及一些基本的公共设施，帮助其解决最基本的居住问题，并逐渐形成了移民安置区。这是法国比较早的移民安置政策，但是由于移民受自身条件的限制，再加上后来法国政府并没有持续地关注和解决移民的持续发展和社会融入问

---

① 刘力达：《法兰西“隐性”的民族与“显性”的民族问题》，《中国民族报》2010年7月30日。

题，在 20 世纪 70 年代后期，法国的郊区出现了很多贫民窟，引发了移民和贫弱群体对社会的高度不满。

除此之外，法国的语言政策也逐渐宽松化。法国长久以来一直推行的是强硬的法语政策，这虽然促进了法语的普及，有利于国家的统一和民族认同，却也促使一些少数民族语言处于濒危状态。为消除这些负面影响，法国政府逐渐推出一些新的宽松语言政策。1951 年法国的戴克索纳法结束了长期以来地方语言在法国没有地位、备受排挤的现象，被看作后来一系列加强少数民族语言立法的基础。20 世纪 80 年代，密特朗上台出任法国总统，公开发表了一系列的讲话，强调方言和少数民族的语言地位，并积极鼓励与拨款援助少数民族语言及文化的复兴工作。自此，法国政府开始明确提出倡导语言和文化多样性的口号，并在国际社会中得到广泛认可。

在少数族裔的政治参与方面，法国的政策也逐渐从中央集权向地方分权转变。法国在历史上有着深厚的中央集权传统，少数族裔的政治参与权受到压制，法国政府后来开始寻找各种改进措施。1982 年，法国议会通过了《关于市镇、省和大区权利与自由法案》，推动了地方分权改革实质性的进展。2003 年的修宪更是直接将地方分权确定为宪法的基本原则，修订之后的宪法第一条明确规定共和国的组织是“分权化的”。在地方分权的过程中，“布列塔尼地区，尤其是科西嘉地区获得了区域性的自主权和自治权，后者还获得了区域上的独特地位和一定程度的文化上的独特身份”。法国政府 1982 年赋予科西嘉岛一个“行政区”的特殊身份；除此之外，法国国民议会在 1991 年 4 月 4 日还通过了《科西嘉行政区身份法》，该法律允许科西嘉地区通过普选来建立一个“科西嘉地方议会”；2000 年 7 月 29 日法国政府还签订了一项新协议，这使得科西嘉拥有了新的自治权，权限更加广泛（在法国国民议会的监察下拥有“修改”国家法律的自由以及在学校可以教授科西嘉语等等）。①

但是，移民和少数族裔在法国的“共和模式”下受到歧视的情况并没有根本改变，他们的社会融入严重受阻，这种不平等使得他们往往处于社

① 杨琨：《瑞士和法国民族政策对比分析》，《青年与社会》2015 年第 9 期，第 253 ~ 254 页。

会最底层而无法获得发展的机会，从而导致一些骚乱的爆发。为了减少民族歧视，法国政府努力在“共和模式”的框架下积极推进民族平等，反对民族歧视问题，在2004年成立的反歧视与促平等高级公署被看作法国反歧视的一项重要措施。反歧视与促平等高级公署具有很强的独立性，“有权评判法律或国际条约所禁止的直接或间接歧视行为”，其主要任务有：“反歧视、提供信息支持、促进平等原则的实践，以及促进权利平等的实现”①。所有认为自己受到歧视的个人或集体可以向反歧视与促平等高级公署提出申诉，由相关人员对其进行调查，帮助维护受歧视者的正当权益。反歧视与促平等高级公署主要从三个重点领域来反民族歧视，分别是就业、教育和住房，前两个领域我们会在支持政策中来讨论，而在住房领域，反歧视与促平等高级公署主要从法律层面和实际操作层面入手。在法律层面主要着力于提出修改意见给法国最高行政法院等相关的部门，促进有民族歧视之嫌的法律的修改；在实际操作层面，反歧视与促平等高级公署首先通过在法国的各种住房会议上发放“住房无歧视”手册，使那些在实际租房过程中遭到歧视的群体可以根据手册来进行维权，其次是提交一些反住房歧视和倾斜照顾贫弱群体的具体建议，最后还积极和社会住房联合会展开合作，促进社会性住房公平公正地进行分配。

在2005年法国族群骚乱事件发生之后，法国政府的思维和话语取向发生了很大的转变，更加注重“机会平等”，并在2006年出台了《机会平等法》，成立国家促进社会团结和机会平等处，整合各种有利于促进社会平等的资源。

三　法国贫弱群体的支持政策

（一）对贫困群体的支持政策

为了使贫困群体能够依靠自己的能力摆脱贫困，避免对社会救助的过

① 刘力达：《民族歧视治理的法国经验：法国反歧视与促平等高级公署探述》，《中国民族报》2011年4月29日。

度依赖，降低政府的财政负担，法国政府实施了一系列具有奖励和激励性质的支持政策来促进特困群体摆脱贫困，并改善贫困地区的社会经济状况，为其发展提供更多的机会和更好的环境。法国政府对贫困群体施行的支持政策主要有就业奖励金政策、国土整治和区域经济发展计划以及青年人行动计划。

1. 就业奖励金政策

就业奖励金政策是对社会最低工资保障的改革，“是在不增加工资成本的基础上，增加净收入的一种手段”①。就业奖励金是为了支持那些收入微薄的个体，使其在取得第二次收入时的工资总额可以得到提高，尤其是申请福利救济还要缴纳直接税的那部分低收入人群，就业奖励金对促进贫困人群从事工作具有激励作用，以奖金或是税收减免的方式来增加其实际收入。该奖金的领取者必须满足年收入低于最低工资标准 1.4 倍的条件，但其职业活动又必须是充分的，其年收入又必须高于最低工资标准的 0.3 倍，只有满足收入水平要求的人才可以得到就业奖励金。“就业奖励金并不是针对年收入微薄者而进行的补助，相反它是为了鼓励人们从那些夕阳产业中走出来而重新寻找工作”。

就业奖励金是有最高收入限额的，根据个人和家庭情况而有所不同（见表 4 - 3）。

表 4 - 3　享受就业奖励金的收入最高限额

单位：法郎

类　别	年应税收入	年收入额（没有其他应税收入）	月收入额	工资相当于最低工资标准的倍数
无孩子、一个人	75996	105550		1.5
有孩子、单亲	118001	163890		2.4
无孩子、已婚夫妇	151999	211110	17592	3.1
一个孩子、已婚夫妇	172994	240270	20022	3.5
两个孩子、已婚夫妇	193997	269440	22453	3.9

资料来源：见白澎、叶正欣、王硕《法国社会保障制度》，上海人民出版社，2012，第

① 白澎、叶正欣、王硕：《法国社会保障制度》，上海人民出版社，2012，第 259 页。

258 页。

表 4－3 中第一列的应税收入为最高限额，在一定程度上决定了就业奖励金额的多少，就业奖励金会根据实际情况而有所不同。就业奖励金依据劳动者全职工作的报酬或者时薪来进行计算，因此，从事两份兼职工作的人所得的就业奖励金是从事一份全职工作的人的两倍。就业奖励金并不是以工资为基础来对收入状况进行简单的调整，而是鼓励低收入者从事劳务活动或者兼职工作来提高收入。

2. 国土整治和区域经济发展计划

由于自然和历史条件的差异，法国各地区之间的发展也非常不均衡，尤其是“二战”结束后经济发展计划的实施，使得各地区之间的贫富差距进一步拉大。一些地区由于经济发展较差出现了比较集中的贫困人口，原来传统的工业中心也出现了衰退，居民的生活水平低下，缺少进一步发展的机会。为此，法国政府制定了一系列国土整治和区域发展政策，来改善欠发达地区的经济条件和环境，为贫困人口提供更多的就业机会。

法国的国土整治和区域经济发展计划开始于 20 世纪 50 年代的中期，政府通过制定和颁布关于国土整治的文件来指导地区行动的计划，并将全国分为 22 个行政大区（也称经济区），在政府的统一领导下推动区域经济的发展。20 世纪 60 年代以后，法国的国土整治和区域经济发展计划开始逐渐在全国范围内展开，形成了一系列全面完整的区域发展政策。到了 20 世纪 80 年代，法国政府改革并扩大了原计划的目标和方针，将政策所涵盖的领域从经济扩展到教育、就业、培训、环境保护以及生活质量等诸多方面，为平衡区域发展，促进和改善落后地区的就业和生活条件发挥了重要的作用。

法国的国土整治和区域经济发展计划涉及范围非常广，其主要内容可以分为五个方面的政策。

（1）城市发展政策

法国的城市发展政策核心思想就是控制大城市发展，将一部分资源和企业向落后地区转移，从而促进城市和地区的协调发展，避免资源和企业的过度集中。为了控制大城市的过度扩张，法国政府在巴黎和里昂等比较发达的大城市设立了比较高的新企业创办门槛，以此来限制大城市中的企业的数量，同时还鼓励在大城市中的各个企业和组织向周边欠发达地区转移，给迁移企业丰厚的资金补助，达到控制大城市发展的目的。此外，为了实现城市之间均衡发展，政府采取措施大力建设地区多级中心城市，分散特大城市过度集中的资源和人口，既限制了大城市的膨胀，又促进和带动了欠发达地区和城市的发展。最后，法国政府通过在大城市周边地区建立卫星城来促进农村地区的经济发展，改善经济条件和环境，为落后地区的居民提供更好的就业机会，提高其生活水平。

（2）农村改革扶持政策

法国的西部、西南部以及中部高原地区是法国相对落后的地区，因此法国农村改革扶持政策的重点就是开发这些地区的农业和经济，改革地区农业结构，其主要内容可以总结为建设施、调结构、促进多种产业共同发展。建设施就是通过投入大量的资金和资源来加强这些地区的基础设施建设，促进这些欠发达农村地区的交通和通信网络的发展。调结构主要是指调整农场的结构，以农业现代化技术对传统农场进行改造，促进农业的现代化。多种产业共同发展就是要改变单一依靠农业的局面，促进农村的工业和第三产业以及文化教育事业等多种产业的发展，提高农民的素质，稳定农村劳动力，帮助其依靠自身的能力来摆脱贫困。

（3）山区整治开发政策

山区由于地形的限制，往往交通不便，与外界交流沟通困难，容易造成居民的贫困，而法国约有 1/5 的国土是山区，为此法国政府出台了很多因地制宜的针对山区的国土整治方案，既要保护山区的自然环境，又要积极开发和促进山区的旅游和其他产业的发展。其主要内容包括：“改善和发展山区的交通及基础设施建设；保护自然资源；植树造林，减少水土流失；发展农牧业生产现代化；改善山村生活环境和保护山城；大力发展旅游业，增加文化娱乐项目等”①。法国希望通过山区整治开发政策在保

---

① 彭璐琪：《法国贫困问题及政府对策研究》，对外经济贸易大学硕士学位论文，2011，第 25 页。

障山区居民生活环境的基础上，增加当地居民的收入，提高其生活水平和收入水平。

（4）滨海地区的开发与保护政策

法国政府从20世纪70年代开始就对滨海地区进行了综合的保护和开发，其政策的内容首先是保护滨海地区的自然环境，减少对海洋的污染；其次是加强滨海地区的基础设施建设，促进旅游产业的发展；再次是综合开发滨海地区的海洋资源，如海产业和海上交通运输业等；最后还要将滨海地区的城市规模控制在合理的范围内，避免盲目的扩张。

（5）老工业区的振兴政策

由于产业的改革和新型能源的应用，世界各国的老工业基地都出现了一定的衰落，法国也不例外，其东北地区的洛林和诺尔－加莱老工业区需要实现重新振兴。法国政府通过一系列的振兴政策对老工业区进行调整和改造，促进其适应资源能源发展的新需要，实现“再工业化”。主要举措有：关闭传统的污染和亏损企业，淘汰落后的产能和设施，鼓励有活力的新兴企业创新经济活动；加大投资力度，对传统工业和企业进行现代化改造；制定专门针对煤炭和钢铁生产的振兴计划，对老工业区进行全面综合改造。

法国的国土整治和区域经济发展计划虽然不是专门的贫困群体的支持政策，但其在缩小法国地区发展差异的同时，改善了欠发达地区落后的面貌，大大增加了就业机会，扩大了贫困群体的收入来源，从侧面为贫困人口摆脱弱势地位提供了更好的发展环境和机会。

3. 青年人行动计划

在法国，16～25岁的青年人口在贫困人口中占了很大的比重。由于青年人刚刚进入社会从事工作，容易遇到社会融入和持久就业方面的问题，他们很容易出现贫困的状况。为此在2009年9月29日，法国提出了青年人行动计划，其中包含了一系列举措来支持青年摆脱贫困，实现就业。这项行动计划的核心在于：

（1）对青年人的培训系统进行改革，设立相关的公共就业指导部门；

（2）以加强实习培训和社会融入合同等措施来促进青年就业，以便能够更好地保护和支持处于最艰难和贫困状态的青年人；

（3）帮助青年人在经济上实现自立，以便其能更好地进行个人管理，实现个人未来的发展。

（二）对失业群体的支持政策

法国的失业群体保护政策经过几十年不断的改革逐渐完善，特别是在20世纪七八十年代充分就业结束，受石油危机影响失业问题严重，法国政府的失业群体保护政策，从初期的保障失业群体的基本生活逐渐转变为积极促进下岗失业人员的再就业，从以保护政策为主向以支持政策为主转变，主要目的就是减少失业群体对失业津贴和补助的依赖，减少其失业时间，促进其依靠自己的能力实现再就业，从而减轻政府的财政负担，实现其自我发展。

在实施积极的失业群体支持政策方面，法国坚持的原则："对劳动者的失业保护，不仅要体现在基本生活津贴的发放上，更重要的是体现在帮助失业者提高再就业的能力上，使他们能够面对经济发展、产业结构调整和技术变革等因素造成的劳动力市场变化，在寻找新的就业岗位时处于更加有利的地位。"① 为此，法国对原来的失业保险制度进行了改革，并制定出台了一系列以支持为主的失业群体保护政策。

1. 法国对失业保险制度的改革措施

首先，改革原来比较单一的失业保险金给付期限和标准，实行差别性的给付期限和标准。失业者失业的时间越短，其所能获得的失业保险金就越高。法国规定失业者最初可领取的失业金是其日基准工资的57.4%，随后这一给付标准会每四个月调整一次，失业时间越长，给付标准越低。这一改革促使那些失业群体尽快实现再就业，避免过度依赖失业补助。

其次，推行具有限制性的失业保险金给付条件。法国政府要求"失业者在领取失业保险金之前，必须在职业介绍所登记，必须提供前任雇主的联系方式，以证明不是由于个人原因导致失业并且愿意接受职业介绍所提

---

① 马永堂：《从保障生活到促进就业——国外失业保险制度改革综述》，《中国劳动保障》2007年第1期，第54～55页。

供的就业机会；在领取保险金期间必须每周或每隔一周到有关部门报告有关方面提供的工作的情况和被拒绝的情况；领取保险金期间还必须按照当地的失业保险申领办公室预先约定的时间去报告或面试，否则，将被取消领取失业保险金的资格”。

再次，调整失业保险经费的使用范围来推动就业。法国全国有700多家职业介绍所和相关机构来为失业群体提供就业信息和再就业帮助等服务，其工作经费和服务费用的26%由失业保险基金来支付。除此之外，法国还将失业保险经费用来补贴创业者，在解决创业者就业问题的同时还增加了工作岗位。法国规定对于从事那些不靠工资维持生活的职业的失业者，政府会为其提供一定期限的特殊补贴。对于那些新创办公司和企业的失业创业者，法国政府不但提供技术方面和服务咨询方面的帮助，还为其向银行贷款进行担保，帮助解决其资金方面的问题。除此之外，对于失业的创业者，法国政府还会在最初的几个月里保留其作为失业者的各种社会保障，包括领取失业津贴的权利。

最后，对于那些因经济裁员失业的群体，如果其在六个月内能够实现再就业，那么法国政府不会将其作为失业人员处理，而是会发放给他们相当于原工资80%的补贴用作转业安置津贴；对于在失业六个月内不能找到工作的，才会按照失业人员来对其进行登记并发放失业津贴，但如果其在领取失业津贴的过程中愿意接受一份比以前待遇更差的工作，那么这种情况下的失业者可以在从事这项工作的同时寻找其他更好的工作，失业金会照常发放直到其找到其他更好的工作。

2. 法国政府津贴扶持的就业培训政策

在法国，由于青年人大多刚刚走出校园步入社会和职场，比较缺乏企业看重的技术和实际经验，所以青年人的失业率一般在20%左右，相比其他群体处于较高的水平。为了保护青年群体，促进其更好地步入社会，实现就业，法国政府从20世纪80年代起就出台了一系列由政府津贴来扶持的就业和培训政策。主要有三项措施：一是采取双元制的职业培训课程，引入德国的双元制职业课程培训体系，并根据法国的实际情况加以改造；二是采取就业支持政策促进第三产业的就业，放宽限制，鼓励青年到第三产业中去谋职和创业；三是由地方委员会来负责加强对青年群体的职业培训，法国政府和地方委员会制定和实施了多种就业促进项目，其中的“青年新增服务和就业项目”以及“就业准入渠道项目”非常具有特色。

（1）青年新增服务和就业项目

法国政府于 1997 年 10 月 16 日出台了《促进青年就业法案》，最初的目的是提高失业青年的专业化程度。为此，法国政府在各个地方设立了“专业化平台”，并根据市场和企业的需求来设计培训的课程和体系，通过培训获得认证的失业青年不但增加了技能和经验，也更容易得到企业和市场的认可。除此之外，该项目还包含了其他一系列促进青年“社会有效就业”的活动，如地方各级政府、各种慈善和服务机构，以及国家的教育系统和警署等部门可以在其服务部门设立岗位来招募 26 岁以下的失业青年，为其提供专门的岗位来增加其就业的机会，参加这一项目的失业青年可以得到国家的特殊补助，相当于法国最低工资额的 80%，并且其签订的合同受到法律的保护。这一项目的主要特点是在增强失业青年职业技能和专业化的基础上，动员国家和社会其他部门与组织的力量来为青年提供更多的就业机会。

（2）就业准入渠道项目

法国政府于 1998 年 7 月 29 日颁布实施了《抵制社会排外法案》，就业准入渠道项目也随之开始实行。制定该项目的目的是帮助那些没能取得职业培训证书就离开学校的青年进入职业培训体系，并促进其实现长久就业。与其他就业支持项目相比，就业准入渠道项目以社会上的个人作为职业指导员，来为失业青年提供为期 18 个月的个人职业培训与指导，帮助他们更好地适应社会和职业的要求。除此之外，还通过企业实习和各种与职业背景相关的项目任务来帮助其掌握各种基本的职业知识，并通过与职业指导员的接触和学习来获得如食宿、职业教育以及健康和工作方面的帮助，在这个过程中如果遇到什么困难和问题，个人还可以得到法国政府的临时补助。

3. 法国东北老工业区的就业支持政策

在前文论述法国对于贫弱群体的支持政策中已经提到法国东北老工业

区的振兴政策，法国政府为了振兴老工业区采取了一系列的政策和措施，其中就包括调整产业结构、关停效益差的能源和矿产企业、裁撤部分员工，这就造成了当时法国东北老工业区的失业问题。为了保护这部分被裁撤而失业的工人，法国政府除出台临时就业政策和建立补贴与奖励制度等保护措施外，更重要的是通过加强职业技术培训和拓宽就业途径等手段来促进失业工人的再就业，为东北老工业区的“再工业化”和内部结构的调整和升级提供人才和劳动力。

（1）法国东北老工业区的职业技术培训政策

法国东北老工业区在结构调整中被裁撤的工人都是那些工矿企业中，掌握技能比较单一的传统行业工人，他们由于不能适应结构调整和新发展的需要而被迫失业成为贫弱群体。法国政府根据产业结构调整和新发展的需要，在洛林和诺尔－加莱两个地区设立了培训中心，并根据不同的产业类型和专业，以及不同的所有制和层次来进行培训。这些培训机构会根据失业工人的实际情况来进行有针对性的培训，以适应新产业发展的需要。为了给失业工人提供更多选择的机会，使他们有机会接触新知识或是转换新职业，法国政府还设立了“转业假期”制度，主要在冶金和煤矿等部门实行，通过签订转业合同使那些想要转业的失业工人可以享受两年时间的培训假期，还可以享受相当于原来工资 70% 左右的津贴。除此之外，培训期间的费用由国家和企业帮忙承担 2/3，个人只承担其中的 1/3。

（2）洛林和诺尔－加莱地区拓宽就业途径的措施

拓宽就业途径与加强职业技术培训相辅相成，为了使接受职业技术培训的失业工人能够有更多的工作机会和岗位，法国政府在洛林和诺尔－加莱地区实施了一系列拓宽就业途径的措施：一是扶持和培育本地区的中小企业，二是利用优惠的条件和资源来吸引外资进行投资建厂。在扶持和培育中小企业方面，洛林和诺尔－加莱地区建立了企业园圃来进行辅助，帮助那些新兴的中小企业制定发展计划，解决创办初期的资金、技术等方面的困难，并提供企业发展所需的各种服务。

新建立的中小企业可以享受在企业园圃中实习两年的机会，“企业园圃提供厂房、车间、机器、办公室等必要设备，而且收费低廉。这种方式有力地促进了中小企业的发展，同时产生了更多的就业岗位。”① 法国东北老工业区还通过扩大开放，制定一系列优惠政策等方式来吸引外商投资建厂，增加就业岗位。比如法国政府给在洛林地区投资 2.8 亿法郎的德国奔驰公司提供了大约 7000 万法郎的资助。法国政府不但帮助新投资建厂的企业进行员工培训，还为雇用本地劳动力的企业提供资助，这使得很多国外企业纷纷来此投资建厂，增加了就业岗位，促进了东北老工业区失业贫弱群体的再就业。

（三）对疾病与残障群体的支持政策

随着社会的发展和理念的进步，对于疾病和残障群体的保护已经不仅仅局限于对疾病的治疗和康复，而是逐渐发展为对疾病和残障的预防以及促进本国居民的保健和健康水平，以确保其减少疾病和残障的发生，从而更好地生活和工作。以预防和保健为目标和理念的支持政策开始受到政府和人们的重视，并对疾病和残障群体的保护政策和措施形成了很好的补充。除此之外，专门针对残障人的支持政策也越来越受到重视，由最初的保护残障群体的基本权利转向促进残障人更好地融入社会，减少歧视和排斥。

法国政府对疾病与残障群体的支持政策主要是建立了疾病保险的补充性保障，除此之外还有专门针对残障群体的就业扶助政策和教育政策以及其他一系列促进残障群体社会融入的政策和措施。

1. 疾病保险的补充性保障政策

在法国，药品之外的保健品在基础医疗保险制度中的报销比例比较低，个人需要负担的比例大，再加上保健产品和服务价格高昂，很多家庭和个人会因此放弃保健。只在生病的时候求助医疗手段，不能很好地预防和抵御健康风险，尤其是在眼科和口腔牙科等方面的保健上，由于没有补

---

① 杨雪：《法国东北老工业区振兴中的就业政策——对我国老工业基地振兴的启示》，《人口学刊》2004 年第 5 期，第 47 页。

充性的疾病保障，收入低的群体有很大一部分人会放弃这些方面的保健。为此，在 1999 年 7 月 27 日，法国出台了普遍医疗保障法案，它取代了原来的省级医疗免费救济，是一项补充性的疾病保险制度。这一保障制度主要面向的对象是当时月收入低于 606 欧元的群体，他们可以在支付一定的费用后免费享受一揽子的保健措施，这使得保健被放弃的可能性明显降低。“普遍医疗保障包括以下项目的负担：医疗费自理部分、医院包干费、假牙和眼科基本价格的有限超出部分”①。但是法国宪法规定了这些最低收入群体的保健原则，他们在享受普遍医疗保障时不能同时享受医疗费的豁免。普遍医疗保障中的补充性补助金主要来源于基础性疾病风险组织、互济机构、互助机构以及保险公司，受保护者可以向这些机构进行求助。

在 2000 年，法国政府又建立了“补充性普遍医疗保障”，这是一项新的社会救济举措，使得可供受益者选择的补充性保健有了更加多样化的种类。但是后来不可报销免税措施的增加，限制了补充性组织和政府机构在社会保险中的拨款，因此这可能导致未来家庭和个人在保健上的支出负担会有所增加。除此之外，由于一些医生和牙医在接待普遍医疗保障的受益者时，受到法律的限制不能获得如接待其他正常病人那样高的报酬，因此会歧视甚至拒绝接待这类受保护群体，导致很多受普遍医疗保障的个人在进行保健时很难选择自己的主治医师。

为了消除上述的歧视和困难，法国在 2005 年又出台了补充性健康支付救济。这项政策由普遍医疗保障基金来承担，以此来分担前文提到的补充性普遍医疗保障的一部分成本（大约承担应付保险金或分摊金数额的 50%）。但是由于这一政策还没有为大多数人所了解，还不能成为一项很成功的政策。

2. 残障人就业扶助政策

在法国，2007 年的残障人就业率仅为 35%，远低于一般人 65% 的就业率，一般情况下，残障人在就业和再就业过程中会遭遇更多的困难。而

---

① 白澎、叶正欣、王硕：《法国社会保障制度》，上海人民出版社，2012，第 216 页。

为了减少残障人对社会救助和福利的依赖，减轻政府财政负担，促进残障群体独立自主发展，法国政府规定，不论公共部门还是私营部门，都有义务帮助残障群体实现就业。

法国在 2005 年 2 月 11 日颁布建立和加强残障人职业融合的法律。法律规定，用人单位有义务为促进残障职工“获得或保留与其资质相适应的职位并在这个职位上工作或获得发展”而采取“适当措施”。这一规定要求用人单位必须对工作岗位进行“合理的”调整，这些调整的合理性与用人单位所能获得的残障人扶助补贴挂钩。此外，法律还鼓励与促进残障劳动者职业融合和保留自己职位的措施有关的谈判。这些措施应通过法律所规范的各组织和各企业之间的谈判来确定。

残障人就业支持机制要依靠以劳动促扶助的机构和服务单位。这些以劳动促扶助机构和服务单位面向的是劳动能力不到正常劳动者 1/3 的成年残障人，负责给他们提供专业性活动和社会医疗支持。残障人也可以在有保护的企业中工作。这些企业是完全为残障劳动者设立的承担社会福利任务的企业。这些企业主要雇用劳动效率不足的残障劳动者（占生产职工的 80%），其员工工资不得低于法定最低工资并且可以通过集体合同确定。这类企业帮助那些重度残障人在适当的条件下从事某种活动，从而获得支持自己生活的工资收入。

在 2008 年的全国残障事业大会上，法国总统提出了《全国残障人就业公约》，包括四大方针：发现更多有劳动能力的残障人，帮助他们更好地就业；促进就业供求信息的顺畅对接；改善对残障人的培训；消除就业障碍。

3. 残障学生的教育政策

残障人的教育关系他们未来的发展，特别是会直接影响他们今后的就业，以及能否在社会上立足。近年来，法国政府出台了一系列政策措施来改善残障儿童就学。法国的入学残障儿童数量不断增加（2009 ~ 2010 年大约有 187490 名残障学生入学）。

法国 2005 年在法律中明确规定了残障人有在普通学校就学的权利。但是如果残障儿童有需求，也有权选择其他方式就学。这里的其他方式有普通班就学、改造班就学以及混合交替就学。需要在校生活助理人员帮助或者需要特殊教育和居家护理服务单位的帮助的残障儿童可以在普通班级就学；无法在普通全日制班级就学的残障儿童可以在经过改造的班级就学。还有一种是由家长与相关机构共同决定让孩子接受特别教育的方式，在这种情况下，残障儿童既可以在全日制特别教育学校中接受教育，也可以与普通学校教育交替进行。

为了帮助残障儿童更好地就学，法国对相关学校和机构做了很多细致的要求，如要具有照顾到残障人生活各方面的一种综合性和多学科性的思路；采取个性化的措施；帮助残障儿童设计人生规划。残障儿童的教育路径取决于其个性化的就学计划，该个性化就学计划也是残障儿童综合补偿计划的一个部分，旨在尽最大可能促进残障儿童在普通学校接受教育，从而促进残障人更好地融入社会。残障学生可以获得在校生活助理人员的帮助（法国拥有庞大的在校生活助理人员队伍），由家长、负责残障儿童的一名或多名教师、一名主管教师以及有时需要的负责社会医学帮助的专业人员组成的就学跟踪团队，负责促进残障儿童个性化就学计划的实施。

法国政府还制定了有关残障学生的融合政策，主要包括三个方面的内容：一是在高等教育机构中不断发展接待残障学生的能力；二是相关场所无障碍设施的建设；三是为残障学生在校学习期间提供帮扶。

2006 年法国政府出台政策，要求各高等教育机构设立残障学生帮扶救助机制，帮助残障学生完成学业。法国各教育机构利用各自的资源和能力，促进教育支持措施和监护措施的建设，并调整教材和考试的通过条件。除此之外，各教育机构还可以与相关的协会组织签署服务协议，如签署服务协议帮助听力缺陷的学生加强交流或者将文件誊写或转换为布莱叶盲文。

法国在 2007 年 8 月 11 日还颁布了《大学自由与责任法》，其中规定大学校长有责任保证所有残障人接受教育并能够借助无障碍设施进入校内相关场所；为了尊重残障学生的意见，该法律还规定大学在进行残障人设施改造前应征询大学学习与生活委员会的意见。

法国各大学在加强有关残障人接待机构的建设方面主要由高等教育与研究部来负责。这些接待机构的负责人主要由大学校长来任命，他们有责任向高教部提供在工作中所需的技术建议和信息。除此之外，高教部还鼓励各大学开展各项工作，帮扶残障大学生并为其制定个性化的学习计划。为了帮助各高等教育机构开展工作，高教部还会为开展下列活动的高校提供资金：

（1）根据学生的残障性质和残障程度提供个性化帮助措施；

（2）采购辅助残障人学习所必需的器材设备；

（3）参与向永久性无障碍设施建设的投资（从 2008 年起）。

对于残障学生更高层次的教育，大学所采取的所有措施必须保证残障学生直到博士毕业前的各种需求，并出台了新的“博士合同”机制，规定残障学生可以边研究边学习，获得初步的职业经验，更好地为将来的就业打好基础。[①]

为了尽可能保障残障人群体能像正常人一样生活，法国政府还制定了方便残障人乘坐公共交通工具的计划，同时联合国家铁路公司、巴黎独立运输公司和各个航空公司以及汽车制造企业实施了六十多项实际的措施。2005 年出台的《残障人机会均等、参与和公民权法》，更是全方位地促进了残障群体的发展与社会融入，在残障人服务、就学、就业、无障碍设施建设等满足残障人的期望和需求方面都获得了巨大的进步。法律还规定要创建省级残障人之家，向残障群体提供接待、帮扶、宣传、咨询等方面的服务，还负责向公众宣传各项残障人扶助政策，可以说这是一项全面且带来根本性变化的残障人支持法律。

（四）对工伤受害者的支持政策

法国对于工伤受害者的支持政策也经历了一段发展演变的过程，由最初的以发放补助金和提供医疗救助为主的保护手段，逐渐发展为事故的预

---

① 法国驻华使馆及总领事馆：《法国残障人扶助政策》，https：//cn. ambafrance. org/法国残障人扶助政策，15675. html，2016。

防（安全生产）与伤后培训再就业等手段的支持政策。

在1921年法国就成立了因工致残者联盟，负责处理因工致残事故中受害者的保护与补偿；在1949年又建立了覆盖所有严重残障人的再融合救助制度，因工严重伤残补助金也就由此出现。这一阶段以保护工伤受害群体维持基本生活为主，之后法国政府逐渐转变思维，开始注重工伤事故的预防和事故后受害者的恢复（短期可恢复的）和再就业（因公致残），主要的政策有安全生产与监管政策以及工伤受害者的培训再就业政策。

1. 安全生产与监管政策

法国每年有140多万起工伤事故（包括职业病在内），其中发生在工作地点的事故占了绝大多数，达到了91%。因此，为了减少工伤事故的发生，保护职工的健康和发展的能力，法国政府出台了一系列政策和规定来建立安全生产和监管的体系，这既是对职工健康和安全的保护，也是改善工作条件，加强安全生产，从而对职工能够维持可持续发展能力的一种支持。

首先，法国在各地都设立了工作监察处，对企业的日常安全生产进行监督。监察处设有监察长和监察员，除了要负责查看企业与员工签订的劳动合同的情况外，还要查看工人的身体检查表、工作时间和加班情况等各类信息，以确保企业依法进行生产并了解工人的健康状况。

其次，法国还要求人数在50人以下的公司聘请一位职业医生，而人数超过50人的公司则必须配备职业医生，来负责企业职工的身体健康。其主要职责："了解和掌握企业所有工人的身体状况，建立档案观察检验本企业的工作环境；研究职业病及预防措施；参与工伤事故的处理，并向监察长撰写报告；制定改善工作条件的方案并向企业主提出建议"①。在法国由于企业主是工伤事故的主要负责人和责任人，一旦发生工伤事故企业主一般会被追究经济和法律责任，企业主必须负责培训好员工以确保安全生产。因此企业主必须加强对员工的培训，加大安全生产投入并改善工作环

① 李小萌：《法国安全生产管理与事故预防》，《现代职业安全》2008年第7期，第74~75页。

境和条件，来减少事故和职业病的发生。

法国还建立了三级事故预防系统：减少事故量的初级预防、降低危险性的中级预防以及减少事故再发的高级预防。主要的措施有研究预防技术、监控手段、新型设备性能，研究环境、心理等因素与事故的关系等，从理论上奠定预防事故的基础。

最后，法国政府为了鼓励和督促公司与企业加强安全生产投入，改善工作环境，减少工伤事故和职业病的发生，采取了一些经济手段。比如对于出现工伤事故的企业，根据其具体情况（工人数量、岗位的危险程度、工伤事故情况）来加收一定的事故分摊费用；还允许企业向保险机构借用资金来加强事故预防，对于事故发生次数明显降低的企业免除其贷款，除此之外还利用税费上的补偿来奖励安全生产工作做得好的企业。

2. 工伤受害者的培训与再就业政策

在《法国劳动法典》中有对于发生工伤事故和患有职业病的受薪人员的特殊规定："除上下班途中发生的事故之外，发生工伤事故或患有职业病的受薪人员……当事人必须参加的重新适应、重新教育或职业培训实习的期间……受薪雇员享有优先参加职业培训的权利。"[①] 为了保障受到工伤和职业病伤害的贫弱群体能够继续从事力所能及的工作，法典还规定："当劳保医生宣布受薪雇员具备恢复工作的条件时，该雇员即行恢复工作或者从事相类似的、报酬相当的工作。由于工伤事故或疾病造成的后果，不得推迟当事人在企业里的晋升或晋级"。对于那些由于工伤事故而不再适合从事原来工作的，"雇主有义务根据劳保医生的书面结论及其提出的有关该雇员适于从事本企业内某一现有工作的说明，向该雇员推荐一项适于其能力的工作，并尽可能根据工作岗位变动或更改所采取的措施需要，推荐可与原工作类比的工作"[②]。

除此之外，为了使伤员在恢复健康后能够熟悉和适应事故后从事的工

① 罗结珍译《法国劳动法典》，国际文化出版公司，1996，第48页。

② 罗结珍译《法国劳动法典》，国际文化出版公司，1996，第48~49页。

作，法国政府要求企业为停止工作21天以上的劳动者提供实用的、实际的安全培训。这种培训必须按照相应的要求反复进行，并就培训的计划听取各个相关机构组织和企业员工的意见。

可以看出，法国政府十分重视保护雇员可持续发展的能力，既出台政策和法规来加强事故的预防，减少事故和职业病对员工健康的伤害，又十分关注事故后伤者重返工作岗位和再就业的问题。利用法律的手段为不同情况的工伤受害者能够继续找到一份工作提供支持，既减少了工伤受害者对国家补贴和社会福利的依赖，又帮助其重新独立自主地生活和工作。

（五）对少数族裔与移民的支持政策

法国对于少数族裔和移民的政策一直遵循着“共和模式”①，并没有专门制定针对外来移民和少数族裔的社会福利政策。但是，由于少数族裔和移民在多重因素的影响下大多处于社会的底层，因此法国的针对贫困和失业群体的福利政策可以惠及少数族裔和移民贫弱群体，大体上能够保障他们的基本生活。在这一基础上，为了促进移民的融入，给他们自身的发展提供支持，法国从文化、生活、教育、就业等多个领域制定了一系列以移民融合为核心的支持政策。

1. 促进移民融入的公共文化服务政策

法国积极扶持公共文化的政策由来已久，政府更是将法国的文化发展放在了国家战略的高度，以财政为支撑投入了大量的资金和资源。“法国中央政府各部委的财政预算主要用于知识传播和文化民主化、文化遗产保护、文化创意、新闻出版和文化产业、音像视听和广播节目多样化等方面……这项支出的保障对于法国的贫弱群体（包括外来移民在内）有着重要意义，它使得这些群体得以平等享受公共文化服务，了解法国文化，进而认同法

① 所谓法国“共和模式”，又称雅各宾模式（Jacobin Model），它发端于法国大革命时期，到19世纪后期基本得以确立，它是法国吸收与同化外来移民政策的框架。其核心是在共和、平等、世俗的基础上赋予合法的外来移民以平等的公民资格，旨在平等地对待外国移民，使其完全融入法国社会，但移民必须接受共和国的同化以成为完全的法国公民。

国文化，融入法国社会。”[①]

随着权力下放法案的实施，法国政府在文化上也实行分散政策，给地方一定的自主权来发展地方公共文化。尤其是地方政府中市镇一级的政府，由于更贴近底层的群众，因此在分配资源发展地方文化上更具有针对性，能够满足公众对公共文化的需求，增加文化的吸引力从而促进移民的融入。

除此之外，在加强和完善公共文化的基础设施上，法国政府也做了很多的努力和尝试来满足公众多样化的需求。通过在全国建立各种文化活动场馆以及大众之家等场地，为公众，特别是移民和少数族裔提供了参与和分享大众文化的机会，并以流行音乐、电影以及马戏和杂技等大众喜闻乐见的形式来促进贫弱群体的社会融合。

法国还十分重视图书馆的建设，按照不同的规模建立了很多不同级别的图书馆来为人们提供阅读服务，其中最具特色的就是“流动阅览车”，目前数量已多达几千个，并分为婴儿类、录像类和音乐类等类型，为那些居住在城郊的移民贫弱群体提供与其他市民一样的阅读和学习的机会。同样，博物馆和文化古迹也发挥了积极的作用，促进了外来移民的融入。法国的博物馆种类繁多，且设有很多的博物馆活动日来加强社会教育，大多数免费向公众开放，这在促进外国移民对法国历史文化的了解以及增强文化吸引力上发挥了重要的作用，也为移民的融入创造了社会文化条件。

2. 以“市镇联合”为特色的社区服务政策

法国经过多年发展的市镇共同体成为其基本的社区单位，并承担着多方面的职能，包括经济、文化、住房以及社会活动等多个方面。在市镇共同体中，文化归属问题受到很大的重视，并通过设立共同的节日等方式来促进本地区的文化凝聚力，在这个过程中就有助于少数族裔和移民群体认识与了解本地区的文化，从而增强其文化归属感。除此之外，还设有区议会来促进政府与居民的连接，且居民不论国籍、年龄、种族等差别都可以

① 李文静：《法国促进移民融入的公共文化服务经验及启示研究》，华东师范大学硕士学位论文，2013，第18~20页。

参加区议会，体现了平等。由于移民群体在融入的过程中在语言、文化、技能等多方面处于不利地位，往往处于社会底层，没有表达自己需求和意愿的话语权，不能很好地维护自身的利益，而区议会的存在为他们提供了表达诉求的渠道。

在法国的各个社区中还有十分专业化的队伍来提供各种服务，既方便了人们的生活，也减少了社区生活中可能出现的各种不安定因素。法国社区的服务人员一般由“课余生活组织人员、社会家庭经济咨询人员、特殊教育人员、司法教育人员、保育人员等构成”。各个工作人员之间分工明确，“课余生活组织人员主要负责社会文化和体育活动的组织；社会家庭经济咨询员……有的负责提供就业和职业培训信息，有的负责移民安置，有的针对不良现象进行工作，例如移民后裔的吸毒、酗酒等恶习高发问题的处理等；保育人员负责处理本区域内六岁以下儿童的教育问题”。

3. 教育公平政策

长久以来，法国实行的是极度不平等的双轨教育体制，即针对不同的社会阶层采取不同的教育模式，中低层次的子女接受初等教育和职业教育，以工作就业为导向，很少有接受高等教育的机会；贵族的子女则接受中等教育并继续后面的高等教育。随着“二战”后民主化和现代化潮流的兴起，这种教育体制备受指责。20 世纪 70 年代，法国的民族和移民问题日趋加剧，外国移民群体由于受教育程度普遍偏低而在法国社会中处于弱势地位，这种双轨制的教育体制也就阻碍了他们通过教育进入上层社会。为此，法国政府对教育体制进行改革，针对移民群体实行公平教育政策。并在随后的教育改革中增加了移民子女学习本国语言的课程，还进行跨文化教育的实践和尝试。在中学教育中实现教育机会的均等，初中向所有人开放。法国在 1984 年出台的《高等教育法》还将“高等教育要缩小社会文化不平等”作为一项原则确定下来，并提出“高等教育要能够帮助每个人提高科学、文化、职业水平”。由此可见，法国在教育政策上也发生了转变，逐渐承认民族差异和不同的文化特征，从而为移民群体更好地融入法国的学校和社会提供条件与机会。

除此之外，笔者在前文还提到过法国的反歧视与促平等高级公署，在促进教育公平方面也发挥着积极的作用。其在教育领域主要着力于解决因族裔背景而在享受教育资源上受到限制的问题，其具体举措有：处理常规的教育不平等控诉案件、向教育资源贫乏地区的学生提供帮助（鼓励教师和志愿者为其提供帮助）等。

4. 就业服务和职业培训政策

在法国，移民和少数族裔由于受到种族等各方面的歧视，在就业方面存在着十分突出的问题，不但影响这一部分贫弱群体的生存和发展，也给法国的社会安定造成了十分不利的影响。在这种背景下，结合法国原有的再就业政策和机构，有利于少数族裔和外国移民群体实现持续发展的就业服务与职业培训政策也就应运而生。

法国的劳动就业和社会和谐部是就业服务和进行职业培训的领导机构，并由国家就业总局和成人职业培训协会来负责具体政策的实施。对于那些失业的移民群体，这些机构所派出的专业人员可以为其提供免费的就业信息和就业咨询服务，来帮助他们摆脱失业，找到能维持生活的工作。而成人职业培训协会则可以向他们提供除医药和农业外其他所有行业的培训，并对其中的特困群体提供住宿和培训一体化的服务，来帮助他们更好地实现就业，尽快在社会上立足。对于移民群体在就业和寻找工作的过程中可能遇到挫折和困难而产生不良情绪的情况，成人职业培训协会还有专业的心理咨询人员为他们提供职业指导，帮助他们排解不良情绪、解决心理问题。

除此之外，前文提到的反歧视与促平等高级公署在移民群体的就业问题上也积极发挥作用，除了处理日常的就业歧视控诉案件外，还“出席并向刑事法庭、劳资仲裁法庭提交观察报告；对有歧视嫌疑的就业法规提出修改建议；积极与法国就业中心、法国国家促进社会团结与机会平等处以及地方政府合作，开展反歧视工作”①。另外，法国的反歧视与促平等高级

① 刘力达：《民族歧视治理的法国经验：法国反歧视与促平等高级公署探述》，《中国民族报》2011 年 4 月 29 日。

公署还就雇工问题，与国内和国际的劳工组织合作展开民意调查，在此基础上提出促进有关用工平等的合理化建议等一系列的措施，来反对与移民贫弱群体就业歧视相关的行为。

四 法国贫弱群体政策的转型与发展特征

法国对贫弱群体的保护也具有较长的历史，最早可追溯到中世纪。当时主要是一些宗教力量通过一种施善的方式，救助最贫困和最需要帮助的人，如法国的宗教当局就曾设立“主宫医院”来接纳收容那些社会贫困群体和残障人，为他们提供必要的救济。这一时期国家和政府并没有发挥保护贫弱群体的作用，也没有什么相应的政策出台，主要是宗教界对少数特困群体的一些救助，大多是依靠发放食物或提供暂时住处等比较低水平的保护，对以后法国的贫弱群体保护政策和体制并没有产生太大的影响，只是提供了一些零散的人道关怀的传统和思想。到了启蒙运动和大革命时期，随着人们民主自由思想的觉醒，法国政府开始逐渐关注社会贫弱群体的保护，如 1794 年法国的革命者提出了一项原则，即“由国家对贫困者和生活困难者提供救助”[①]，并把这一原则编入宪法，还据此制定了一些法律草案。但是，由于当时革命党人并不具备进行较大改革的时间和方法，这一原则并没有取得什么效果，而大革命时期产生的自由主义却对法国社会产生了深远的影响。这一时期，国家没有明确的社会保护政策，“自由主义使法国足足一个世纪不曾涉足社会保护领域”，大革命导致了“国家对社会保护的投入和对劳动法规干涉的缺失”。这一影响一直持续到后来，使得法国长期以来对于贫弱群体的保护都缺少政府的干预，政府职能的缺失依靠存在的社会保护组织来进行弥补。

真正对贫弱群体保护政策产生深远影响的要从工业革命开始，特别是在福利国家受到冲击之后，法国政府进行了一系列的改革，在政策理念、

---

① 米歇尔・德雷福斯：《1789 年至 1945 年法国的社会保护史》，李晓姣、张丽摘译，《世界历史》2011 年第 5 期，第 117 页。

政策内容以及政策方法上都发生了较明显的转变。

（一）政策理念：由调和社会矛盾到促进社会认同

社会政策可以被看作政府自我表达的言说方式，本质上会反映出政府对相关社会问题的基本态度和公共行政理念。自1601年伊丽莎白创立近代福利制度以来，传统社会政策的理念主要体现了对社会矛盾的调和，即“将社会的失败者稳定在一个可予接受的生存水平”，以避免其可能“转变为政治上的反对者”从而产生“现实或潜在的威胁”。这体现出政府对贫弱群体的基本态度，即将其定义为“失败者”，是社会的负担和社会秩序的威胁。在这种理念下，法国政府出台相应的政策维护其基本的生存权利，试图以此来维护社会稳定。但实际上这种定位存在很大的缺陷，一方面社会的长期稳定需要依靠经济平等、政治认同以及社会团结，仅仅依靠财富的再分配难以实现权力的再分配，不足以实现其政策的目标；另一方面，传统的社会政策理念主要以政治或社会控制为目标，这会造成个体参与能力的损害，社会参与空间的缩减，对社会资本的形成以及社会自觉的发展造成不良影响。[①] 因此，法国政府逐渐调整了对贫弱群体保护政策的理念，意识到社会矛盾更多地是源于意识层面的社会缺失，如相对剥夺感。只有增强贫弱群体在政治、经济和社会领域的广泛参与，才能真正实现社会融合和社会稳定。

基于上述理念的转变，法国政府采取了多种措施来促进社会认同，减少对贫弱群体的社会排斥，如减少对移民贫弱群体的就业排斥，在文化上以流行音乐、电影以及马戏和杂技等大众喜闻乐见的形式来促进贫弱群体的社会融合。除此之外，2005年法国政府出台的《残障人机会均等、参与和公民权法》，更是全方位地促进了残障群体的发展与社会融入。这些调整和改革都体现了法国贫弱群体保护政策理念的转变，即由调和社会矛盾到促进社会认同。

---

① 胡位钧：《社会政策的“积极”转型：OECD的经验及其启示》，《复旦学报》（社会科学版）2010年第6期，第105~106页。

（二）政策内容：由注重横向覆盖到提高生活质量

法国现代的社会保障体系是从“二战”后逐渐建立起来的，法国的各方势力达成共识，要重建在战争中濒临毁灭的国家，社会保障制度成为变革的核心。这一时期法国贫弱群体保护的特点是国家干预增强，政府开始发挥重要作用，覆盖全民的社会保障制度开始建立起来，形成了全面的防范社会风险的安全网，并且受福利国家思想的影响以及“二战”后经济复苏，法国逐渐成为高水平的福利国家。

“二战”后法国开始全力投入国家的重建当中，对于贫弱群体的保护也积极出台和制定各种计划、政策和法案。比如全国抵抗委员会在“二战”后制定的社会保障计划，主张保护所有的公民在失去谋生能力时的生存权利，并在历史上第一次提出覆盖全体民众的原则，这标志着法国开始建立现代社会保障体制。这一时期法国对于贫弱群体的保护政策比较注重横向的覆盖，即实现“应保尽保”，提高社会保障的覆盖率，提高全体社会成员抵御社会风险的能力。

全面而高水平的福利国家的建立符合“二战”后法国的需要，但是到了20世纪80年代，世界形势和环境变得更为复杂，在社会政策领域也出现了新的趋势，即“更倾向于接近作为福利接受者的个体层面及其社会生活方式”①，认为生活方式，即“个性、自我表现和风格化的自我意识”②，应当成为社会政策的关注对象。传统的社会政策主要致力于抵御社会成员所面临的经济风险，其所采取的措施也主要和收入相关。然而，随着社会观念的发展，人们对社会政策提出了更高的要求，即仅仅关注增加收入是不够的，还应该关注人们的主观感受，提高社会生活的质量。

基于此，法国政府对贫弱群体保护政策的内容也进行了改革和调整，在确保覆盖水平的基础上，更加关注对贫弱群体生活质量的改善以及对多

---

① 岳经纶、颜学勇：《走向新社会政策：社会变迁、新社会风险与社会政策转型》，《社会科学研究》2014年第2期，第92~94页。

② R. Bocock, K. Thompson: Social and Cultural Forms of Modernity, Cambridge: Polity Press, 1992, p. 138.

样化需求的回应。比如针对残障人的各种方便其生活的政策（生活用具、住房和交通等方面），提高其生活质量，还有针对不同失业群体的就业服务与培训政策（为特困群体提供住宿和培训一体化服务、为移民提供心理咨询和就业指导等），这些措施都体现了社会政策不应再“仅仅局限于物质性事务，还应该致力于人们的精神和心态”①，注重对贫弱群体生活质量的改善。

（三）政策方法：由主要依靠政府到广泛社会参与

在贫弱群体保护的实现方式上，在传统社会中主要是靠政府对特困群体进行救助。虽然在很长一段时间内法国政府在这一方面相对缺位，受历史和文化因素的影响，自由主义比较盛行，政府较少介入社会保护领域，但从“二战”后的历史来看，法国政府逐渐加强了政府的干预，不论是福利体制的建立还是各种社会保护政策的出台，都体现了法国政府在贫弱群体保护上发挥的重要作用。20 世纪 50 ~ 70 年代更是福利国家的黄金时期，社会支出的不断增长和福利水平的不断提高彰显了政府在社会保护领域的主导地位，虽然法国深厚的行业制度传统没能使法国建立起像英国那样的“中央控制型”社会保障制度，但这并不能影响政府在贫弱群体保护中的主导作用。

20 世纪 90 年代初期，西方国家掀起了新公共管理运动，开始转变政府提供公共服务的方式，在政策的执行上也越来越多地注重动员和发挥社会力量，特别是相关社会组织的配合与协助。法国在贫弱群体保护的实现方式上也体现了这一转变。法国本身就具有深厚的行业制度特色，各个行业协会在贫弱群体保护方面发挥了重要的作用，后来他们以协商谈判的形式与政府合作，共同推动贫弱群体保护事业的发展。除此之外，社会组织的蓬勃发展也为政策的实施提供了很多支持与帮助。例如，法国拥有庞大的社会保险机构，而社会保险在法国的贫弱群体保护中发挥着重要的作

---

① Veenhoven R.: Why Social Policy Needs Subjective Indicators, Assessing Quality of Life and Living Conditions to Guide National Policy. Springer Netherlands, 2002, pp. 1 - 8.

用，各种社会保险机构和相关的非营利组织就负责直接与贫弱群体接触并为其发放各种保险金、提供救助服务。除此之外，法国政府也十分注重建立与各类社会组织和社会力量的社会经济伙伴关系，例如在对贫弱群体的住房保障政策中，由于贫困个体的实际情况和面对的困难有很大的差异，法国政府专门出台了多项政策来动员社会多方力量帮助社会贫弱群体解决住房问题。在贫弱群体的保护与支持上，法国的实现方式体现了由主要依靠政府到广泛的社会参与的转变。

五 法国贫弱群体政策的经验对中国的启示

法国一直被视为高福利国家的代表，对国民高水平的全面保障也一直引人瞩目，其对贫弱群体的保护与支持政策也体现了对贫弱群体的人文关怀和对个人权利与自由的维护，十分具有法国特色。但政府近些年的一些削减福利的改革也引起了法国社会的震荡，其对贫弱群体的保护以及社会保障改革所产生的一些问题和教训也值得我们警惕和关注。

（一）推动理念转型，注重社会融入

1. 反对社会歧视，促进社会融入

法国对于贫弱群体的保护不仅是保障其基本的生活，还特别关注对于贫弱群体个人自由和权利的维护，特别是在反对社会歧视，促进社会融入方面表现十分突出。前文提到法国对于贫弱群体的定义更多地是从权利的实现和资源的获取来进行解释和说明。因此，在贫弱群体保护政策的理念上也就体现了这一点，即注重维护贫弱群体权利的实现和资源的获取，如法国为残障人进行的交通改造计划、针对移民贫弱群体的社会融入政策以及各类反社会歧视法律法规的颁布等。反对社会歧视，促进社会融入对于保护贫弱群体的社会权利，营造良好的社会氛围，维护贫弱群体作为人的尊严十分重要，是法国贫弱群体保护十分重要的一项理念，体现了对于精神和权利方面的重视。

法国这一先进的理念十分值得中国学习和借鉴，特别是在转型期各种

社会矛盾凸显的关键阶段，党的十九大也提出了目前中国社会主要矛盾已经转化为人民日益增长的对美好生活的需要和不平衡、不充分的发展之间的矛盾。贫弱群体作为社会成员的一部分，如何维护其尊严和各项权利，减少其对政府和社会的怨恨和不满，促进他们融入社会和有尊严地生活，是中国贫弱群体政策设计者亟须考虑和解决的问题。

2. 利用文化和教育加强贫弱群体的社会整合和社会团结

在政策的理念上，法国还十分重视文化与教育对贫弱群体社会整合和社会团结的作用，与他国相比，法国这一点在政策上体现得尤为突出。文化具有增进社会团结，增强认同感和凝聚力的功能，特别是公共文化，为贫弱群体提供平等享受公共文化的机会有利于促进其认同法国文化，融入法国社会，如扶持公共文化的政策、“市镇联合”的社区文化服务政策等，充分发挥文化的社会整合作用。而教育对于贫弱群体保护也有十分重要的作用，特别是对于各种因素导致的难以靠自己的力量独立在社会上生存的贫弱群体，教育和培训对于他们维持生活、改善境遇甚至改变命运至关重要。法国出台了一系列的针对贫弱群体的教育和培训政策，如残障人教育政策、失业培训与服务政策、移民的文化教育政策等，以此来减少机会的不平等，促进贫弱群体能力和素质的增强，从而实现社会整合和社会团结。

贫弱群体难以摆脱弱势地位在很大程度上和社会排斥以及社会整合的失败有关，法国贫弱群体保护的这一理念对于中国贫弱群体保护与支持政策的制定有很高的借鉴意义和价值。当前中国的公共文化和教育对促进贫弱群体的社会整合和社会团结的作用还十分有限，在政策上也很少有意识地利用文化和教育的社会整合功能，法国在这方面给我们提供了很好的范例：利用公共文化来创建良好的社会融入环境，利用教育来提高贫弱群体的素质和能力，从而减少社会排斥，实现社会团结的目的。

（二）统筹政策内容，提供差异化服务

1. 统筹政策内容设计，综合考虑贫弱群体的多样化需求

从横向上看，法国贫弱群体保护与支持政策在内容的设计上十分系统

全面，基本上包含了各个不同类型的贫弱群体，而且政策内容也考虑了不同贫弱群体的多样化需求，十分人性化。比如针对残障人的各种方便其生活的政策（生活用具、住房和交通等方面）、针对不同失业群体的就业服务与培训政策（为特困群体提供住宿和培训一体化服务、为移民提供心理咨询和就业指导等）以及其他各类保护政策，基本上覆盖了不同类别贫弱群体的各个方面，形成了全方位的保护体系，避免了在政策内容上的遗漏和忽略。

法国在政策内容的设计上为中国完善贫弱群体保护与支持政策，建立健全的社会保障和福利体制提供了可供学习的榜样。面对转型期中国不同利益群体的诉求日益多样化和复杂化的情况，我们应探索建立全面系统的贫弱群体保护政策体系，完善相关政策内容，综合考虑贫弱群体的多样化需求。但与此同时，我们也应该根据本国的经济发展水平和其他各种因素来制定中国的贫弱群体保护政策，警惕法国过度福利和过度保护所造成的贫弱者对政府的依赖和自立精神丧失的教训。

2. 提高政策的针对性，提供差异化服务

从纵向来看，法国贫弱群体保护与支持政策具有很强的针对性且政策连贯，一个政策之后有后续的政策和措施跟进，以此来尽力确保政策能够帮助贫弱群体摆脱困难的境地，政策的针对性和纵深性较强。比如法国政府针对失业群体采取了一系列的就业支持政策，一方面根据失业者不同的失业时长和阶段制定不同的就业促进和补贴政策，促使失业者尽快摆脱失业状态且能平稳渡过失业期；另一方面还积极改善就业环境，增加就业，鼓励投资和创业，综合运用多种手段和配套政策来保护和支持失业群体的生活和发展。

由于中国众多的人口和复杂的国情，在贫弱群体政策方面一直存在着针对性不强、服务趋同的问题，难以兼顾贫弱群体的个体差异以及各个地方的特色和差异。虽然近年来，随着精准扶贫政策的提出，中央开始要求各地因地制宜，分类指导，但在具体执行的过程中依然很难实现。社会政策的实施要想取得预期的效果，就必须考虑政策实施的环境，要因地制宜，根据不同的情况采取不同的政策。同一类型的贫弱群体在采取相同的保护与支持政策时，由于政策实施环境的不同可能会产生不同的效果。法国为了使政策达到应有的效果，在政策的制定和执行上充分考虑地方和环境的差异，对同一贫弱群体的不同情况采取了差异化的政策和措施，为中国提供了参考，提高政策的针对性，提供差异化服务是中国今后努力的方向。

（三）转变政策方法，发动社会力量

在政策的实施上，西方国家在经历新公共管理运动之后，开始转变政府提供公共服务的方式，在政策的执行上也越来越多地注重动员和发挥社会力量，特别是相关社会组织的配合与协助。法国在贫弱群体保护与支持政策的执行与实施上就体现出了这一特点，在传统法国社会中，各个行业协会在贫弱群体保护方面就发挥了重要的作用，后来他们以协商谈判的形式与政府合作，共同推动贫弱群体保护事业的发展，为政策的实施提供了很多支持与帮助。随着现代社会的发展，各种各样的社会组织开始蓬勃发展，他们通过与政府分工合作，为贫弱群体保护政策提供各种具体的服务与支持。例如，法国拥有十分庞大的社会保险机构，而社会保险在法国的贫弱群体保护中发挥着十分重要的作用，直接关系遭遇各种社会风险的贫弱群体是否能够及时得到保险的救助和补偿。而各种社会保险机构和相关的非营利组织就负责直接与贫弱群体接触并为其发放各种保险金、提供救助服务。除此之外，法国政府也十分注重建立与各类社会组织和社会力量的社会经济伙伴关系，例如在对贫弱群体的住房保障政策中，由于贫困个体的实际情况和面对的困难有很大的差异，为此法国政府专门出台了多项政策来动员社会多方力量帮助社会贫弱群体解决住房问题。

中国近年来也开始对政府进行改革，由全能型政府向服务型政府转变，在政策方法上也开始提倡依靠社会力量来共同推进，可以说发动社会力量，加强社会参与是今后贫弱群体保护的发展方向。法国的经验表明，发动社会力量特别是利用社会组织来保护贫弱群体，为其提供公共服务，能够制约政府权力，减少腐败，有利于精简政府机构，减轻财政负担。因此，中国应该借鉴其先进经验，与中国的政府改革相结合，改变以往政府

提供保护为主的方式，鼓励社会参与，提高政策的效率。但是我们也应该认识到，与法国相比，中国的公民社会发育不完善，也没有政府与社会合作的深厚传统，因此中国在转变政策方法的同时，也应该积极探索和建立适合中国文化传统的政府和社会合作的方式，避免法国行业协会联合影响政府改革造成社会动荡的情况出现。

第五章

北欧国家贫弱群体的保护与支持政策

社会政策在北欧诸国已形成的社会发展模式中占有极端重要的地位。北欧国家的社会政策主要是以社会民主党的价值观念为基础建立起来的，其主要特征与西方其他发达国家显著不同：第一是普遍性，北欧国家的社会政策立法蕴涵了针对所有公民的普惠主义理念①；第二是政府主导，中央政府和地方政府在对贫弱群体保护与支持中起主导作用；第三是工作福利，尤其是保障贫弱群体的充分就业是福利政策转向的重要指针；第四是平等团结思想，对领退休金者、有子女的和低收入的家庭，以及残障人士等都给予财政支持；第五是政策超前性，职业教育和劳动力培训等积极性措施为主，失业补偿、津贴等消极性措施为辅。这些要素是北欧国家针对贫弱群体保护与支持政策的典型特征，并以此形成了享誉全球的“北欧模式”。

一　研究的问题

〔丹麦〕哥斯塔·埃斯平－安德森将福利国家划分为三类，分别是遵循补缺原则的自由主义型福利国家、以个人贡献为主的法团主义型福利国

① Stein Kuhnle: *The Beginnings of the Nordic Welfare States: Similarities and Differences*, Acta Sociologica, Vol. 21 (Supplement), 1978, pp. 26－28.

家、遵循普遍原则的社会民主型福利国家，而北欧国家属于遵循普遍原则的社会民主型福利国家。[①] 北欧国家普遍实行“高税收，高福利”的政策体系，因此普遍具备健全的社会保障体系和高水平的福利制度，在此福利体系下，社会各群体特别是贫弱群体不仅能够享受基本的物质生活，还能够得到充分的社会支持与人生发展，为世界各国的贫弱群体政策积累了宝贵经验，成为福利国家的典范。

北欧国家的社会政策虽然具有“从摇篮到坟墓”式的覆盖整个生命历程和涵盖所有社会群体的特征，但是其政策沿革经历了几个重要阶段，并在 20 世纪 90 年代发生了明显的政策转向：19 世纪以前是社会福利发展的萌芽时期，此时的社会救济具有被动应对的人道主义特征；19 世纪后期到 20 世纪 30 年代是社会福利扩展的时期，这一时期北欧国家初步确立了现代社会福利制度的基本架构；第二次世界大战后到 20 世纪 70 年代初是现代社会福利体制建成和完善时期，这一时期具体规定了社会福利的原则、项目和标准；20 世纪 70 年代中期至今是社会福利体制的调整时期。[②] 特别是 20 世纪 90 年代以来，丹麦、瑞典和芬兰先后出现了一系列经济社会问题，促使这些国家采取了积极措施，推动了传统福利国家向社会投资国家转型。在此过程中，社会福利政策表现为由保障机制到约束机制、由被动措施到主动措施、由福利制度到工作福利的积极转变。在本章中，这种转变统称为由保护政策向支持政策的转变。因此，本章主要探讨的内容是北欧国家对贫弱群体的保护与支持政策，以及北欧国家贫弱群体政策的转型与发展特征，同时借助转型经验分析其对当代中国贫弱群体政策的相关启示。

（一）北欧国家贫弱群体的含义

北欧国家包括瑞典、丹麦、芬兰、挪威、冰岛等国，由于这些国家大

---

① 艾斯平－安德森：《福利资本主义的三个世界》，苗正民、滕玉英译，商务印书馆，2010，第 7 页。

② 于慧利、王淑婕、徐学才：《北欧国家社会保障制度及对我国的启示》，《经济研究参考》2006 年第 32 期，第 2～11 页。

多处于斯堪的纳维亚半岛，因此也被称为斯堪的纳维亚国家。由于北欧国家在自然环境、历史发展、民族文化等方面存在很大的相似性，因此其在社会发展、经济建设、政治制度以及社会保障制度等方面也表现出很大的共性，从而形成独具特色的斯堪的纳维亚模式。从广泛意义上说，斯堪的纳维亚模式是包括政治模式、经济模式、社会模式、教育模式等方面的统称，众多模式相互作用、综合发挥影响，最后形成了斯堪的纳维亚福利制度。因此，本章所指的斯堪的纳维亚模式特指北欧的福利国家与福利社会模式。

由于北欧国家具备健全的社会保障体系和高水平的福利制度，而且具有普遍性与广泛性的基本特征，确保所有公民能享受社会保险、津贴、救助等政策。因此，贫弱群体的概念在北欧国家相对较弱，甚至很难找到绝对意义上的贫弱群体。但是在相对意义上讲，由于经济、社会、家庭、生理等不可抗拒因素影响而处于相对不利地位的群体，比如失业群体、残障群体、移民难民群体等，属于北欧国家语境下的贫弱群体。

（二）北欧国家贫弱群体保护与支持政策的定义及区别

贫弱群体的保护政策一般是指政府采取的以保障贫弱群体基本生活、改善其生活状态为目标的政策和措施，以补贴和补偿等直接救助的手段为主；而贫弱群体的支持政策一般是在保护政策的基础上以激发其能动性、促进其持续发展为主要目标的政策和措施。保护政策被喻为“输血”，支持政策被喻为“造血”，二者相辅相成，是当今世界各国在保护贫弱群体方面最主要的两种政策类型。

1. 保护政策与支持政策的定义与区别

北欧国家针对贫弱群体的福利政策从措施上看分为被动措施和主动措施；从机制上看分为保障机制和约束机制；从制度上看分为福利制度和工作福利。被动措施、保障机制和福利制度可以统称为保护政策，主要指发放津贴、提供现金资助等福利保障。北欧国家的贫弱群体（包括失业群体、残障群体、移民和难民群体）的保护政策的普遍共性是提供充足的资金保障，确保其在没有收入来源的情况下，依靠政府力量依旧可以过上相对体面的生活。北欧国家普遍实行“高税收、高福利”的政策，政府通过高额税收集中大量资金，再反过来把资金以救济金、补贴、津贴的形式返还给失业群体、残障群体、移民和难民群体等贫弱群体。主动措施、约束机制和工作福利可以统称为支持政策，主要是指对贫弱群体进行各种培训，激发其主观能动性，促进其获得健康持久的发展，如增加就业机会、恢复就业资格等措施。北欧国家的贫弱群体（包括失业群体、残障群体、移民和难民群体）的支持政策的普遍共性是完善制度建设、提供可持续性的发展，包括劳动保护和劳工福利制度、养老金制度、失业保险制度、儿童福利制度、健康保险制度、社会保险制度、住房保障制度、妇女保护制度等制度，形成一整套完善的社会保障制度，且所有制度建立在完备的立法之上，以法律为依托，以政府职能机构为保证，严谨协调地加以贯彻实施，从而为失业群体、残障群体、移民和难民群体等贫弱群体的合法权益提供可持续性的法律法规保障。

2. 从保护到支持的政策转型

北欧国家对贫弱群体的政策经历了一个从保护到支持的演变过程。20世纪90年代以前，北欧国家政府依靠“高税收、高福利”的福利制度，普遍注重被动措施而忽视主动措施，重视保障机制而忽视约束机制，政府部门大量拨款用于对失业者、贫困者、残障者等贫弱群体的现金救济和福利补贴，一定程度上保障了贫弱群体的基本物质生活。但是这种保护政策滋生了“懒人和不劳而获者”，这不仅造成了新的不公平，而且对北欧各国带来了难以承受的财政压力。到了20世纪90年代以后，北欧各国政府发现注重保护措施而忽视支持措施这种做法的弊病。为了有效解决“养懒汉”的社会问题，北欧各国政府开始达成一种新的共识，即国家为个人提供福利保障是国家的责任，反之公民个人也有义务发挥积极主动性，通过发挥自己的主观能动性寻求就业培训与再就业支持，通过自身努力实现自食其力从而摆脱救济。因此，北欧国家大力转变政策方向，通过削减津贴、缩短津贴给付时间、延长救助等待时长、严控资格审核条件、加强就业能力的训练教育和培训、强化缴费和津贴给付关系等措施，把支持政策放在更加突出的位置，注重对贫弱群体进行各种培训，激发其主观能动性，促进其健康持久地发展，进而促进北欧国家社会福利制度的健康、可持续发展。

二　北欧国家贫弱群体的保护政策

根据北欧国家的社会发展史与具体现实状况，本章将北欧国家的贫弱群体归结为失业群体、残障群体、移民和难民群体三大类。

（一）失业群体保护政策

北欧国家就业政策是北欧社会福利模式的重要组成部分。根据北欧国家的具体情况，失业群体指的是由于社会压力、自身技能不足等多种原因无法就业，进而导致生活水平下降等问题从而产生的非自愿失业群体，而本章提到的失业群体都是指非自愿失业群体。本部分将北欧国家对失业群体的保护政策归纳为三个方面：失业救济金、其他补助津贴、失业保障制度。

1. 失业救济金

北欧国家的失业救济金普遍由三部分组成，即政府、企业和个人共同承担。其中政府负担的比重最大，由于实施“高税收、高福利”的政策，政府通过高额税收集中大量资金，再反过来将其中50%左右用于失业救济等福利开支。在这种机制下，国家、企业、劳动者三方责、权、利分明，使失业社会保障能够得到比较有效的实施。①

在挪威，失业救济金比较多，惠及所有劳动者，也包括自我用工者。挪威失业救济金依托失业保险制度，其实施带有强制性。② 该制度是由国家部属劳工局管理，地方保险办事处具体执行，负责发放当地失业救济金。挪威失业保险覆盖的范围是雇员（包括政府雇员）、海员，以及特殊情况下65岁以上的独立劳动者。在挪威并不是所有失业者都能获得失业救

① 杨叙：《北欧就业政策的经验及借鉴》，《北京社会科学》1999年第3期，第152～156页。

② 宋培章、宋海涛：《挪威失业保障制度及其对中国的启示》，《政法论丛》1997年第6期，第39～41页。

济金，而是需要具备一定的条件。首先是受益人失业前的最低年收入不少于25000克朗，或近三年平均年收入不低于20000克朗；其次是失业者需按申请期间年收入（或失业前3年平均收入较高者）支付保险金，数额至少为年收入基数的75%；最后是需要在公立职业介绍所登记失业，有工作能力并且愿意工作。如果失业者是由于自愿离职，或因犯错误而被解雇，或参与劳动争议，以及拒绝接受工作介绍或再培训，则不能获得失业救济金。挪威救济金发放标准约是原来收入的62%，最长发放期可达三年[①]，受保工人的现金补助（永久残障除外）规定，每天发放的救济金为年收入的0.2%，最高限额是每天310克朗。

在丹麦，失业救济金依托失业保险制度，主要通过工会建立的失业基金会负责实施，国家劳工部和国家就业总局代表政府对失业基金会的运行情况进行监督。就业者自愿参加失业基金会，而且，就业者必须选择申请成为某一失业基金会的会员才有资格领取失业保险金。丹麦失业保险保障的范围包括独立劳动者以及参加由工业、商业、政府机关、农业、手工业、餐馆业、运输及采掘业工会会员自愿建立并经批准的失业基金会的雇员[②]。丹麦享受失业救济金的条件：申请失业救济金的12个月内成为失业基金会会员（含独立劳动者），且最近3年内就业时长达到26周（可临时增加到4年）；已经进行就业登记，能工作并愿意工作。需要指出的是，这些失业者不是自动离职、犯错误、劳动争议或拒绝适当工作介绍而导致的失业。根据丹麦失业保险的有关规定，只有非自愿性失业人群才有资格领取失业救济金，并且存在一定的等待期限。而对于那些自愿辞职，或因不端行为、过失被解雇，或因卷入劳资纠纷而失业，或没有正当理由而拒绝所提供的适当工作的失业人群，不得领取失业救济金。丹麦受保工人（永久残障除外）的现金补助标准是，发放失业救济金的金额为收入的90%，最多每天335克朗，从失业的第一天开始支付，一周支付6天。现

① 王志凯：《来自挪威的启示——福利经济与就业培训》，《中国国情国力》1999年第3期，第29～31页。

② 美国社会保障署编著《全球社会保障制度》，魏新武、李鸣善译，华夏出版社，1989，第202页。

金补助的最高限额为产业平均收入的90%，每年也会根据实际情况进行调整。补贴（对象无须为基金会会员）包括旅费、重新安置津贴、各地不同的房租津贴等。如果失业人员达到退休年龄，其退休后工资，前30个月工资金额为收入的90%，之后12个月前30个月救济金的80%，此后为70%（每年最高限额分别为104855、83844、73555克朗）。[①] 达到67岁时，国家会支付正常养老金。如果失业人员不符合领取失业救济金的条件，又确实属于非自愿失业人群，而且缺乏其他经济来源，可以向地方政府申请社会救助。社会救助一般由地方政府管理，救助金按照国家有关规定发放，这是属于托底救助非自愿失业人群的政策，覆盖了全体国民。

在瑞典，政府为了有效保障失业人群的生活制定了失业保险制度，该制度是国家补助的自愿保险和劳动力市场失业救济（基本失业保险）相结合的双重制度，包括基本失业保险和与收入关联的失业保险[②]。基本失业保险是由瑞典政府部门主办和实施的，而与收入关联的失业保险是由工会主办，个人自愿参加，国家给予财政支持，通过失业保险基金负责向失业者提供失业津贴。2005年瑞典职业雇员协会（SACO）成员每月可以从公共失业保险和个人收入保险中获得津贴（见表5-1）。

表5-1 2005年瑞典职业雇员协会（SACO）成员每月可以从公共失业保险和个人收入保险中获得的津贴

单位：瑞典克朗

月工资	15000	30000	50000
月保费	—	206	476
与收入关联的失业保险津贴	300天，12000	100天，16060 200天，14960	100天，16060 200天，14960
个人收入保险≤60岁	0	80天，7940 160天，9040	80天，13940 160天，25040
61~64岁	0	0	0

① 梁淑玲、胡昭玲：《丹麦、挪威失业保障制度及借鉴意义》，《国际经贸研究》1996年第4期，第40页。

② 粟芳、魏陆：《瑞典社会保障制度》，上海人民出版社，2010，第193~197页。

续表

总计≤60 岁	—	20 天，16060 240 天，24000 40 天，14960	20 天，16060 240 天，40000 40 天，14960
61～64 岁	300 天，12000	100 天，16060 200 天，14960	100 天，16060 200 天，14960

资料来源：5th International Research Conference on Social Security, "Social and Occupational Security and Labor Market Flexibility in Sweden," Gabriella Sjogren Lindquist and Eskil Wadensjo, 2007。

瑞典领取基本失业保险津贴的人员：非工会人员、受益期满但仍未工作的失业者、64 岁以上的雇员、家庭劳动者以及不符合就业条件的其他人员，基本失业保险津贴需在申请者年满 20 岁之后才会支付。① 而与收入关联的失业保险津贴覆盖了年龄在 65 岁以下，并且参加了工会的雇员，或自营劳动者组建的失业保险基金的自营劳动者。一般情况下，工会会员参加失业保险基金是强制性的，但也允许某些产业的雇员自愿参加失业保险基金。在瑞典，基本失业保险基金每天为失业前为全职工作者的失业者提供固定的 320 瑞典克朗的津贴，而不考虑津贴领取人员原来的工资水平。对非全职工作者或工作时间少于 12 个月者，基本失业津贴会按比例减少。失业人员领取津贴的受益期最长一般为 300 天，每周支付 5 天，如果在 300 天的受益期内要抚养 18 岁以下的小孩，则期限会延长 150 天，受益期总计为 450 天。在瑞典，由失业保险基金、公共就业服务机构和社会保险委员会三个机构（见图 5－1）共同负责管理瑞典失业保险体系②，三个机构各有分工，职责明确，互相补充，在失业保险体系中发挥着非常大的作用。

在芬兰，政府也会为非自愿失业者发放失业救济金。芬兰失业救济金的来源渠道主要有两个：一是政府财政支付；二是工会等组织发放。工会等组织的资金来源主要是雇主和雇员个人缴纳的失业基金。按照芬兰法律规定，雇主一定要缴纳失业基金，而雇员是否加入工会，是否缴纳失业基

① 杨伟国、李光耀、李欣：《瑞典失业保障政策：历史、现状与述评》，《教学与研究》2015 年第 1 期，第 26～34 页。

② 杨伟国、李光耀、李欣：《瑞典失业保障政策：历史、现状与述评》，《教学与研究》2015 年第 1 期，第 26～34 页。

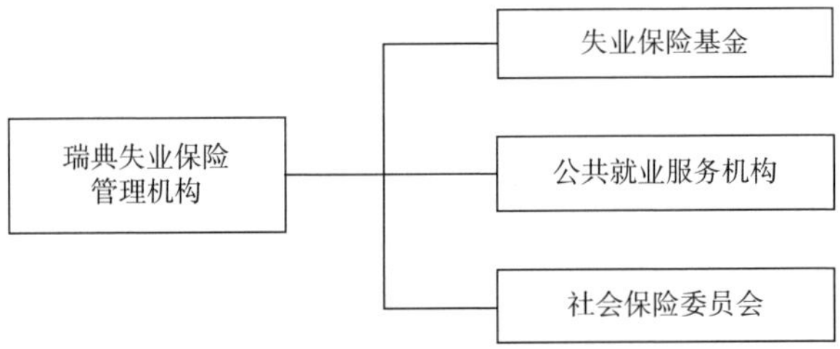

图 5－1　瑞典失业保险管理机构

资料来源：粟芳、魏陆：《瑞典社会保障制度》，上海人民出版社，2010，第 197 页。

金是完全自愿的。无论个人是否加入，工会对每一个人都有支付失业救济金的义务。在芬兰，失业救济金的发放标准为平均总收入水平的 45% 左右，而对于收入较低的人群，领取失业救济金的金额可能达到工资的 90% 。芬兰政府支持自主创业，对于自主创业的人，每天补助 23.4 欧元，如果公司破产了，仍然可以加入工会领取失业救济金。

2. 其他补助津贴

在瑞典，政府通过多项补贴政策，保障失业群体的就业权利，促进劳动力流动、降低失业率，有效提高就业质量。这些政策主要包括流动补助政策、启用补贴政策和岗位轮替补贴政策。

流动补助政策是面向失业的移民工人的。在瑞典的公共培训机构，不仅进行职业培训，也强调瑞典语言和文化生活的培训，以提高移民工人的人力资本水平。[①] 启用补贴政策是政府对雇用长期失业者的企业提供资金补贴的一项制度。根据集体谈判协议，雇用 18 ~ 19 岁青年人的企业可以获得为期半年的占工资 50% 的补贴；国家对雇用 6 名以上失业青年的企业，提供 60% 的工资补贴；对雇用残障人或其他特困群体 6 个月以上的企业提供 105% 的工资补贴。[②] 岗位轮替补贴政策，即瑞典政府实施的“带薪休假”就业政策，其目的是利用自愿休假者腾出工作岗位，安排长期失业者上岗，为其创造相对稳定的工作机会。按照政策的有关规定，自愿带薪休

① 李星：《瑞典劳动力市场政策效果评价及启示》，河北大学硕士学位论文，2009，第 13 页。

② 乔越：《20 世纪 60 年代瑞典实现较高劳动参与率原因初探》，《商业经济》2013 年第 20 期，第 87 ~ 89 页。

假1年的员工，可以领取原有工资85%的保险金。[①] 还有一种形式的补贴是学徒工补贴，雇主可以在6个月内不用支付学徒工的工资，而是完全依靠国家支付的相当于失业保险基金的学徒工补贴来解决其工资问题。为保障多项补贴政策的顺利实施，政府还专门财政拨款1.59亿瑞典克朗，实现每年为1.2万人安排工作的目标。[②]

3. 失业保障制度

北欧国家为充分保障失业群体的生活，制定了完善的失业保障制度，而且失业保障制度建立在完备的立法之上。北欧国家的失业保障立法普遍制定较早，挪威的失业立法始于1906年，是世界上最早建立失业保障制度的国家之一；丹麦于1907年开始发放失业救济金。到20世纪30年代初，北欧各国的失业保障立法已相继完成。20世纪70年代，这些国家又先后对立法进行了修订，以适应不断变化的社会。比如，挪威于1970年修订了有关失业社会保险方面的法律法规。这些失业保障法对保障对象、保障项目、保障水平、保障付给条件、保障费用等都做了明确规定，切实保证了权利、义务分明，有法可依。[③] 从1990年开始，芬兰建立了失业缓冲基金制度，数额约为失业金的3%。由于每年的财政预算通过议会批准以后不能轻易改动，但如果当年经济形势不好，企业破产增加，失业人数就会上升，相应的财政税收也会受到影响，两方面的原因致使原有失业金预算很难实现或者不够用，这时候失业缓冲基金就可以发挥作用。[④] 瑞典政府也制定和颁布了一系列促进社会群体就业的法律法规，并随着客观条件和需要的变化不断加以修订，建立了较为完善的劳动保障法律体系。瑞典先后通过了二十多部与就业直接相关的法律法规，其中包括《年度休假法》《就业保障法》《促进就业措施法》

---

① 郝晓猛：《瑞典劳动力市场政策对完善中国失业保险制度的启示》，《山东纺织经济》2014年第8期，第17~18页。

② 粟芳、魏陆：《瑞典社会保障制度》，上海人民出版社，2010，第216页。

③ 杨叙：《北欧就业政策的经验及借鉴》，《北京社会科学》1999年第3期，第152~156页。

④ 于慧利、王淑婕、徐学才：《北欧国家社会保障制度及对我国的启示》，《经济研究参考》2006年第32期，第2~11页。

《公共部门就业法》《工作环境法》《工作时间法》《平等机会法》《一般职位空缺法》《工资担保法》《禁止在职业生活中歧视残障人员法》《反对职业生活中的宗族歧视措施法》等，对就业的相关问题做出详细而明确的规定，从而使瑞典的就业政策建立在法制的基础之上[①]，这不仅有效保障了失业群体的就业权利与就业机会，也极大促进了整个社会就业制度的稳定可持续。

（二）残障群体保护政策

一般说来，残障群体是因为先天的残障因素，或者由于后天的自然灾害、战争、车祸等种种原因而产生的，他们因为身体或心理的残障与其他群体相比被视为绝对意义的贫弱群体，在北欧国家也不例外。为了有效保障残障群体的合法权益，北欧国家制定了完善的保护措施。北欧国家对残障群体的保护政策可以归纳为残障资金补贴和法律保护制度。

1. 残障资金补贴

（1）直接补贴

在瑞典，19～65岁，因永久残障需要他人帮助完成日常活动，或因残障而产生大额费用的人，可领取残障补贴。领取残障补贴的条件包括两方面：一是因残障需要他人帮助；二是因残障产生了大量额外费用。残障补贴数额是以价格基数为依据确定的，按残障程度的不同，分别可领取价格基数的36%、53%、69%。因功能性残障，平均每周需要他人照顾基本生活20小时以上的大于19岁小于65岁的残障群体，可申请获得残障护理补贴。一般情况下，超过65岁的残障群体不可以申请此项补贴，但如果申请人在65岁前已得到相关机构批准，仍可获得护理补贴。[②] 并不是所有的有功能性残障群体可以获得护理补贴，那些已经受到中央政府、市政机关或省政务委员会资助的相关机构照料的残障群体，不能够再获得残障护理补

① 薄芳：《瑞典政府处理社会就业问题的探索及启示》，《沧桑》2010年第2期，第152～154页。

② 粟芳、魏陆：《瑞典社会保障制度》，上海人民出版社，2010，第244～248页。

贴。瑞典社会保险机构只负责每周20小时以上的护理补贴部分的费用，前20小时的费用一般由当地政府资助。除此之外，16～65岁不能独立生活的残障群体都可以享受残障抚恤金，其条件是当事人的工作能力至少永久性地减少了1/4。残障保障金根据工作能力丧失的程度分为全额、75%、50%和25%等几种等级，由社会保险办公室决定谁可以获得保障金。残障群体由于其独立生活和工作能力有限，一般能申请到这项保障金。而针对65岁以上的老年残障群体，由地方政府为其雇用生活服务员，或由政府提供经费，由其自行雇用生活服务员。①

在丹麦，政府也为残障群体提供了多种补贴。比如，18～67岁的人，如果因为生理或心理伤害至少丧失了50%的工作能力，就可以申请早期养老金。50～67岁的人，如果需要长期护理，有权利领取额外的（普通的）早期养老金。

（2）间接补贴

除了直接针对残障群体的补贴之外，北欧国家还有其他各种各样的间接补贴。比如在瑞典，行动有困难的残障群体在购买或修理汽车时，可获得残障群体汽车补贴。补贴形式有多种，如基本补贴、购买补贴、修理补贴、学车补贴等。每个残障群体每7年可享受一次基本补贴和购买补贴，修理补贴是没有时间限制的。由于功能性障碍而难以使用公共交通工具者可以享受专门为残障群体设计的交通服务，这种交通服务由出租车或经过特殊改造的车辆提供，残障群体可以享受相应的交通补贴。表5－2是2003～2005年瑞典残障人保障支出情况。在各支出项目中，汽车补贴支出数额最大，残障儿童护理补贴支出居第二位，残障补贴居第三位。从性别看，获得残障补贴、残障护理补贴的残障人中女性比例低于男性，但是获得汽车补贴的残障人中女性比例高于男性。残障儿童护理补贴是提供给残障儿童父母的，因为照顾残障儿童这一职责多是由母亲担任的，所以获得残障儿童护理补贴的女性比例高于男性。

---

① 王和平、马红英、马珍珍：《北欧国家残障群体社会融合研究》，《中国特殊教育》2006年第9期，第11～15页。

表 5-2　2003~2005 年瑞典残障人保障支出

单位：10 万瑞典克朗

项目	2003 年			2004 年			2005 年		
	总额	女性	男性	总额	女性	男性	总额	女性	男性
残障补贴	11810	47%	53%	12619	47%	53%	13460	47%	53%
残障护理补贴	3685	47%	53%	3487	48%	52%	3812	48%	52%
汽车补贴	61135	54%	46%	61188	54%	46%	61101	55%	45%
残障儿童护理补贴	34073	89%	11%	36346	88%	12%	38076	88%	12%

资料来源：Annual Report 2005，The Swedish Social Insurance Agency。

2. 法律保护制度

（1）立法历程

以瑞典为例，1847 年和 1871 年瑞典议会分别通过了新《济贫法》，实施救助老弱病残的社会政策，这是瑞典首部有关成年智障人士福利的法案。19 世纪后，北欧各国政府才逐步将智障人士的社会福利纳入自己的职责范围。1913 年议会通过了《老年和残障人年金法案》，这是瑞典社会保险史上第一个系统完备的法规。1968 年《专门福利法》第一次规定，智障人士安置政策的目标在于使包括智障人士在内的所有残障人群回归社会。1994 年瑞典又通过一项法律，决定关闭那些为智障人群专门设立的特殊福利院，逐步代之以集中的住宅区。

（2）具体规定

在瑞典，1982 年生效的《社会服务法案》规定了地方政府的责任，强调地方政府必须使身体或智力残障的个人能根据其需要选择生活方式，并积极参与社区生活，可以旅行和随意行动，随意出入公共场所等。但这并不意味着必须由地方政府亲自来实施救助，各级地方政府可以自行解释法律，利用社会力量开展社会福利活动，但它必须保证这些救助以适当的形式提供给个人。① 1994 年瑞典实施的《残障群体支持和服务法案》扩充了残障群体的权利。该《法案》最重要的一项内容是残障人士获得个人化帮助的权利，地方政府必须给残障群体指定护理人员或给残障群体提

① 刘翠霄：《各国残障群体权益保障比较研究》，中国社会科学出版社，1994，第 55~60 页。

供资助，使其可聘用护理人员。该《法案》使5万行动不便的残障人和4万智力残障人得到了帮助和支持。瑞典的《残障保障法》规定：政府针对残障群体的特殊需要制定相应的福利政策，为残障群体提供实物福利和现金补贴。政府应该为智障人群提供三种不同的住房，还要为严重的残障群体安排生活服务员。瑞典的《健康与医疗法案》还要求政府必须为残障群体提供免费的技术服务，比如各种康复训练和职业培训等。

在丹麦，哥本哈根的《社区服务指南》基本代表了社区一级的残障群体服务规定。该指南共分10大类、290多条，其中在“住房”一类中就提到要为残障群体提供住房服务，具体包括住房搬迁、修整、个人卫生、食品供应、打扫房屋，以及其他有利于健康和康复的服务项目。在“健康与疾病”中提到应为残障群体提供医疗补贴，而在“社会服务”中则提到要为特殊的残障群体在社区内提供特别的监护服务。①

在北欧其他国家，比如挪威、芬兰等国也有类似的残障群体保障法、社会福利法，以及国家扶助法和健康服务的规划等法律法规。由此可见，北欧国家依靠健全的法律法规，保障了残障群体的生存发展权。

（三）移民和难民群体保护政策

自20世纪30~40年代起，由于欧洲附近的北非、西亚、中东等地区一直有或大或小的动乱，生活在那些地区的百姓不堪忍受战乱，几十年来陆续有难民出逃到欧洲寻求庇护，也有很多移民和难民出逃至北欧国家。近年来，由于战争、政治和宗教迫害等各种原因，加上北非局势动荡，一大批难民背井离乡、涌入欧洲，掀起了欧洲自“二战”以来最大的难民潮，导致在欧洲很多国家劳动力增加的同时，难民人数也在不断增加。由于受到地理位置、富裕程度、社会保障体制、避难政策的宽严程度以及各国的移民历史和移民传统的影响，在欧洲申请避难的难民分布也是极不均衡的。2013年，90%以上的避难申请集中在10个欧盟成员国，其中收到避难申请数量最多的国家是德国和法国，而如果按照难民与本国人口比例

---

① 杨叙：《北欧社区》，中国社会出版社，2004，第105~111页。

来看，受到难民潮冲击最大的四个国家分别是瑞典、匈牙利、奥地利和德国。人口不足1000万的瑞典在2015年1~10月就接收了11万难民，全年接收19万难民，人均压力超过德国。[①]

由于语言、种族、宗教信仰等原因，北欧国家的移民和难民在定居、就业、教育等基本民生问题上处于不利地位，成为一类典型的贫弱群体。本部分把北欧国家移民和难民的保护政策概括为三个方面：法定保护制度、资金救助、社会融入计划。

1. 法定保护制度

（1）有关移民的规定

2002年7月1日，丹麦政府规定，居住了三年以上的永久居民、难民和加入丹麦国籍的人，配偶不在丹麦居住的，允许其配偶通过家庭团聚的方式移民丹麦。同时规定，申请配偶移民丹麦的人必须证明他/她有能力为其配偶提供经济支持和食宿条件，但是加入丹麦国籍的人不需要提供这样的证明，这使其为来自他国的配偶做担保人显得相当容易。[②]

（2）有关就业的规定——绿卡计划

丹麦有一项特殊的绿卡政策，允许持有人在丹麦居留6个月，最长可达3年，并在丹麦寻找工作。想要得到绿卡必须在一个计分系统中至少获得100分，计分系统会对个人是否有能力在丹麦工作进行评估。[③] 计分系统的测试包括五大方面：学历、语言能力、工作经验、适应能力和年龄。北欧国家（除瑞典外）的移民可以在丹麦自由居住、学习和工作。欧盟和瑞典公民可以根据欧盟内部自由移民的规定在丹麦居住，但是可能会受到一些特殊规定的约束。通过家庭团聚或者是申请避难的方式移民丹麦，获得丹麦居住许可的公民，或者是由于人道主义原则获得居住许可的公民，不需要持有工作许可便可在丹麦工作。

---

① http/www. tagesschau. de/multimedia/sendung/tt－4161，html.

② 刘冬青：《丹麦的华人新移民——浅析其移民原因及方式》，华东师范大学硕士学位论文，2010，第35页。

③ 刘冬青：《丹麦的华人新移民——浅析其移民原因及方式》，华东师范大学硕士学位论文，2010，第44页。

(3) 有关避难的规定

有关政治避难的申请要由丹麦移民管理局做出处理决定——由丹麦还是其他欧盟成员国处理该避难请求。如果移民管理局认为申请者符合在丹麦获得庇护的各种条件，那么将会批准其政治避难。移民管理局也可拒绝该政治避难申请者，并将此人移交给欧盟以外的、安全的第三国。如果申请者获得政治避难身份，丹麦移民管理局将会为申请者选择一个居住城市，并为其准备一项特殊的预备课程，包括丹麦语的学习和提供就业帮助。移民管理局会根据申请者的专业技能、在丹麦的家庭关系以及其他因素来选择申请者居住的城市，并提供住房。

(4) 有关儿童难民的规定

挪威对待难民儿童实行了积极的政策。2000 年 12 月挪威政府向议会提交了 2000 ~2001 年的难民和庇护政策的报告，即第 17 号报告。该报告将难民政策的重点放到了孤独无助的儿童身上，规定对孤独无助儿童的庇护申请在所有的级别上都要优先考虑，在难民接待中心和有关的安顿程序上儿童也享有优先权。挪威的法律规定必须为儿童指定监护人，由于可以作监护人的人非常缺乏，公共监护人办事处已经增加了招募监护人的力度。此外，挪威政府还加强了接待中心对儿童提供的教育课程的监督，并采用跟踪谈话的方式和提供全面的医疗检查，以便在早期阶段确定儿童所需要的帮助。第 17 号报告提出了一个新的市与市之间合作安顿难民和承担更大共同责任的计划，以保证难民在被安顿之前不必等待过长的时间。中央政府给各市安顿难民的综合性拨款也有所提高，2003 年综合拨款为 376000 挪威克朗，各市每年还可以得到另外 96400 克朗专门为孤独无助儿童的拨款，直到这些儿童年满 21 周岁为止。

2. 资金救助

在瑞典，由于战争、政治和宗教迫害等各种原因移民到瑞典的群体，如果他们有充足的资金，他们可以加入瑞典的社会保险计划，按照瑞典国家法律制度的规定，和瑞典公民一样承担基本的缴税义务，享受基本的社会保障服务。事实上，由于战争、政治和宗教迫害等各种原因逃难到瑞典的群体，他们没有充足的资金，甚至家破人亡，生存都成问题。在这种情况下，瑞典政府会安排慈善机构给这些难民群体提供居住的场所，同时分时段给难民群体发放生活救济金，满足其基本的物质生活。然而，瑞典政府不会一味地提供资金救助，更重要的是在提供资金救助的期间要求难民群体积极参加政府部门组织的就业培训和语言培训，帮助难民群体提高就业技能和打好语言基础，从而为就业部门提供合格的劳动力，这样也会更好地满足难民群体的日常生活需求。

政府部门不仅直接给难民群体提供救助金、居住地等基本物质条件，还会对雇用移民和难民的企业进行补贴，从而间接提高移民和难民群体的就业水平，让他们得到更有保障的社会生活。例如，瑞典法律规定，雇用移民并在一定期限内帮助其学习瑞典语的企业，政府会给予不超过 12 个月的相当于对应的移民工资的 75% 作为补贴[①]，如此丰厚的补贴大大激发了企业聘用和培训移民与难民群体的积极性。如果在难民还未找到工作的情况下，或者在有资格领取失业保险和平均补助之前又失业的情况下，难民仍然有资格得到社会救助，从而保障难民的基本物质生活。

3. 社会融入计划

瑞典推行的是多元主义文化政策，在传统上奉行宽容自由的避难政策，难民安置标准较高，瑞典采取了非常积极的措施来应对移民和难民问题。到 2011 年底，瑞典总人口中有 65.5 万外国公民，占 6.7%。

表 5-3　瑞典第一代移民与双亲来自同一国家的第二代移民数量

国别	第一代移民	第二代移民	国别	第一代移民	第二代移民
芬　兰	166723	63701	索马里	40165	12398
伊拉克	125469	35213	泰　国	33613	747
波　兰	72865	10779	智　利	28385	7915
南斯拉夫	70050	29189	中　国	25652	2069
伊　朗	63828	14497	黎巴嫩	24394	14867
波　黑	56290	13125	叙利亚	22357	9058
德　国	48442	5713	英　国	21883	685

① 吴辉：《瑞典社民党如何保护弱势群体》，《中共石家庄市委党校学报》2006 年第 9 期，第 42 页。

续表

国别	第一代移民	第二代移民	国别	第一代移民	第二代移民
丹　麦	44951	6836	罗马尼亚	21016	2529
土耳其	43909	25443	印　度	18622	2197
挪　威	43058	3565	美　国	17755	132

资料来源：瑞典统计局，截至2012年1月1日。见别雍·古斯塔夫森、廖旸：《瑞典移民在劳动力市场中的困境——果与因》，《世界民族》2014年第6期，第64~72页。

（1）政策原则

瑞典官方融入政策的目标有以下几点：不分民族、不分文化，所有人享有平等的权利、义务和机会；构建一个多样化的社会；彼此尊重相互宽容；让每个人都能积极地参与到社会当中。①

（2）具体计划

来到瑞典的移民和难民普遍面临语言障碍、资格障碍。另外，由于雇主不愿雇用外国人，外国人比瑞典人更容易失去工作。因此，瑞典政府为每一位难民提供难民服务，制定了社会融入计划，包括收容设施和“介绍计划”。收容设施是指瑞典的慈善机构会给难民群体提供基本的居住场所，允许他们在找到工作之前居住。“介绍计划”是指瑞典政府会依靠就业部门和企业对难民群体进行语言培训、就业技能培训、社会文化培训等多方面的培训，培训过程中会进行相应的考核，当考核合格时政府就会介绍相应的企业提供就业岗位。在此过程中，不仅帮助移民和难民群体获得就业岗位，更有意义的是帮助移民和难民群体更好地融入瑞典社会，和本国公民一样，享受更多的发展机会。

三　北欧国家贫弱群体的支持政策

随着经济社会不断发展变化，20世纪70年代末开始，北欧社会福利

① Fredrik Hertzberg，（In）Tolerance and Recognition of Difference in Swedish Schools. The case of Islamic denominational schools and practices of veiling. National Case Studies – School Life Final Country Reports，2011，p. 16.

体制出现危机：福利增加超过经济增长所提供的现实能力；高税收损害了企业积极性从而影响了税基，但是继续维持的高福利使得政府财政赤字不断扩大；人口老龄化使财富分配与财富创造之间的矛盾日益凸显。一系列的经济社会危机使得丹麦、芬兰等国政府在20世纪90年代中期大幅削减了失业津贴和养老金，① 同时寻求国家针对贫弱群体保护政策的变革，一方面，贫弱群体不能仅仅满足基本的物质生活需求，他们需要获得更多的发展权利与机会；另一方面，为了进一步明确贫弱群体的权利与义务，让他们充分发挥主观能动性，实现更大的人生价值。因此，北欧国家在面向贫弱群体制定保护政策的基础上，更加注重面向贫弱群体制定支持政策，并把支持政策放在更加突出的位置，从而保障贫弱群体获得基于内生动力的可持续发展。

（一）失业群体支持政策

进入20世纪90年代之后，在世界经济一体化的大趋势下，北欧模式也受到了严重冲击。据1998年6月经济合作与发展组织发表的一份就业情况报告统计，北欧部分国家失业人数占劳动力百分比分别为瑞典8.1%、挪威4.9%、丹麦8.6%。这些数据表明，一贯以优先考虑充分就业为国策的北欧各国正面临着严峻的挑战，要求改革的压力和呼声日益高涨。此外，完善的失业救济政策为失业者提供了良好的失业保障，因而人们的进取心明显削弱，有些人滋生了就业不如失业安逸的懒惰情绪。

因此，北欧国家在制定保护政策保障失业群体合法权益的基础上，为了增加其就业机会、提高其就业技能，避免滋生懒惰等福利陷阱问题，普遍面向失业群体制定了积极的就业支持政策。改革之后的福利制度，促进了北欧崇尚勤奋工作和劳动的社会文化的形成，这对于确保北欧高福利国家的可持续发展至关重要。本节将北欧国家实施的失业群体支持政策归结为三个方面：健全的政府职能部门、职业咨询与就业指导、劳动就业培训。

① Carsten Jensen, Christoph Arndt and Seonghui Lee. Policy Instruments and Welfare State Reform. *Journal of European Social Policy* 2018, 28 (2): 161-176.

1. 健全的政府职能部门

北欧国家为充分支持和发展失业群体的就业机会与就业权利，成立了健全的政府职能部门来具体运作。他们普遍建立了统一管理、分工明确、效率较高的政府专门机构。在丹麦，设有劳动部，其中一项职能就是负责保障失业群体的就业机会与就业权利。在挪威，成立了地方政府与劳动部，下设劳动市场管理局，专门负责劳动市场政策。它们的主要职能都是发放失业津贴、安置就业、组织再就业培训和提供职业选择指导。失业者的各种问题在这里可以得到及时、妥善的解决，有效地消除了推诿、敷衍的官僚作风，保证了社会的安定。[①] 在瑞典，国家专门设立了公共就业服务机构——劳动力市场管理局。[②] 图 5－2 是瑞典公共就业服务机构管理结构。

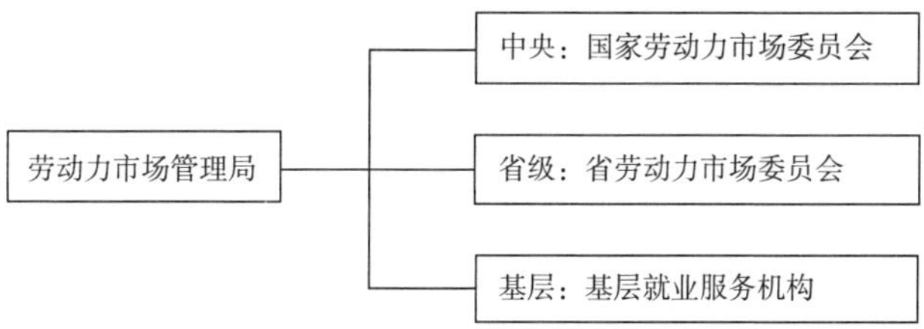

图 5－2　瑞典公共就业服务机构管理结构

资料来源：薄芳：《瑞典政府处理社会就业问题的探索及启示》，《沧桑》2010 年第 2 期，第 152 页。

瑞典劳动力市场管理局成立于 1948 年，其体系与管理制度不断完善。它分为三级，即国家劳动力市场委员会、21 个省劳动力市场委员会以及遍布全国各地的近 500 个基层就业服务机构，实行上下垂直管理。国家劳动力市场管理局在全国各州（市）设有 24 个派出机构，共有 1500 多名管理人员，下辖 380 多个县级就业办公室和 100 多个就业能力测试所，分别有 6600 多名和 2300 多名工作人员。每个局或就业服务办公室所在地均设有职业介绍所。[③] 国家劳动力市场委员会由来自执政党、联邦和地方政府、

① 杨叙：《北欧就业政策的经验及借鉴》，《北京社会科学》1999 年第 3 期，第 152～156 页。

② 薄芳：《瑞典政府处理社会就业问题的探索及启示》，《沧桑》2010 年第 2 期，第 152～154 页。

③ 吴江：《瑞典的公共就业服务及劳动力市场培训（上）》，《劳动理论与实践》1997 年第 1 期，第 16～18 页。

工会和雇主组织的代表组成的管理委员会来领导，充分体现了多方性原则。国家和省劳动力市场委员会的主要职责：协调和促进各个部门劳动力市场的供求关系；实施就业技能培训计划，为就业困难人员提供支持；负责就业服务机构、劳动力市场政策项目和失业保险系统的业务开发、监督管理和经费控制；负责其他就业管理工作。

基层就业服务机构主要由就业服务办公室（职业介绍所）和职业生活服务机构（如就业能力康复所）组成，其主要职能是向企业和求职者提供一系列就业服务，包括职业介绍、培训推荐、失业保险金和培训补贴核发等服务工作。国家劳动力市场管理局向国家工业、就业和交通部提交年度财务和工作报告，而工业、就业和交通部则通过合同方式对国家劳动力市场管理局实行目标管理。劳动力市场管理局自下而上层层实行就业工作的目标管理，使就业管理有条不紊、富有效率。

国家劳动力市场管理局利用先进的技术设备，建立了现代化的就业服务信息网络。该网络有三大主要数据库：雇主数据库、岗位空缺数据库、求职数据库。政府对网络实行统一投资、统一建设、统一管理，尤其重视基层就业服务机构的基础设施建设，统一配备了技术设备。该网络的就业服务信息包括：宏观经济和劳动力市场形势分析、全国人口流动状况、全国各地各种职业的需求情况、空缺岗位的具体要求、工资待遇、培训机会、工作环境等。求职者和雇工单位还可以在网上进行职业技能测试，发出求职申请或安排候选人员进行面试。用户只需几秒钟就能查找到所需的信息，大大提高了就业服务中心的工作效率，促进了就业自助服务的发展。国家劳动力市场管理局网站以丰富的信息内容和出色的服务被誉为互联网的“黄金链接”，为失业群体提供大量且有效的就业信息。

2. 职业咨询与就业指导

瑞典各地的劳动力市场管理部门为求职者开展职业指导与咨询工作，主要在职业能力测试所和学校中进行。这些服务一般采取面对面的方式，为求职者、更换工作者以及职业障碍者提供就业咨询服务。职业指导与咨询工作人员会为求职者介绍不同职业的特点、要求和培训机会，并负责安置他们在不同的培训项目或暂时性的公共工程中就业。如果失业者在本行业或本地区无法找到工作，工作人员则会建议求职者改行或学习新技能，或者将其介绍给需要这类人手的企业。总之，瑞典各地的劳动力市场管理部门为求职者开展专业的职业指导、咨询与介绍工作①。

根据国际劳工组织（ILO）第 88 号公约的相关要求，瑞典建立了公共就业服务机构。大约有 90% 的空缺职位和 85% 的失业者通过在公共就业服务机构登记寻求帮助。每个失业者可在当地的公共就业服务机构进行失业登记，当地就业安置官员会为失业登记者安排合适的工作，并提供相关的就业咨询。同时，公共就业服务机构还采取报纸、公布栏以及新闻媒体等渠道，向失业者提供有关公司和职位空缺的直接而准确的消息。如今，瑞典公共就业服务机构的许多服务项目已经完全网络化，个人可登录瑞典劳动力市场委员会的网页，查询有关全国各地出现的岗位空缺以及每一个岗位的具体要求和酬劳等信息，并可以在网上进行咨询和提出申请，更加方便快捷地提供就业信息。② 瑞典公共就业服务机构为了使失业者学习有效地找到工作，还采取了一项至少进行五天的“工作俱乐部”活动，会专门针对找工作的一些问题以及每个人的想法和计划等进行座谈，活动期间就业服务机构一直与参与活动者保持密切联系，直至活动参与者顺利找到工作。

2000 年，瑞典政府提出建立个人学习账户的建议方案，并于 2002 年获得国会批准。依据这一方案，每位领取工资的就业者在自愿基础上都可以获得一个个人学习账户，费用由雇员和雇主共同分摊，国家给予税收优惠和启动补助金。账户拥有者可以随时提取资金用于个人培训，至于何时接受培训、接受何种培训完全由个人决定。③ 2005 年瑞典政府将一些特别资金用于假期高级培训和短期职业培训，提供更多劳动力短缺领域的培训机会，针对性地用于成人第二教育。④

---

① 粟芳、魏陆：《瑞典社会保障制度》，上海人民出版社，2010，第 217 页。

② 粟芳、魏陆：《瑞典社会保障制度》，上海人民出版社，2010，第 217 页。

③ 英格 - 帕森、余祖光：《瑞典的终身学习和员工培训》，《中国职业技术教育》2005 年第 21 期，第 44 页。

④ 薄芳：《瑞典政府处理社会就业问题的探索及启示》，《沧桑》2010 年第 2 期，第 152 ~ 154 页。

3. 劳动就业培训

瑞典政府提供了多种形式的劳动力就业培训，其劳动力培训政策主要包括：对专门技术缺乏、企业破产的失业者进行培训，帮助他们提高劳动技能，使其在发展前景广阔的企业得到就业机会；以劳动力市场需求为中心，对失业者的培训内容随着劳动力需求的变化而有所侧重，使失业者掌握某项特殊技能，以促进就业率的提升，并克服结构性的劳动力短缺；强调职业导向，每年的培训要求受训者必须在完成培训项目后才能从事某种职业；注重难以安置的处于劣势地位求职者的培训。[①] 除此之外，瑞典实施积极的劳动力市场政策（见表 5－4）。积极的劳动力市场政策包括三部分：选择性需求政策、供给导向政策以及为促进劳动力市场匹配的行动。

表 5－4　瑞典积极劳动力市场政策的内容

配套措施	供给方	需求方
公共就业服务	提供补贴的地区流动	公共救济工程
信息	劳动力市场的免费培训	雇用工资补贴
工作安置	机构内部的劳动力培训	青年队
咨询	—	受保护的就业

资料来源：见赵频《瑞典积极劳动力市场政策研究》，武汉大学博士学位论文，2012，第 97～103 页。

瑞典政府将积极的劳动力市场政策年度预算的 40% 用于开展职业培训，其他各项措施的费用只占总预算的 60%。[②] 为了降低失业率，瑞典政府又采取了补贴培训的方式，其数额相当于失业保险金的数额，同时制定各种培训计划，加强就业培训以降低失业率。针对培训项目，瑞典政府还专门成立了劳动力市场职业培训机构，该机构在全国各地有近百个分支机构，可以在大多数的专业领域进行职业培训，也有由政府出资资助通过私人企业进行的培训。瑞典政府根据失业求职者的不同情况和多种要求，将他们分散到各个专门的培训机构。专门培训机构对没有专门技术且难以安

① 郝晓猛：《瑞典劳动力市场政策对完善中国失业保险制度的启示》，《山东纺织经济》2014 年第 8 期，第 17～18 页。

② 粟芳、魏陆：《瑞典社会保障制度》，上海人民出版社，2010，第 217 页。

置的失业者进行各种技术培训，使其具有某种特殊技能，从而克服就业“瓶颈”或结构性劳动力短缺问题。另外，专门培训机构还为破产企业的工人进行再就业或转岗培训，使他们符合企业或其他部门的技能要求，从而能够重新找到工作。参加就业培训是免费的，而且参加者还可以得到一笔相当于失业保险金的培训补贴。就业培训是瑞典实施的积极劳动力市场政策措施中最重要的措施之一，通过多种培训提高了求职者自身的素质，使求职者能够更容易地找到工作。

瑞典从 1997 年开始，启动了一个大规模的劳动培训计划，这一计划以提高知识水平、减少失业为目的，是欧洲同类计划中规模最大的国家培训项目之一，首批参加培训的人数即达 12 万人。到 2002 年，参加这一培训计划的人数达 62.5 万人，约占瑞典劳动力总数的 15%，纳税人将为此付出 200 亿克朗。瑞典的这一计划是通过分析预期的经济发展所能提供的就业机会，有针对性地开设急需劳动力的信息产业、医护业等专门培训课程，同时也开设数学、语言、科学等基础课程，为失业者再就业创造条件。①

在丹麦，1993 年颁布了再就业法规，从 1994 年起又实施了积极的劳动力市场政策改革，规定失业救济金领取时间从 4 年缩短到 2 年，后又缩短为 1 年。年轻人不仅有要求工作岗位的权利，而且有接受政府提供的工作的义务。25 岁以下的失业者在接受失业救济的 13 个星期之内，25 岁以上的失业者在接受失业救济 1 年之内，必须接受政府提供的工作岗位或是进入生产学校学习，否则便会失去任何失业救济金。②

丹麦政府专门设有负责再就业工作的办公室③，具体开展就业培训，负责失业人员的再就业工作。若一个人在三个月内还未找到工作，再就业办公室就会通知他来培训。在培训之前，再就业办公室会让失业者填写一张表格，询问一些情况，比如在半年内想找什么工作等，同时根据失业人员的具体情况进行职业技能培训，培训时还给失业人员详细传授找到工作的途径和方法。办公室工作人员与失业者之间是一种真诚合作的关系，提

---

① 杨叙：《北欧就业政策的经验及借鉴》，《北京社会科学》1999 年第 3 期，第 152～156 页。

② 杨叙：《北欧就业政策的经验及借鉴》，《北京社会科学》1999 年第 3 期，第 152～156 页。

③ 乔建忠：《丹麦的再就业工程》，《党政论坛》2007 年第 8 期，第 44 页。

供免费服务。通过让失业者填表和面对面询问，工作人员用市场的尺度去衡量每一个人，对他们进行分类，再有针对性地去对号入座，帮他们尽快找到适合自己的工作。若一个失业者在一年后还没有找到工作，办公室会将其列为重点对象，加强与该失业者的联系，为其提供多种渠道的就业信息。

丹麦的劳动就业培训主要包括五种途径（见表5－5）：一是参与职业循环项目，职业循环计划很好地连接了对员工和失业人员的培训，对于解决失业问题有很好的作用；二是接受专门的职业指导与咨询策略，职业指导与咨询强调就业指导中心、社会合作者、市政机构的三方合作，强调指导与个人能力、愿望的匹配，强调早期的甄别、后期的跟踪调查，注重失业者信心的重塑，为指导就业者提供符合个人情况的个人计划；三是参与失业青年计划（Youth Unemployment Program，YUP）；四是参与生产学校的培训，生产学校非常注重失业参与者通过职业培训获得基本的实践技能，从而对就业有最直接的帮助；五是参与成人职业教育与培训项目，接受职业咨询与指导。[①] 由于把劳动力市场的需求作为首要目标，丹麦的职业教育和成人再培训成绩斐然，他们把理论辅导、实际操作和职业介绍结合起来，直接为促进就业服务。30年来，丹麦大约完成了1800项再培训计划，每年参加职业培训者占劳动力总数的5%，有些部门占到了15%～20%。这些具有现代化水准的职业教育使丹麦得以实现经济稳定发展，企业拥有高素质的劳动力大军，个人增加就业机会。[②]

表5－5　丹麦职业教育和成人再培训计划

类　别	项目名称
项目一	职业循环项目
项目二	职业指导与咨询
项目三	失业青年计划
项目四	生产学校培训项目
项目五	成人职业教育与培训项目

资料来源：杨叙：《北欧社区》，中国社会出版社，2004，第164页。

① 杨叙：《北欧社区》，中国社会出版社，2004，第164页。

② 杨叙：《北欧就业政策的经验及借鉴》，《北京社会科学》1999年第3期，第152～156页。

挪威政府也制定了劳动就业培训计划。挪威劳动就业培训根据参与的群体及培训的不同预期，把完整过程划分为 5 个阶段（见表 5－6）[①]：①初始基础阶段，所有失业者经申请可参加。②培训计划的调整和主要课程的确立阶段。③塑造型培训阶段，主要是地方就业办公室对完成第二阶段培训的参与者进行综合测评，确定一批有一定个人素质基础的培训参加者，对他们提供继续培训和教育，塑造其成为较高素质的社会劳动者。④继续培训或放弃培训阶段。虽然所有参与者可继续本阶段培训，但事实上一些人因为某些相对较好的其他机会而放弃继续培训。⑤完满退出培训阶段。到这一层次一些人找到合适满意的工作而退出，另一些人感到下面的培训难度大，又感觉继续培训对自己作用不大，故而退出转向就业。而那些仍然坚持参加培训的人，显然是从培训中认识到教育的价值及教育对其个人将来发展的作用，这些人继续参加培训旨在转向接受普通高等教育。挪威政府会为就业培训提供大量的资金，而且在不断增加对劳动力市场的投资，这样会使得失业者比较容易找到工作。

表 5－6　挪威劳动就业培训计划五阶段

阶　段	名　称
第一阶段	初始基础阶段
第二阶段	培训计划的调整和主要课程的确立阶段
第三阶段	塑造型培训阶段
第四阶段	继续培训或放弃培训阶段
第五阶段	完满退出培训阶段

资料来源：王志凯：《来自挪威的启示——福利经济与就业培训》，《中国国情国力》1999 年第 3 期，第 29～31 页。

（二）残障群体支持政策

面对残障群体，北欧国家不仅制定了完善的保护政策，而且普遍制定了非常完善的残障群体支持政策，特别是在教育和就业方面，具有极佳的

① 王志凯：《来自挪威的启示——福利经济与就业培训》，《中国国情国力》1999 年第 3 期，第 29～31 页。

借鉴意义。本部分将北欧国家实施的残障群体支持政策归结为六个方面：教育支持政策、就业支持政策、住房支持政策、环境无障碍支持政策、信息无障碍支持政策、其他社会服务支持政策。

1. 教育支持政策

瑞典政府对残障群体的教育问题十分重视，通过普及基础教育，发展特殊教育和政府的特别扶助等有效手段，保障残障群体人人都享有受教育的权利和机会。

（1）普及基础教育

瑞典法律规定：实行全民免费教育。首先，瑞典很重视对残障儿童的早期教育[①]。早期教育与早期发现儿童的缺陷密切相关。瑞典制定了比较完善的测试检查手段和制度。婴儿一出生，就要接受各种必要的检查，只要发现有某种障碍，有关机构和人员就会向其本人和家庭提供相应的帮助。以听障儿童为例，如向聋儿免费提供助听器、各种专业人员（教育心理学者、聋校教师、医生、社会工作者等）相继访问孩子家庭、教聋儿学说话、教给家长早教方法等。有缺陷的学前儿童可以进入普通幼儿园附设的特殊班，也可以进入专门为他们开办的幼儿园。瑞典的《社会服务法》于 1982 年 1 月生效，适用于 0 ~ 12 岁的儿童，它规定残障儿童有权进入普通的学前机构和参加儿童中心的活动，各地政府部门有责任向他们提供所需的支持，政府配备一名专业护理人员。

除此之外，瑞典把特殊教育纳入义务教育体系。瑞典有法律规定，对所有的缺陷儿童（包括严重的和多种的缺陷患者）要实行义务教育，他们享有与正常儿童同等的受教育的权利。一般儿童的义务教育年龄段是 7 ~ 16 岁，共 9 年，而特殊儿童则是 10 年。缺陷儿童完成义务教育后，可以考高中、进大学，或者进职业技术学校或生活技能培训学校。当然要视他们的障碍性质和程度而定，并不要求所有的患者通过义务教育达到正常儿童所达到的文化水平。严重智力落后儿童，根本谈不上通常意义上的文化学习，只能通过理疗、活动技能的训练、生活习惯和技能的培养及恰当的

① 银春铭：《英国和瑞典的特殊教育情况》，《外国教育资料》1984 年第 4 期，第 56 ~ 65 页。

教育活动，使他们的状况有所改善，学会一些简单的生存技能[①]。残障群体教育的重要原则是残障儿童、青年和成人有权也应当获得同社会中其他人平等的教育培训机会，这就意味着绝大多数残障群体能参加普通教育项目或普通学校的特别班，对具有听力和语言障碍的学生也同样如此。大部分行动有障碍的学龄期儿童进入普通学校，或者隶属学校的特殊班接受正常教育。许多高中为行动不便的残障青年人预留了专门名额，以保证他们能跟其他社会成员一样接受教育。

（2）发展特殊教育

瑞典根据残障类别和残障程度，重视发展特殊教育，专设瑞典特殊教育学院负责监督和发展残障群体特殊教育事业，为地方政府、学校领导和教师提供支持，提供特别培训的教师、辅助设备和助手，帮助其针对残障学生的需要调整学校的教学环境。瑞典特殊教育学院还负责编写教材。在瑞典有不少的特殊学校，其中有 6 所聋哑学校，还开办了聋哑高中。聋哑人有权将手语作为第一语言，有权以自己的语言接受教育，允许他们用手语和其他人进行接触交流。瑞典还有智力残障儿童学校，它们通常为普通中学的附属学校，入学普通学校或智力残障儿童学校取决于家长。全国约有 1% 的儿童入学智力残障儿童学校。

芬兰政府也制定了完善的特殊教育政策。芬兰在 19 世纪 40 年代创办聋哑学校，60 年代创办盲校，90 年代创办培智学校，迄今为止芬兰特殊教育已走过 170 多个年头，经历了四个阶段：①仅仅为感官残障学生提供教育，结果大量其他残障类型的特殊儿童无法接受教育。②开始重视对残障群体的养护、医疗保健以及康复，但是特殊儿童却按照残障类型被隔离开来。③正常化以及融合教育。④教育平等以及平等的教育服务。[②] 时至今日，芬兰对特殊儿童的分类已经发展得特别细，主要包括以下 10 种类型：极度发育迟缓、严重发育迟缓、轻度发育迟缓、脑功能损伤或身体残障、情绪障碍或社会适应不良、自闭症谱系障碍、语言发展障碍引起的学

---

① 银春铭：《英国和瑞典的特殊教育情况》，《外国教育资料》1984 年第 4 期，第 56 ~ 65 页。

② 杜林、雷江华：《芬兰特殊教育的发展及启示》，《现代特殊教育》2013 年第 1 期，第 60 ~ 61 页。

习困难、视觉障碍、听觉障碍以及其他障碍。特殊教育对象分类的细化不但说明了芬兰对特殊教育的重视，而且说明了其教育体系更加强调根据特殊儿童的类型来采取有针对性的教育。

（3）开展职业教育

在瑞典，智障人士在完成义务教育后，可以继续进入高一级的学校接受融合教育，也可以接受融合的或是特殊的职业教育，或者是去某些公司或庇护性的福利工厂做学徒。残障人工作服务中心也会负责对毕业以后的智障人士进行重新教育，使之能够胜任一项工作。冰岛的智障学生在完成义务教育以后可以进入特殊的学习班进行为期 4 年的指导性课程的学习，这里的主要课程是根据他们每个人的学习能力和兴趣特点来安排和设计的，职业培训也被很好地融合了进来①。在政府教育和社会部门的帮助下，教师为学生联系他们所在地的公司和职业训练中心，帮他们找工作并提供个别化的训练。

在芬兰，政府同样非常重视残障群体的职业教育。特殊学生在接受职业教育之前会接受准备训练、康复训练以及咨询服务。职业教育机构为每一个特殊学生制定个性化教育计划，并在实施过程中随时根据实际情况做出调整。此外，特殊职业教育还招收那些疾病或其他原因导致残障的特殊人群。芬兰对特殊学生进行职业教育的机构主要有特殊职业教育机构、特殊职业教育班级、普通职业教育班级。全国有 13 个特殊职业教育机构为严重障碍儿童提供特殊职业教育服务。

（4）实行一体化教育②

在瑞典，特殊教育正在经历一场重大变革，即向一体化教育过渡。以前是设法把特殊儿童从一般学校里区分出来，送到相应的特殊学校里进行教育。现在则相反，强调把特殊儿童结合到一般学校里，放在正常儿童的环境里进行教育，叫作一体化教育。其形式主要是：在普通学校里开设特殊班，插到正常班里，一部分时间在特殊班里、一部分时间在正常班里。

① 于慧利、王淑婕、徐学才：《北欧国家社会保障制度及对我国的启示》，《经济研究参考》2006 年第 32 期，第 2～11 页。

② 银春铭：《英国和瑞典的特殊教育情况》，《外国教育资料》1984 年第 4 期，第 56～65 页。

采取何种形式，要根据儿童的具体情况而定，而且在每种形式内还有些细小的差别。瑞典自1975年开始发展一体化教育，现在大部分的缺陷儿童被送进普通学校。全国智力落后的学生，绝大多数在普通学校附设的特殊班和可训班里，独立的智力落后学校只有两所，为深度落后的孩子而办。义务教育阶段的聋生进普通学校的不多，但是高中阶段的聋生都结合到普通高中里，学制比正常学生多一年。瑞典人认为盲童和弱视儿童智力正常，依靠语言比聋人更适应接受一体化教育，所以他们把大部分盲生送到普通学校里。

在丹麦，具有重视教育的优良传统并遵循全民教育的政策。其在1975年颁布的《国民教育法》中明确规定："所有儿童，无论残障儿童或非残障儿童，都享有至少9年的义务教育权利。"① 在国民教育的小学阶段，丹麦特殊教育遵循一体化教育政策，但针对残障儿童对特殊教育需求程度的不同，其做法务实且灵活。比如，对待轻度障碍儿童实行完全的一体化教育，由地方政府承担经费投入，具体是由地方普通学校负责为残障儿童制定并提供具体的补偿措施，这些补偿措施包括向他们提供特殊教育，提供教育教学过程中所需要的特殊教具、学具等。同时，丹麦教育法对国民学校教师做出明确规定，要求国民学校教师必须具备教授包括残障儿童在内所有儿童的资格。而针对重度残障儿童，由于该类儿童对特殊教育需求程度较深，因而在教育管理方面由郡和地方政府共同负责，这就避免了因地方普通学校经费、设备及人力资源等方面的限制而不能满足残障儿童的特殊需求。其中，由地方政府负责诊断并决定该儿童是否接受隔离程度较高的特殊教育，而郡则决定给该儿童提供具体何种类型的特殊教育。在初中教育阶段，残障学生的特殊教育支持均由学校负责提供，支持的具体内容由学校自行决定。这些支持可以由该班级负责教师或该校受过特殊教育培训的专门教师提供，也可专门聘请校外专家进行指导。残障学生有权申请免除某些科目的考试，但是如果变更一下考试的形式，如利用信息技术手段，磁带或盲文，延长准备或考试时间，视觉障碍儿童可回避涉及地图或

---

① Christine O. Hanlon. Special Education Integration in Europe. David Fulton Publishers, London, 1993: 26, 39.

图片的试题等，就可以使这些学生与其他普通学生在同一个公平的起点上竞争，学校则提供这些特殊措施，从而保证每名学生的同等机会。[①] 高中和职业教育培训中接收的残障学生，其安置形式均是完全融合的一体化教育，学校负责向残障学生提供必要的补偿措施，使其能够顺利地完成学业。[②]

在挪威，把特殊教育融合进正常学校称为全纳教育。挪威从1993年起实行全纳教育，政府要求聋人在普通学校读书，每个聋孩子都有一个资源教师为其提供帮助。不过，家长可以自由选择在聋校还是在普通学校学习。特隆海姆聋人学校，就是挪威的唯一一所全日制聋校，也是全国的听障教育资源中心，专门为融合教育中的聋生提供定期的学习培训和远程教育。挪威教育部通过立法，保障聋生学习手语的权利。在普通学校学习，聋生看唇读有压力，来到特隆海姆聋人学校，孩子们很放松。融合教育中的五年级以下聋生每学期有1周时间、五年级以上每学期有2周时间来资源中心学习；四年级以上的可申请远程教育，每周一次。远程教育虽然不像教学课堂那样，但师生间、学生间能正常互动，效果一样。在特隆海姆资源中心附近普通学校就读的聋生根据需要，每周有4个下午来资源中心学习手语，也有1个下午来学习手语的。来资源中心学习的聋生分成2个小组，一组是将手语作为母语，作为主要交流工具；另一组是将手语作为第二语言，作为辅助交流的工具（重听组）。重听组学生和普通学校学生考试是一样的，而第一组则要增加手语考试。在全纳教育理念下如此完善的个别化教育，以及丰富多样的教学资源支持，让聋生与普通学生真正平等发展、共同进步。所以，挪威的教学大纲针对聋听学生一视同仁，没有区别，没有特殊的照顾，体现了一种尊重。[③]

（5）给予特别扶助

在瑞典，教育主要由地方政府负责，但国家对残障群体教育提供特别

---

① 杨民：《世界特殊教育研究》，辽宁师范大学出版社，2004，第248～249页。

② 杨民：《世界特殊教育研究》，辽宁师范大学出版社，2004，第249～250页。

③ 汪毅：《特殊教育：成功源于尊重——挪威特殊教育考察启示》，《现代特殊教育》2015年第5期，第77～78页。

资助。国家成立的援助服务委员会专门为残障群体教育提供支持。在瑞典，有4所普通高中专为有严重行动障碍的学生开设特别班。这些特别班提供特殊教育并根据学生的具体需要提供护理。援助服务委员会也为残障群体在成人高中和大学阶段的学习，或在高中毕业后进行其他形式的教育提供适合个人需要的帮助，并且不收费。此外，瑞典还建立了不少特殊教育援助中心，瑞典特殊教育学院也负责援助中心的工作。这些援助中心针对不同种类的残障者提供相关的帮助，全国的特教老师和残障学生都可以在这些中心咨询有关专家。许多残障群体在学习上存在困难，但他们都有机会参加由各级政府、学习协会或成人高中组织提供的各类学习补习和其他教育活动。每年政府都要为残障群体教育拨款，数目可观。

在挪威，不仅为残障儿童提供了完善的教育服务，也为残障儿童家长开展相关培训。挪威的特殊教育家长培训始于1996年，对世界特殊教育产生了较大影响。[①] 比如，为了让家长和孩子无障碍交流，让家长了解听障原因，并能与其他家长相互认识、互相支持、互相学习，政府规定，聋孩子0~16岁期间，其家长可以享受40周（1000课时）的免费教育，其中手语培训800课时，与教育相关知识200课时，培训费用、往来交通费和申请费也由政府承担，而且挪威《劳动法》规定，家长参加培训期间不扣工资，由政府补偿。挪威不仅为父母提供培训，也为兄弟姐妹、祖父母等提供培训，让孩子在学校和机构得到服务、帮助，在家庭也能同样得到帮助。普通学校的相关教师也要参加培训，培训期间家长与孩子住在一起，同时培训。这种全方位的资源保障皆源于尊重、平等和认同。

2. 就业支持政策

传统上，北欧各国的残障人士可以进入庇护性的福利工厂工作。随着"正常化"运动的推进和职业教育的开展，现在残障人士的就业模式逐渐转变，鼓励更多的智障人在支持性服务下到开放的劳务市场内谋求工作。[②]

① 汪毅：《特殊教育：成功源于尊重——挪威特殊教育考察启示》，《现代特殊教育》2015年第5期，第77~78页。

② Vesala Hannu T. Sheltered Workshops for People with Intellectual Disability in Finland Today. Finnish Association on Mental Retardation.

很多北欧国家为了给予残障群体充分的就业机会，制定了非常完善的就业支持政策。

在芬兰，残障群体就业计划包括保护性就业、社会公司、扶持性/开放式就业三种主要形式。[①]

（1）保护性就业

这是芬兰政府提供给残障群体的最普遍的就业方式。在芬兰，保护性的工场计划不仅给那些并不需要太多帮助的残障群体提供有报酬的工作，而且可以给那些在开放劳动力市场找到工作的残障群体继续提供政府的财政资助。

（2）社会公司

社会公司为残障群体或者在劳动力市场上处于不利地位的人提供就业岗位，而不用考虑他们的生产能力如何。作为代替传统的保护性工场的社会公司在整个欧洲获得了很大的发展动力，但对于社会公司的组成以及它们与传统保护性工场的不同却存在着较大的争议。[②]

（3）扶持性/开放式就业

扶持性就业是指为残障群体在开放劳动力市场工作提供机会，同时接受外部机构的支持从而保护和维持他们的工作。残障群体工人拥有合法的工作合同，接受和其他工人相似的工作条件和工资。芬兰从20世纪90年代中期开始提供支持就业的服务，同时，让残障群体到开放的劳务市场里从事庇护性一体化工作（Sheltered Integrated Work）。2002年的调查显示，全国16%的庇护工场提供支持性就业服务，65%的庇护工场提供庇护性的融合工作。大约200人在庇护中心的帮助下，在开放的劳务市场内寻找和保持工作岗位。大约有1600个残障劳动者在普通的公司从事没有工资的庇护性的融合工作。[③]

---

① 廖娟：《残障人就业政策：国际经验及对我国的启示》，《人口与经济》2008年第6期，第31～37页。

② 廖娟：《残障人就业政策：国际经验及对我国的启示》，《人口与经济》2008年第6期，第31～37页。

③ Hyvrinen Marika. Sheltered Integrated Work and Supported Employment of People with Intellectual Disability in Finland，Finnish Association on Mental Retardation.

在瑞典，就业政策的目标是“全民就业”。瑞典法律规定不允许在工作中歧视残障群体。瑞典残障群体调查署负责监管该法律的执行情况，并对瑞典雇佣政策的实施效果进行评估，目的是使残障群体比较容易在劳动市场中找到工作，或者能够为残障群体创造其他的就业机会。除此之外，瑞典也制定了劳动力市场计划。瑞典残障求职者劳动力市场计划主要包括就业资助、保护性就业、扶持性就业三个方面。[①]

（1）就业资助

该计划为那些身体、精神、智力以及社会医学（Social - medical）意义上的残障群体提供资助。瑞典公共劳动办公室（Public Labor Office）会组织安排求职者到职位空缺的岗位上，其工资标准与雇主共同协商。瑞典保障残障群体的就业权利，各类机构、公司等无论是国有还是私有，都必须雇用一定数量的残障人士，如果雇主雇用残障人士，可以从政府得到工资补贴，政府通过这种购买工作岗位的方式间接向残障群体提供就业资助。

（2）保护性就业

瑞典全国约有320个就业服务中心，其中40个专为残障群体和就业困难的失业人员提供服务。[②] 如果雇主为了适应残障工人的需要而改变工作场所、安排技术助理或雇用特殊助理，那么他们也可以得到政府的补助。残障群体就业的工资的75%由政府负担，其余由雇主负担。瑞典最大的服务提供商之一萨姆豪尔（SAMHALL）是一个隶属于政府的联合企业，它由24个县属基金会组成，分布在瑞典300个地方的800个工作场所，为职业残障者提供就业岗位。[③] 瑞典政府自1985年引入公共部门的保护性工作计划，将残障群体安排到工作岗位上，接受正常的工资。其目的是给社会上一些肢体残障以及精神残障人士提供帮助，为他们最终能够在开放劳动

① 廖娟：《残障人就业政策：国际经验及对我国的启示》，《人口与经济》2008年第6期，第31～37页。

② 粟芳、魏陆：《瑞典社会保障制度》，上海人民出版社，2010，第304～305页。

③ 廖娟：《残障人就业政策：国际经验及对我国的启示》，《人口与经济》2008年第6期，第34页。

市场找到工作做好准备和康复工作。

（3）扶持性就业

在瑞典，扶持性就业是指在开放的劳动力市场的工作教练的帮助下完成工作的一种就业形式。由于传统的庇护工场并不能提供公平的工资，且工作条件差，加剧了残障群体与社会的隔离。为改善残障群体的这种就业状况，社会上成立了工作小组，安排残障群体在主流工厂或公司办公室工作，并配备来自政府机构或非营利组织的服务人员为他们提供支持和帮助。这使残障群体处于一个真实的工作环境中，同时有机会得到工作教练或就业专家的培训和指导，或由工作教练或就业专家监督完成工作，更加有利于残障群体顺利适应工作。对于工伤伤残人士，瑞典也制定了专门政策鼓励其就业。政府除了对刚找到工作的工伤伤残人士提供购买工作辅助用品的补贴，对雇用他们的企业直接提供工资补贴外，还让在劳动力市场上无法就业的工伤伤残人士在某些国有企业获得一份鼓励性工作。对缺乏技能难以就业的残障群体，瑞典政府负责提供劳动机会、收入保障和技能训练等方面的相应帮助。比如斯德哥尔摩市奥斯特马尔斯（Ostermaluns）社区开办了一个亚健康人技能训练中心，对不具备正常人工作能力的智障患者，中心为其提供劳动机会和劳动报酬，以解决其生计问题；同时专业社会工作者为每个人制定了一个详细的心理康复计划，工作指导人员教授相应的技能，帮助他们恢复、提高工作技能和人际交流能力，促其回归社会。①

3. 住房支持政策

在瑞典，政府给残障群体提供住房改造和特殊住房服务政策。残障群体可以向自治市政府申请房屋改造补助金用于对自己居住的住房进行适用性改造。适用的改造项目包括拆除门槛、安装支撑栏杆、拓宽出入门、安装自动开门装置和安装特殊电梯等。所有功能性残障群体，包括行动残障群体、视觉残障群体、精神残障群体和过敏症者等，都可以申请住房改造补助。瑞典政府为16岁以上的残障群体提供三种不同规格的居住方案。一

① 粟芳、魏陆：《瑞典社会保障制度》，上海人民出版社，2010，第304～305页。

种是团体之家（Grouphomes），这是一种团体住宅，最多由五座相邻的公寓组成，居住者分享一些公用设施，有专门的工作人员提供24小时的上门服务。该居住模式主要接收重度残障群体，是原寄宿制庇护机构通过改造而形成新型社区居住模式。另一种是社区之家（Community - based Group Homes），主要是接收轻度和中度残障群体。社区之家由在同一社区内的5~10座独立的公寓组成，每个残障人士都有一套独立的住房，独自生活或与家人共同生活。社区之家的工作人员只在白天提供相关服务。最后一种方案是为重度残障群体提供的独立住房和私人看护，工作人员提供全方位的生活照料。

4. 环境无障碍支持政策

在瑞典，随处可见的无障碍设施为残障群体的生活和工作提供了极大的便利，充分体现了从残障群体视角来构建残障群体社会支持与服务体系的理念。在娱乐场所，如剧院、体育馆，都设有残障群体专区，所有的过道采用无障碍的平滑设计，方便残障群体的进出。在机场、车站、商店等许多有台阶的地方，旁边总有两道供轮椅或儿童推车上下的斜坡。在城市的大多数建筑群中几乎随处可见残障群体专用通道和厕所。许多公共设施都首先考虑残障群体的需要。例如，只要有公共厕所，就有带轮椅标志的残障群体专用厕所，它的设计比普通厕所宽敞，马桶较低，两侧设有扶手，厕所里还有紧急按钮，同时，洗手池的位置也比较低，容量也比一般洗手池大。在比较繁华的市区，还为残障群体设置了专用车位。

5. 信息无障碍支持政策

（1）成立协会组织

在欧洲阅读障碍症协会（European Dyslexia Association，EDA）的直接推动下，北欧很多国家成立了很多关注残障群体阅读的组织，并开展很多利于残障群体阅读的活动，比如，挪威阅读障碍症组织（Dyslexia Norway）、瑞典阅读障碍症协会（Swedish Dyslexia Association）、芬兰差异学生协会（Finnish Diverse Learners' Association）、丹麦阅读障碍协会（Danish Dyslexia Association）。这些组织提供并交流与阅读障碍症相关的信息，制定指导方针和政策，致力于提高公众对阅读障碍症的认识，更好地方便阅读障碍者的日常生活。

（2）开展助残运动

北欧各国的阅读障碍症组织也在本国范围内开展了很多活动。挪威、瑞典、芬兰、丹麦等国的阅读障碍组织会经常组织一些培训、会议、讨论和夏令营活动，致力于传播关于阅读障碍症的知识，将当前的研究积极地应用于实践，必要时还会与政府进行协商，支持与阅读障碍症相关的教育方案和项目，最终目的是维护阅读障碍症群体的利益，更好地方便阅读障碍者的日常生活。比如，挪威有声读物和盲文图书馆（The Norwegian Library of Talking and Braille，NLTB）制作并提供有声读物，推出无障碍格式的晚邮报，为阅读障碍症读者带来便利；瑞典发起国家阅读障碍症运动，瑞典无障碍媒体机构（Swedish Agency for Accessible Media，SAAM）制作无障碍图书，管理全国有声读物的馆际互借服务，推出有声读物数据库，为阅读障碍症读者打造无障碍的信息获取通道；芬兰国家特殊图书馆推出针对阅读障碍症读者的无障碍网站，发起宣传推广项目“箭头计划”：为青少年阅读障碍症者提供有声读物；丹麦图书馆界发起“延伸服务至未能充分利用图书馆的人群”的国家战略活动。[①]

（3）提供特殊资源

北欧国家的很多图书馆为阅读残障人员提供了特殊服务资源：无障碍的借阅服务、无障碍的网站设计，极大地方便阅读残障人员的文化生活。比如，在瑞典，为了方便残障群体阅读相关读物，瑞典专门提供音频版本或者是比较简单的版本的出版物以满足残障群体的需要。在瑞典有一家专门为盲人服务的图书馆（TPB），那里除了有盲文书外，还有会“说话的图书”——录音磁带，该图书馆每年要制作或购进3000种这样的图书，还为在高校就读的残障学生提供教科书。最新的瑞典国家百科全书电子版就有适合残障群体的版本。瑞典普通的公共图书馆都有哑语录像带，内容

① 孙蓓、方家忠：《北欧图书馆“阅读障碍症”群体服务研究——基于挪威、瑞典、芬兰、丹麦的实践》，《图书情报工作》2014年第12期，第45~50页。

包括文化与新闻节目等，供聋哑人阅读。瑞典电视台每天都有哑语新闻节目，每天平均有60种日报经过特殊编辑后录在磁带里，变成“会说话的报纸”，供盲人订阅。

6. 其他社会服务支持政策

除了以上支持政策，北欧国家还给残障群体提供特殊支持与服务政策。在瑞典，除了每个人都可以享受的社会服务之外，瑞典的残障群体还可以享受由《残障群体支持与服务法》（又称《某些功能障碍者支持与服务法》）所规定的专门为功能障碍者提供的十项特殊支持与服务，包括咨询和其他个人支持、个人助理服务、陪伴服务、个人联系人服务、家庭宽慰服务、短期离家居住、短期照看12周岁以上学龄青少年服务、住在寄养家庭或拥有儿童和青少年特殊服务的场所、住在能够为成人提供特殊服务的住所或其他经过特别改造的成人住所、针对没有付酬工作和不在学校接受教育的就业年龄残障群体举办的日间活动等。[①]

在北欧国家，当人们在公共场所遇到残障人士时，他们总是主动让路，或者主动提供必要的帮助。有残障儿童的家庭，父母每年都有10天的特别假期专门照顾孩子，有些国家甚至会安排更长的时间。为了减轻家人的负担，每个残障人士每年选择到一个地方短期居住，费用由政府支付。残障人士在境内旅游，无论是乘坐飞机还是高速火车，都只需要支付相当于普通火车二等客票的价格，超出部分全部由政府负担。

除了瑞典政府开展的各类积极措施，瑞典社会各类残障群体组织也通过自身努力，积极促进和改善残障群体权益状况。瑞典有70多个代表残障人的国家级组织，其中大约有40个组织受到中央政府、地方政府的财政支持。瑞典障碍协会作为国家级的公共机构，负责监测、评估残障人技术服务的行动，并负责研究与发展工作。[②] 瑞典智力障碍协会（The Swedish National Association for Persons with Intellectual Disability）是瑞典最大的致力于提高所有残障群体生活质量的非政府组织，它在全国有165个分支机构，

---

① 粟芳、魏陆：《瑞典社会保障制度》，上海人民出版社，2010，第308～309页。

② 张萍：《各国的社会福利》，华夏出版社，1988，第34～36页。

拥有 29000 多名成员。这个协会的核心成员主要由两部分人构成，一部分是残障群体或其亲友，另一部分则是关注残障群体社会融合事业的友善人士。另外，大多数瑞典人是残障人组织和协会的成员，约有 4 万人是残障人运动的活跃分子。这些非政府机构的残障人运动极大地推动了瑞典等北欧国家残障群体社会融合工作的开展。[①] 目前，瑞典已成为全球残障群体组织最多的国家之一，此类组织会员多达 60 万人，共同为保障残障群体的合法权益贡献自己的力量。

（三）移民和难民群体支持政策

面向移民和难民群体，北欧国家除了制定必要的保护政策之外，还制定了相关的移民和难民群体支持政策，尤其在教育和就业方面成果突出。本部分将北欧国家实施的移民和难民群体支持政策归结为两个方面：开展教育服务和提供就业服务。

1. 开展教育服务

教育被认为是促进移民融入最为重要的手段之一。以在瑞典的穆斯林群体为例，瑞典的穆斯林可以享受三个方面的教育，即母语教育、跨文化教育和伊斯兰教育。

（1）母语教育

语言是教育的基础，也是交流的基础，在多语言国家，语言以及语言政策直接影响不同族群之间的关系。瑞典的法律规定，在学前教育中必须向非瑞典语学生提供母语帮助，义务教育期间也提供母语和瑞典语双语教学。这一立法具有很大的积极意义，在欧洲也是首屈一指。

1977 年，瑞典学校就开设了母语教学。母语教学属于选修课程，规定只要有五名及以上说同一母语的学生提出学习要求，学校在有能力开设该门语言的情况下，就必须向学生提供母语课程。[②] 母语课程一般安排在下

① 王和平、马红英、马珍珍：《北欧国家残障群体社会融合研究》，《中国特殊教育》2006 年第 9 期，第 11 ~ 15 页。

② Swedish National Agency for Education, With Another Mother Tongue - students in Compulsory School and the Organization of Teaching and Learning. Report 321.

午，不在常规课表之中，属于额外课程。教授母语的目的是使移民学生能够继续使用他们的第一语言，了解他们母国的历史、文化。此后，支持学生学习母语并保留他们对自己所属的族群的文化认同开始成为教育的重要目标。此外，瑞典的教育系统还为移民提供了“过渡性班级”的学习。这种班级类似于中国学校系统中的“预科班”。这些班级最核心的课程是语言学习，同时也教授其他知识。“过渡性班级”的学习时间一般为两年，具体情况根据学生的进度而定。过渡性班级的目的是让移民学生能尽快地加入普通班级的学习。从预科班进入普通班学习后，他们仍然可以获得语言协助。瑞典政府通过构建“教育协助框架”来确保穆斯林群体在受教育的过程中能获得语言协助。

母语教育也存在一些问题，最为突出的是缺乏受过专业训练的教师。2002 年瑞典国家教育署在《更多的语言，更多的机会》的报告里提出了几点改进的措施。其中包括：通过在不同课程使用母语授课的方式将母语教学和学生的日常课程进行整合；为了改变社会对母语教育的态度，教育署建议广泛宣传母语教育的社会价值；教育署还提出加大培训和整合双语教师的力度。①

（2）跨文化教育

1983 年瑞典官方报告第一次提出跨文化教育的概念，报告指出：“跨文化教育包含了儿童、成人乃至整个社会。”另一份官方报告则指出跨文化教育是“一切教育的天然基础”，并进一步指出跨文化教育的理念应该全面渗入教师教育当中。②

目前瑞典的教育正在朝着“人民之家”的国家定位发展，开始从一元排他的康德范式朝着民主包容范式发展。教育的中心不再将不同文化间的差异看成“问题”并力图解决这些“问题”，而是以这些差异为基础消除不平等的等级之分。从文化平等的观点出发，吸收那些被边缘化的群体在

① Anne Reath Warren, Mother Tongue Tuition in Sweden – Curriculum Analysis and Classroom Experience, *International Electronic Journal of Elementary Education*, 2013: 6.

② Katarina Norberg, Intercultural Education and Teacher Education in Sweden, Teaching and Teacher Education, 2000: 16.

文化创造中的作用，加强不同民族之间的互动能够促进涵盖不同体验和不同视角的客观知识的形成。瑞典政府在教师教育当中加强了多元文化的教育，让教师具备多元文化的视角，发挥多元文化推动者的作用，将少数民族文化带入课堂。学校同时也鼓励学生开发他们的跨文化思维，让他们具有更宽广的视野。这种教育方式推动了不同民族之间的交流和对话，将“他者的差异性”变成“通过他们自己的叙述”来展现自我。[①] 这种包容性的跨文化教育模式不仅推进了多元文化的传播，而且有助于解决教育领域存在的种族主义和欧洲中心主义思想。

（3）伊斯兰教育

伊斯兰教作为穆斯林的宗教信仰，对伊斯兰教知识的获取直接关系穆斯林作为少数群体融入主体社会的可能性。穆斯林群体获得自主办学资质可以被看成是政府履行对少数族群文化认可的承诺，这也是多元文化主义政策的一部分。1993 年，瑞典第一所穆斯林学校在南部城市马尔默建立。时至今日，瑞典的穆斯林学校已经增加到 16 所，其中 9 所被瑞典国家教育署认定为“伊斯兰教学校”，另外 7 所被认定为“瑞典语阿拉伯语学校”。在“瑞典语阿拉伯语学校”中，也提供一些伊斯兰宗教教育的课程。总体而言，这些学校都被归为穆斯林学校，每一所穆斯林学校拥有 20 ~ 250 人不等[②]，目前瑞典的穆斯林学校只包括义务教育阶段的学校，没有涉及高等教育阶段。瑞典 1962 年的教育改革就要求宗教课程在信仰的问题上保持“中立”的属性，宗教教育也从“教派”转向“非教派”。学校的任务是鼓励所有学生发掘自己作为个体的特性，以便未来能够积极地参与到社会生活当中。

除此之外，教育为穆斯林群体的社会融入提供了基本技能。在这方面，瑞典的教育系统除了提供语言学习、文化学习外，还提供了职业技能培训，让穆斯林群体能够获得融入主体社会的物质基础。

---

① Benhabib, S, The Claims of Culture; Equality and Diversity in the Global Era, Princeton University Press: Princeton, 2002: 14.

② Swedish National Agency for Education, With Another Mother Tongue - students in Compulsory School and the Organization of Teaching and Learning. Report 321.

2. 提供就业服务

在丹麦，政府对难民实施积极的就业政策，促进劳动者技能的提升，重视职业教育与培训。据欧盟职业培训发展中心网站报道，丹麦社会各界在最近的一次三方谈判过程中达成了共识：为在丹麦的难民提供新的职业培训项目。该项目将为难民提供长达24个月的工作培训机会，包括20个星期的教育培训和在企业进行的在职培训，并且给予雇用和培训难民的企业经济上的激励。在培训期间，难民将会得到一份最低工资，如果能够顺利完成整个项目培训，他们将有机会享受丹麦的失业福利。该项目预计将会和现行的在职培训项目并行实施。之所以为难民提供新的职业培训项目，是为了让难民更好地进入丹麦劳动力市场，从而使难民更好地融入丹麦社会。

在瑞典，出生于本国与外国的人群在就业率方面的差距堪称悬殊。因此，对很多在国外出生的移民和难民来说，要在瑞典找到第一份工作并保住这份工作是一件难事，同时国外出生者的失业率也比本土出生者更高。

表5-7　20~64岁瑞典居民按性别与移民状况计算的就业率

单位：%

出生国	女　性	男　性
双亲生于瑞典	83	86
父母一方生于瑞典	82	83
双亲生于国外	79	80
第一代移民	57	62

资料来源：瑞典统计局2008年数据。

因此，瑞典政府除了给难民提供社会救助资金之外，还为难民提供一种基本的收入待遇，叫作“介绍支付”[①]，专门用于对难民的就业培训活动，给予难民学习语言、寻找工作上的帮助。为了帮助难民和移民克服语言等障碍，瑞典市政当局会提供瑞典语言培训，很明显，掌握语言使他们

① 吴辉：《瑞典社民党如何保护弱势群体》，《中共石家庄市委党校学报》2006年第9期，第40页。

更容易得到一份持久的工作，有利于提高基本生活水平。同时，瑞典政府还专门设置一些为移民和难民服务的安置官员和就业服务机构，对移民和难民的技能和教育程度进行测试和评价，并对其进行短期的职业培训，提供职业咨询、指导与帮助，从而帮助他们更好地找到工作。如果难民群体不去参加政府部门组织的就业培训和语言培训，政府部门就会提供数量极少的救助金给他们，不会助长“养懒汉”之风。所以，政府部门通过语言培训、工作培训等支持项目，更长远的目标是帮助移民和难民群体提高就业技能和打好语言基础，从而为就业部门提供合格的劳动力，将难民转化为人力资源，促进相关政策的持久运行和社会的稳定健康发展。

四 北欧国家贫弱群体政策的转型与发展特征

为了适应社会经济的发展以及解决社会发展过程中存在的诸多问题，北欧国家针对失业群体、残障群体、移民和难民群体的政策体系经历了从保护政策到支持政策的转变过程，这不仅仅是字面意思的区别，更多的是反映了政策理念上、政策方法上、政策内容上和政策取向上的深刻变革，更加体现了以人为本的发展权利、经济社会协调发展的社会福利制度、公民与社会可持续发展的目标追求。因此，本部分将从四个方面阐述北欧国家贫弱群体政策的转型与发展特征。

（一）政策理念：从保障机制到约束机制

根据前文章节的介绍，我们已知北欧国家针对相对贫弱群体的福利政策分为保障机制和约束机制。保障机制以被动救助措施为主，主要是指发放津贴、提供现金资助等福利保障，也称为保护政策。约束机制以主动措施为主，主要是指对贫弱群体进行各种培训，激发其主观能动性，促进其获得健康持久的发展，如增加就业机会、恢复就业资格等措施，以此避免救助对象因为过于依赖福利救助而陷入“福利陷阱”，造成养懒汉的意外性后果，也称为支持政策。

北欧国家对贫弱群体的福利政策经历了一个从“被动”到“主动”，

从“保障”到“约束”，从“保护”到“支持”的演变过程。20世纪90年代以前，北欧国家普遍比较注重被动措施而忽视主动措施，政府依靠“高福利高税收”的福利制度，大量拨款用于对失业者和贫困者等贫弱群体的现金救济和福利补贴，以致出现了“养懒汉”的政策意外性后果。20世纪90年代以后，北欧各国政府已经发现过于依赖被动措施而忽视主动措施这种做法的弊病。北欧各国政府开始达成一种新的共识，他们认为，国家为个人提供福利保障是国家的责任，同时，公民个人也有自己的权利和义务，公民个人也需要积极主动就业，需要发挥自身的主观能动性。因此，北欧国家大力转变政策方向，从以前的注重保障机制而忽视约束机制到现在的普遍兼顾保障机制和约束机制，甚至更加注重约束机制，把就业培育和再就业作为政策转型的重要抓手，促进了福利制度向工作福利的转型，推动了北欧各国由福利国家向社会投资国家的转型，从而促进了社会福利制度的健康、可持续发展。

保障机制下的北欧国家普遍使用金钱救助社会失业者，给其足够的失业救济金，让其不为生计担忧。约束机制下的北欧国家普遍改变了工作方法，发放失业救济金只是基本的保底方式，更多的是提供劳动力就业咨询、就业培训，制定完善的劳动力培训政策。比如在瑞典，政府提供了多种形式的劳动力就业培训，其劳动力培训政策主要包括：对专门技术缺乏、企业破产的失业者进行培训，帮助他们提高劳动技能，使其在发展前景广阔的企业得到就业机会；以劳动力市场需求为中心，对失业者的培训内容随着劳动力需求的变化而有所侧重，使失业者掌握某项特殊技能，以促进就业率的提升，并克服结构性的劳动力短缺；强调职业导向，每年的培训要求受训者必须在完成培训项目后才能从事某种职业；注重难以安置的处于劣势地位的求职者的培训。①

比如在挪威，政府给参加就业培训的失业者发放就业培训津贴，但是政府并不是一味地发放失业救济金，更重要的目的是通过发放就业培训津

① 郝晓猛：《瑞典劳动力市场政策对完善中国失业保险制度的启示》，《山东纺织经济》2014年第8期，第17～18页。

贴来加强就业培训，帮助失业者重新就业。考虑到慷慨的失业救济会让少数人产生依赖和惰性，因此，救济金的发放被分为两期，每期历时 80 周，一期结束要等上 13 周方可申领第二期的救济金，在这 13 周中失业者没有其他生活来源，但如果当事人参加就业培训，就可领取培训津贴作为生活开销。[①] 挪威失业救济金的发放规定：领取两个 80 周的救济金后，必须就业一段时间或是参加一段时间就业培训，才能再次申领失业救济金。通过这种措施，政府让失业者在领取失业救济金的同时，能够更加积极地参加就业培训，从而获得更长久的支持和发展。

（二）政策方法：从区别对待到融入社会

保护政策下的北欧国家解决残障群体问题实行的是区别对待的措施，把残障群体集中起来放到特殊的教育和就业环境中，让他们与社会正常人群相隔离。然而，这种措施导致社会公众的普遍反对，残障群体自身也产生了严重的社会问题，极大地影响了社会稳定。在社会公众的反对之下，北欧国家开展探索新的措施，目前北欧国家解决残障群体问题的普遍政策是“社会融入”。[②] 北欧国家本着社会融入与机会平等的理念，认为所有的残障群体应该像正常人一样，拥有同样的机会，在享有和其他所有公民同样权利和同等待遇的基础上，以他们自己的方式独立地融入他们所在国家的社会中，这样的政策覆盖了社会的所有重要领域，包括就业、教育、福利保障、交通等方方面面，北欧国家在制定和推行政策措施时，会尽可能提前考虑到残障群体的需求，满足他们特殊的需求。北欧国家对残障群体权益的重视不仅体现在福利救助上，还体现在鼓励和确保残障群体正常参与社会生活、寻求自身发展上，特别是教育和就业政策。

在教育政策方面，北欧国家面向残障群体普遍实行“一体化”教育政

---

① 王志凯：《来自挪威的启示——福利经济与就业培训》，《中国国情国力》1999 年第 3 期，第 29 ~ 31 页。

② 贝恩特·舒尔特：《欧洲残障群体政策与残障群体立法》，《社会保障研究》2009 年第 2 期，第 41 ~ 62 页。

策，帮助残障群体更好地实现社会融入。在 20 世纪 60 年代末，以丹麦、挪威为代表的北欧国家的特殊教育界提出了对残障儿童进行“正常化”教育的主张，其基本思想：无论残障儿童的类别和程度，应尽可能使每一位残障儿童有正常的教育和生活环境，以避免残障儿童和社会大众的隔离。正常化主张可归结为以下三点：第一，使儿童过上尽可能正常的生活，能和普通孩子融为一体；第二，在普通学校和特殊学校接受教育仅仅是为了实现上述目标，因此，教育形式是次要的，关键是使儿童受到合适的教育；第三，不管是在普通学校还是在特殊学校，残障儿童都要接受“平等”的教育。[①] 瑞典的特殊教育也经历了重大变革，即从区别教育向一体化教育过渡。以前是设法把特殊儿童从一般学校里找出来，送到相应的特殊学校里进行教育，现在则相反，强调把特殊儿童安排到一般学校里，放在正常儿童的环境里进行教育，这就叫作一体化教育。其形式主要是：①在普通学校里开设特殊班；②插到正常班里；③一部分时间在特殊班里，一部分时间在正常班里。同样，芬兰根据本国实际情况探索适合本国的特殊教育发展模式，着重发展融合教育。

在就业政策方面，北欧国家同样给予残障群体同样的机会，鼓励其积极地融入社会。在瑞典，残障群体的就业机会与正常人是均等的。瑞典保障残障群体的就业权利，各类机构、公司等无论是国有还是私有，都必须雇用一定数量的残障人士。在瑞典，随处可见的无障碍设施为残障群体的生活和工作提供了极大的便利，充分体现了从残障群体视角来构建残障群体社会支持与服务体系从而促进融合发展的理念。在丹麦，残障群体政策的目标也是机会均等，残障群体能够在同等水平上参与所有的社会活动，积极推动残障群体融入社会。

（三）政策内容：从单一面向到综合施策

在现代社会保障制度建立之前，北欧国家如同其他欧洲国家一样，主要是面向贫困群体开展单一的贫困救助措施，这种救济主要是由教会承

---

① 张福娟、马红英、杜晓新：《特殊教育史》，华东师范大学出版社，2000，第 68～72 页。

担。后来，社会问题逐渐变多，救助范围逐渐扩展，相关政策随之逐渐多样，制度逐渐完善，从单一的贫困救助扩展到建立劳动保护和劳工福利制度、养老金制度、失业保险制度、儿童福利制度、健康保险制度、社会保险制度、住房保障制度、妇女保护制度等一系列完善的社会福利体系，建成了“从摇篮到坟墓”式的覆盖整个生命历程和涵盖多元群体的社会福利制度。

以瑞典为例，18 世纪中叶，单一的济贫工作正式成为教会的法定职责。后来，瑞典政府为了保证济贫的效果和范围，颁布了济贫法案，规定贫民享有要求救济的权利，要求地方政府必须对贫民提供必要的救济。19 世纪中后期，随着工业化的发展和社会经济的变化，社会问题变得越发复杂并日趋严重，传统的社会救济措施的不足也愈发突出，很难解决工业社会面临的问题，迫切需要一种与之相适应的新型的社会保障制度。于是，1884 年，瑞典颁布了《社会保险法案》，20 世纪初期，瑞典在劳动保护和劳工福利方面又相继颁布了多部法案，比如 1901 年颁布了《工人赔偿法》，1912 年颁布了《劳工福利法》，初步形成了比较完善的劳动保护和劳工福利制度。在养老金制度方面，1905 年，瑞典颁布了《全国养老金法案》，这是世界上第一个全国性社会保障计划，由此瑞典建立起养老金制度。在儿童福利方面，1881 年瑞典政府通过了《童工法》，1902 年颁布《儿童法》，1924 年颁布《儿童福利法》，至此，儿童福利方面的制度基本建立。到 20 世纪 20 年代，瑞典现代社会保障制度的雏形已经基本形成。[①] 后来随着社会不断发展，瑞典的社会保障制度不断完善。1934 年瑞典政府颁布了《失业保险法》，建立起了失业保险制度。1939 年，瑞典制定了《妇女就业法案》，完善了妇女保护的制度。“二战”之后，面对社会的发展和出现的新问题，瑞典在社会保障方面的作用加强，瑞典政府对劳动保护和劳工福利制度、养老金制度、失业保险制度、儿童福利制度、健康保险制度、社会保险制度、住房保障制度、妇女保护制度等进行了修改和完善，到 20 世纪 60 年代，瑞典的社会保障制度趋于完善，形成了庞大的公

---

① 粟芳、魏陆：《瑞典社会保障制度》，上海人民出版社，2010，第 19 页。

共服务部门，瑞典“从摇篮到坟墓”的社会福利保障制度基本形成。[①] 图 5－3 反映了瑞典高福利社会保障制度包含的主要制度。

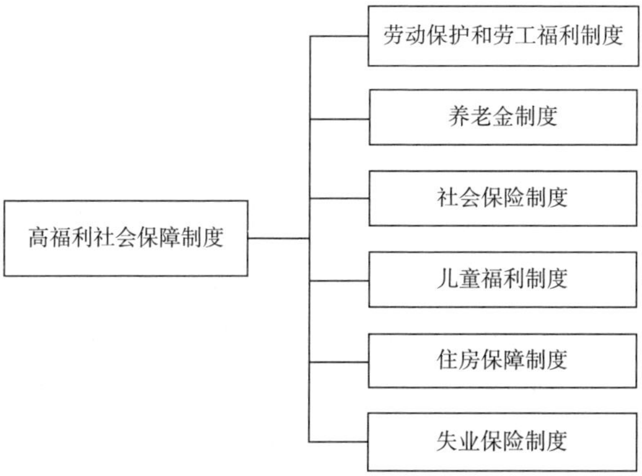

图 5－3　瑞典高福利社会保障制度包含的主要制度

资料来源：粟芳、魏陆：《瑞典社会保障制度》，上海人民出版社，2010，第 27 页。

丹麦、挪威、芬兰等国家也是如此，从开始的为了解决社会上出现的贫困群体问题制定了单一社会政策到后来建立了包括劳动保护和劳工福利制度、养老金制度、失业保险制度、儿童福利制度、健康保险制度、社会保险制度、住房保障制度、妇女保护制度等在内的一整套完善的社会保障制度，发展成为高福利国家。

（四）政策取向：从相互隔离到融合发展

综观北欧国家制定的社会政策和福利制度，以往针对某些群体制定的保护政策，由于部门利益的考虑或利益集团的局限，政策主体部门制定政策往往出于自身责任或自身利益，而对其他部门和社会组织缺乏考虑、沟通和合作。因此，在政策规划上往往是一个部门一套政策，没有形成统一规划，组织间的合作明显不足，导致不同政策之间没有很好衔接和互补，多部门分头办事，无形之中浪费了很多社会资源。除此之外，以往政府部门制定保护政策时大多只针对一个群体的问题，贫者济贫，

① 粟芳、魏陆：《瑞典社会保障制度》，上海人民出版社，2010，第 27 页。

病者治病，缺少对弱势问题的综合考虑，加剧了不同社会政策之间的隔离。

然而，随着社会不断发展，社会问题也愈加复杂多样，往往一个社会问题涉及多个方面，涉及多个部门，而不是一个部门能够单独解决的。除此之外，当面对一个群体制定某项政策时，需要考虑其他的群体，需要与其他的政策相融合，形成一套完整的相互适应的制度，而且要注重政策的连贯性与持续性。因此北欧国家在对贫弱群体从保护政策到支持政策的转变中，考虑到了政府部门合作，往往会成立专门委员会，对一个问题进行全方位应对，在解决方案上融合众多领域的可行政策，使政策不断完善、融合发展，有力地支持了贫弱群体的可持续发展。除此之外，随着第三部门的兴起以及治理理论的广泛应用，北欧国家制定政策还加强了第三方引入，在政策制定、政策执行、政策评估、政策监督中调动了第三方组织的参与，充分发挥社会力量，有利于政策的科学化和民主化，这不仅是政策议程从政府独立应对到合作解决的转变，更是政策取向从相互隔离到融合发展的体现。

北欧国家针对贫弱群体的社会政策可以追溯到18世纪中叶左右的济贫政策。当时的北欧国家同其他欧洲国家一样，主要是面向贫困群体采取传统社会救济的措施，贫困群体更多的是沿街乞讨的乞丐，教会只需负责给予沿街乞讨者一定的食物，能够满足其基本的温饱即可。随着社会的进步与发展，特别是工业革命和社会运动之后，社会发展的同时，也出现了很多新的社会问题，通过对贫困群体的贫困原因进行研究，政府对贫困群体的界定也有了新的认识，把老弱病残等群体统一纳入《济贫法》的救助范围，济贫的范围更加扩大，济贫的政策更加完善，济贫的制度更加相互融通。以北欧国家的社会保险计划为例，北欧国家普遍受到19世纪80年代德意志帝国引进大规模社会保险计划这一政治创举的影响。19世纪80年代，德国式社会保险的理念迅速向北传播，北欧国家根据本国的实际情况和现实需要紧急制定了本国的社会保险计划。比如，1891年，瑞典率先颁布了疾病相关的保险法案；1892年，丹麦也颁布了疾病相关的保险法案；1894年，挪威颁布了劳动事故保险法案；

1895 年，芬兰提出了关于劳动事故保险的法案。该种法案当时是独立存在的，自成系统，然而随着社会的不断发展，新的社会问题不断出现，单一的法案不断修订和完善，并不断制定面向其他群体的法案，直到建立劳动保护和劳工福利制度、养老金制度、失业保险制度、儿童福利制度、健康保险制度、社会保险制度、住房保障制度、妇女保护制度等一系列制度，使得单一的政策与其他制度充分融合，从而形成完整的社会保障制度。

五　北欧国家贫弱群体政策的经验对中国的启示

全面建成小康社会、实现全体人民共同富裕不能抛弃贫弱群体，贫弱群体应该同全国人民一道迈入小康社会，过上幸福美满的生活。因此，建立健全保护和支持贫弱群体的政策体系具有极其重要的现实意义。然而，现阶段中国贫弱群体保护与支持政策仍存在着支持力度不足、扶持范围过窄、政策法规不全等问题，深层次的原因在于贫弱群体保护与支持政策的观念落后、意识不强、方向不清、政策体系不健全、缺乏法治保障。因此，本部分将在北欧国家贫弱群体保护与支持政策的成功经验和实践的基础上，紧密结合中国的现实情况与具体国情，为中国贫弱群体保护与支持政策及其政策转型提供必要的参考和借鉴。

（一）推动理念转型，构建社会价值体系

中国是世界上最大的发展中国家，拥有 13 亿多人口，虽然经济总量居世界第二，但人均国民收入依然远远低于世界主要发达国家。在严峻的社会现实下，当前中国实行的是适度普惠的社会保障制度，无法施行像北欧国家那样高福利的社会保障制度。因此，当前中国贫弱群体政策在转型过程中，仍然是以保护政策为主，兼有少量的支持政策。在这种政策理念下，中国政府部门依据有限责任制定政策，多是被动地执行阶段性措施，在转型中没有形成完整的政策体系，无法做到政策之间相互融通和持续发展。

随着社会的进步与发展，特别是中共中央在“十三五”规划中明确提出了到2020年全面建成小康社会的奋斗目标。[①] 全面建成小康社会需要全社会共同努力，特别是着力解决老、少、边、穷地区的贫困问题。如果这些贫弱群体的贫困问题不解决，就不是真正意义上的全面小康社会。为了确保全面建成小康社会的目标顺利实现，当前全社会正在大力实施“精准扶贫”战略，2015年10月16日，习近平在2015年减贫与发展高层论坛上强调：中国扶贫攻坚工作实施精准扶贫方略，增加扶贫投入，出台优惠政策措施，坚持中国制度优势，注重六个精准，坚持分类施策，因人因地施策，因贫困原因施策，因贫困类型施策，通过扶持生产和就业发展一批，通过易地搬迁安置一批，通过生态保护脱贫一批，通过教育扶贫脱贫一批，通过低保政策兜底一批，广泛动员全社会力量参与扶贫。[②] 由此可见，要彻底解决贫困问题，不能只用金钱投入的保护政策，更多的需要保证贫困群体长久发展的支持政策。因此，当前中国政府在政策过程中要转变理念，注重从被动保护到主动支持，要在保证福利平等基础上进行主动支持，通过提供就业机会和开发就业产业来激发贫弱群体的内生动力，有效地促进贫弱群体的长久、健康、可持续发展。

除此之外，中国要完善适合中国国情的社会价值体系。北欧国家制定的社会福利制度体现了其文化和价值观，比如瑞典的社会福利制度从制度的层面具体化人的尊严、人的权利、社会团结、民主与参与、自由与自觉、公平与正义等社会和文化价值观，使这些社会价值观不仅为全体公民所遵从认可，而且是政府制定社会政策所遵循的基本价值内核。中国政府在大力践行社会主义核心价值观的同时，也要注意从传统价值观念中发掘可以利用于当代的文化理念精髓，比如墨家的“兼爱”思想，儒家的“仁爱”思想，法家的“奖优罚劣”思想等，把人的尊严与权利，社会的公平与正义融入社会的方方面面，倡导和发扬一种尊重和认同这种文化价值观的社会风气，使这种文化价值观为制定完善的贫弱群体保护和支持政策提

---

① 中国共产党新闻网，http：//cpc. people. com. cn/n/2015/1103/c399243 - 27772351. html。

② 顾仲阳：《习近平出席2015减贫与发展高层论坛并发表主旨演讲》，《人民日报》2015年10月17日，第10版。

供坚实的文化基础。通过确立并发扬这种文化价值观，人们才会从思想上和行动上支持贫弱群体保护和支持政策，反过来，贫弱群体保护和支持政策的完善也会进一步推动全体公民对这种文化价值观的认同和理解，从而进一步巩固这种文化价值观。因此，我们应该发挥社会主义制度的优越性，大力发展社会主义核心价值观和传统文化理念精髓，大力营造尊重人的尊严与权利、维护社会公平正义的文化价值观，为完善贫弱群体保护和支持政策营造良好的社会氛围。

（二）支持公民权利，健全社会服务体系

中国是社会主义国家，北欧国家普遍是资本主义国家，虽然国家根本制度不同，但保障人的基本权利是相通的，也是全世界公认的。而且，公民的基本权利是为国家全体公民所拥有、为宪法和法律所保障的合法权利。国家全体公民应该享受社会保障和社会服务的权利，特别是失地农民、农民工、贫困者、失业者等处在社会不利地位的贫弱群体，只有真正保障他们的合法权利，建立起完善的社会公共服务体系，所有公民才能获得全面发展。当然，公民基本权利的保障离不开完善的社会保障制度，纵观北欧国家的发展历程，社会福利制度的确立为保障北欧国家贫弱群体的合法权益提供了坚实的制度基础，因为社会福利制度的建立确立了公民享受社会保障和社会服务的权利，国家和社会有责任为公民特别是贫弱群体提供满足其基本权利所必需的物质和服务保障。

在此基础上，北欧国家依靠其完善的社会福利制度为保障贫弱群体的合法权益建立了完善的社会公共服务体系。比如，瑞典国民在“从摇篮到坟墓”的各个生命阶段、生活的各个主要领域能够享受到丰厚的物质补助，全面周到的社会服务也在很大程度上提高了瑞典国民的生活水平。瑞典的社会服务制度涉及社会全体公民生活的方方面面，涵盖了老年服务、残障群体服务、儿童服务、特殊群体服务等制度。瑞典独特的社会公共服务体系分工明确、独立完整，既保证了社会公共服务的管理与监督，也保证了各种社会公共服务的相互协调与衔接，最大限度地满足了服务对象对社会公共服务的需求，这为中国开展社会公共服务提供了有益的

借鉴。当前，中国社会服务体系存在的问题是没有独立负责社会公共服务管理和监督的部门，社会公共服务的提供分散在民政、卫生、妇联、团委、工会、人事、劳动等各个部门，各个部门之间缺乏有效的沟通与协调，政出多门，政策繁杂，难以形成有效的管理与监督，既影响了社会公共服务的质量，也制约了社会公共服务的发展，不能有效地满足公民特别是贫弱群体对社会公共服务的需求。由于国家的社会公共服务体系存在缺陷，针对贫弱群体的保护和支持性的社会公共服务体系更是有诸多不足。

2015 年 10 月，中共十八届五中全会提出了创新、协调、绿色、开放、共享的发展理念，其中共享的理念就是要发展成果让全体国民共享，做到发展为了人民、发展依靠人民、发展成果由人民共享①。因此，特别需要健全社会公共服务体系，使包括贫弱群体在内的全体公民享受基本的社会公共服务。在这些方面，中国可以借鉴北欧国家的经验：国家以立法的形式明确各级政府在社会公共服务方面的职责，在地方（县）政府管辖范围内设立独立的综合性的社会公共服务部门②，统一社会公共服务的管理、监督和提供，在改革过程中建立一揽子支持政策，提供经济、政治、文化、民生等全方位的支持内容，这样可以提高社会公共服务的效率和专业化水平，促进中国的社会公共服务更好地发展，满足人民日益增长的社会公共服务需求，更好地保障贫弱群体的合法权益。

（三）保持政策稳定，完善社会法治体系

纵观北欧国家社会保障制度的发展历程，其完善的社会保障制度建立在完备的立法之上，以法律为依托，以政府职能机构为保证，严谨协调地加以贯彻实施。以就业为例，瑞典政府制定和颁布了一系列促进就业的法律法规，并随着客观条件和需要的变化不断加以修订，建立了较为完善的劳动保障法律体系。瑞典先后通过了二十多部与就业直接相关的法律法

① 张翼：《五大发展理念领航全面小康》，《光明日报》2015 年 10 月 30 日，第 4 版。

② 程胜利：《瑞典社会工作》，中国社会出版社，2013，第 157 页。

规，其中包括《年度休假法》《就业保障法》《促进就业措施法》《公共部门就业法》《工作环境法》《工作时间法》《平等机会法》《一般职位空缺法》《工资担保法》《禁止在职业生活中歧视残障群体法》《反对职业生活中的宗族歧视措施法》等，对就业的相关问题做出详细而明确的规定，从而使瑞典的就业政策建立在法治的基础之上[①]。

然而，比较中国当前的现实情况，一方面，受部门权力条块分割影响，各部门仅仅制定符合本部门利益或者体现自己职责范围的政策，部门内部相对封闭，与其他部门之间缺乏沟通和交流，这往往造成政出多门，甚至存在政策措施相互矛盾、解释不清、执行困难的情况；另一方面，中央政府部门出台的众多政策措施难以完全彻底地传达到地方，即使传达到地方也往往由于地方政府的自由裁量权导致变相执行、随意执行，甚至不执行，从而导致法律效力低下，没有强制力和约束力。结果一方面导致政策形同虚设，执行效果不佳；另一方面，有价值的政策出现了断层，没有上升到法律层面，难以实现持续发展。虽然目前中国的社会福利立法取得了一定成绩，但相关社会福利的法律、法规还偏少，对贫弱群体保护和支持的制度性规定不足，甚至还存在着许多法律空白，对某些特定的贫弱群体闭口不提，形成主动性忽略，儿童福利、教育福利等还没有相应的法律、法规。已经有的法律或者是太笼统，缺乏相应的细化规定，或者是与其他社会政策交叉混杂，没有形成基本的体系。

2014 年，中共十八届四次全会通过了《中共中央关于全面推进依法治国若干重大问题的决定》，对全面推进依法治国做出重大部署，强调把法治作为治国理政的基本方针。因此，在新形势下，国家经济和社会事业的长期稳定发展要求中国必须建立起与之相适应的社会保障法治体系。国家要通过相应的法律制度来规范社会保障的供给与需求，为贫弱群体提供完善的保护和支持政策，实施过程中严格依法办事，依法行政，这是社会保障制度法治化的基本要求。因此，我们在建立健全社会保障制度时，应当

---

① 薄芳：《瑞典政府处理社会就业问题的探索及启示》，《沧桑》2010 年第 2 期，第 152 ~ 154 页。

从国情出发，对已有的法律、法规、政策进行调整，同时补充制定一些新的社会保障法律法规，制定完善贫弱群体保护和支持的法律法规和规章制度，努力形成与中国国情、民情相适应的社会保障法治体系。在立法模式上，我们既可以依照《中华人民共和国残障群体保障法》的方式颁布多部并行的福利法，也可以在制定综合性的《社会福利法》基础上，分别制定与各主要福利项目配套的法规。在法律法规执行过程中，严格依法办事，执法必严、违法必究。在法治建设中应明确个人、企业、社会和国家的责任，各司其职，避免造成贫弱群体管理上的混乱，努力推动贫弱群体乃至社会福利事业法治化、系统化和专门化，为中国社会福利保障事业的发展提供强有力的法治保障。

（四）加强政社互动，创新社会治理体系

2013 年 11 月，中共十八届三中全会审议通过了《中共中央关于全面深化改革若干重大问题的决定》（以下简称《决定》），首次提出："全面深化改革的总目标是完善和发展中国特色社会主义制度，推进国家治理体系和治理能力现代化。"推进国家治理体系和治理能力现代化需要全社会共同努力，需要创新社会治理体系。政府与社会的关系是社会治理创新的关键问题，是推进国家治理体系和治理能力现代化的重要抓手。《决定》就"创新社会治理体制"指出："改进社会治理方式，坚持系统治理，加强党委领导，发挥政府主导作用，鼓励和支持社会各方面参与，实现政府治理和社会自我调节、居民自治良性互动。激发社会组织活力，正确处理政府和社会关系，加快实施政社分开，推进社会组织明确权责、依法自治、发挥作用。"

借鉴北欧国家社会发展的经验，社会组织在维护和保障贫弱群体的合法权益中发挥了极其重要的作用。以瑞典的残障群体保护为例，瑞典的残障群体受到政府政策的直接保护，同时瑞典社会各类残障群体组织也通过自身努力，积极促进和改善残障群体权益状况。瑞典有七十多个代表残障人士的国家级组织，其中大约有 40 个组织受到中央政府、地方政府的财政支持。瑞典智力障碍协会是瑞典最大的致力于提高所有残障群体生活

质量的非政府组织，它在全国有165个分支机构，拥有29000多名成员。这个协会的核心成员主要由两部分人构成：一部分是残障群体或其亲友；另一部分则是关注残障群体社会融合事业的友善人士。另外，大多数瑞典人是残障人组织和协会的成员，约有4万人是残障人运动的活跃分子。这些非政府机构的活动极大地推动了瑞典等北欧国家残障群体社会融合工作的开展①。目前，瑞典已成为全球残障群体组织最多的国家之一，此类组织会员多达60万人，共同为保障残障群体的合法权益贡献自己的力量。

因此，中国应积极推动政社互动，促进政府和社会在贫弱群体保护与支持中发挥积极作用。结合贫弱群体状况，中国应在政策中充分发挥社会能动性，积极运用政社合作、政府购买等手段来完善社会治理模式。首先，培育公民意识。追求公平、正义、尊重、包容是现代公民的基本素养，公民意识的觉醒不仅体现在切实维护自身合法权益，更体现在公民积极参与社会事务，积极帮扶贫弱群体，促进其社会参与与社会融入。其次，建设服务型政府。服务型政府坚持以人民为中心，以优化包括贫弱群体特殊服务在内的公共服务供给为基本职能。服务型政府倡导社会多元共治，政府的职责是“掌舵”而非“划桨”，通过放权于社会的方式，主动吸纳社会力量参与公共服务供给，尤其是依托社会组织来准确把握贫弱群体需求、生产公共服务，政府需要履行的是资金供给、社会组织培育、政策执行、绩效监管等职责，通过政府购买等措施搭建政社互动平台，积极促进社会力量参与公共服务供给，提高公共服务供给质量和效率。最后，壮大社会力量。若想形成良性的政社互动，需要壮大社会力量。政府和社会力量发展不均衡不适度，仅仅依赖政府或完全放权于社会都不利于对贫弱群体的保护与支持。因此，需要培养优质的面向贫弱群体的社会组织、社会企业、社会工作者，积极推动事业单位分类改革，积极通过政府向社会力量购买公共服务等手段来加强社会力量参与，在政社合作过程中提高

---

① 王和平、马红英、马珍珍：《北欧国家残障群体社会融合研究》，《中国特殊教育》2006年第9期，第11～15页。

保护与支持贫弱群体生存发展权利的能力。

因此，解决中国的贫弱群体问题需要创新社会治理方式，完善社会治理体系，充分发挥市场、政府、社会的正向作用，积极构建系统、健康、有效、可持续的社会公共服务体系，在多元主体的共同参与下构建起贫弱群体的保护与支持体系。

后　记

此前我主持完成了中央高校基本科研业务费专项资金资助重大项目"中国城市贫弱群体政策研究"，该研究成果已经于 2018 年 9 月由社会科学文献出版社出版发行。作为该项课题的相关成果《外国贫弱群体政策研究》，是我们课题组长期关注贫弱群体政策的进一步思考。该书的出版得到了北京师范大学中国社会管理研究院社会治理智库丛书的持续资助。在此，对魏礼群院长既有远见卓识，又不断提携后辈的睿智表示深深的谢意！

本书的作者均为我指导的北京师范大学公共管理和社会学专业的研究生，他们持续多年潜心政策研究，在各自的研究方向上不断取得新的进步。本书的写作分工如下：张汝立（北京师范大学中国社会管理研究院），前言及写作提纲；孙健（北京师范大学社会发展与公共政策学院），第一章；祝阳（北京邮电大学经济管理学院），第二章；方国阳（清华大学公共管理学院），第三章、第四章；张钜栋（北京师范大学社会发展与公共政策学院）、刘帅顺（北京师范大学中国社会管理研究院），第五章；张汝立，后记。孙健在审校全书等方面协助我做了大量工作，在此表示感谢。

贫弱群体是世界各国在社会发展中普遍面临的社会问题，对此，各国政府，尤其是西方发达国家政府均不同程度地为贫弱群体提供了较为完善的基础保障与发展支持，并以此构建了综合性的政策体系，致力于消除贫弱群体问题所带来的负面影响。制定并实施贫弱群体政策作为每个国家在社会发展中必须承担的历史责任，它也可能伴随着复杂多变的社会风险而生成新的社会问题，因而贫弱群体政策也应当经得起时代变迁的考验，发达国家这些相对成熟的政策经验对中国治理贫弱群体问题的启示意义是不言而喻的。本书致力于立足高远认识贫弱群体问题，并在当前剧烈变迁的世界体系中寻找各国治理贫弱群体问题的共同经验。伴随着世界政治文明的进步，世界各国皆在应对贫弱群体问题上全力探索，这不仅关乎一个国家发展中社会改革的成败，更加关系各国民众对政府的信任，甚至可以说，消除贫弱现象是一个政府社会治理取得成功的主要标志。因此，在应对纷繁复杂的贫弱群体问题上，只有坚持转型视角并立足民众利益，持续加强对贫弱群体的社会服务，善于运用综合性政策体系，才能够全面提升社会治理能力，切实解决贫弱群体的生存与发展问题，最终实现国家持久发展与社会全面进步。

张汝立

2019 年 1 月 20 日

图书在版编目(CIP)数据

外国贫弱群体政策研究 / 张汝立等著. --北京：社会科学文献出版社，2019.9

ISBN 978-7-5201-4462-9

Ⅰ.①外… Ⅱ.①张… Ⅲ.①贫困问题-社会政策-研究-国外 ②弱势群体-社会政策-研究-国外 Ⅳ.①F113.9 ②D57

中国版本图书馆 CIP 数据核字（2019）第 047472 号

外国贫弱群体政策研究

著　　者 / 张汝立 等

出 版 人 / 谢寿光
责任编辑 / 丁　凡
文稿编辑 / 赵智艳

出　　版 / 社会科学文献出版社 · 城市和绿色发展分社（010）59367143
地址：北京市北三环中路甲 29 号院华龙大厦　邮编：100029
网址：www.ssap.com.cn
发　　行 / 市场营销中心（010）59367081　59367083
印　　装 / 三河市尚艺印装有限公司

规　　格 / 开　本：787mm × 1092mm　1/16
印　张：18.5　字　数：284 千字
版　　次 / 2019 年 9 月第 1 版　2019 年 9 月第 1 次印刷
书　　号 / ISBN 978-7-5201-4462-9
定　　价 / 78.00 元